Alfred Adler

哲 人 咖 啡 厅

阿德勒人格哲学

（奥）阿德勒 著　罗玉林等 译

九 州 出 版 社
JIUZHOUPRESS | 全国百佳图书出版单位

出版前言

阿德勒(1876 ~ 1937)，奥地利著名哲学家、心理学家。早年师承弗洛伊德，是弗氏心理分析学会的重要人物，后因不赞同弗氏的性理论，与弗毅然决裂。阿德勒反对“性冲动是个体精神与生活的基础”。认为真正的个体生活决定于他如何面对外在世界带给他的问题和他个人的努力方式。随后他成立“个体心理学会”，以倡导和传播他的人格理论。

阿德勒认为，人活在世上，不是孤单的一个人，他是活在一个社会里，他要生存，要面对别人和种族的延续，而如何面对，便是一个个性、人格或说生活风格的问题。阿德勒的理论有几个最基本的观念：一是认为人是一个统一体，人的一切表现，他的思想、情感、行动，以至梦幻，全都接受一个内在一致原则的管辖，也就是人格的管辖。二是人生总在不断的克服缺陷，追求完美，在这追求的过程中，“进化的冲动，完美的理想，在不断拉着我们向前。”第三个观念是自卑感，它与追求完美的观念连在一起，人有三种自卑：面对宇宙的自卑，面对其他生物的自卑和面对他人的自卑，而这自卑感可以是成就的动因，使人奋发向上。第四个也是最重要的观念是社会感或社会兴趣、社会精神。人是社会动物，群居而生，社会感是与生俱来的种子，而这个种子在人生中如何充分发展，便是阿德勒人格心理学的重要课题。

阿德勒也曾担任过心理医师，他在维也纳设立几十所儿童心理辅导诊所，到美国和欧洲各国发表演说和诊治病人，他所谓导的个性发展与社会精神，对现代心理学影响深远，他的思想协助无数个体激发勇气、发挥潜能、克服了自卑感，他说“人不为事物所惑，而是被我们自己对事物的想法所惑。”“每一个个体人格的关键，是看他赋予生命什么意义。”

阿德勒充满创意的个体心理学人格理论，让我们了解到人生的所有问题，都是社会问题，他对生命的解答就是“社会感”，这是一个跟全体人类相联结的感觉，“生命遭遇的最大困难，以及造成他人最大伤害的，是那些对人类没有兴趣的个体，就是这类个体导致了人类所有的失败。”

让我们遵循阿德勒的指导，经常思考一下“生命的意义是什么”，不要“似乎只有为某些挫折所苦的时候，才会提出这样的发问”，你的所有行为，都隐含着你这个个体对社会与世界的结论，就像判决一样，“我就是这样”，就是一个你给自己或你所认为的“生命的意义”。

此书译者有罗玉林、王建国、刘志文等。

九州出版社

二〇〇四年六月

目 录

不论我们做什么，每个行为都是我们个人对人类生命的一个答案，而每一个答案，都必须顾及我们是人类的一份子，并聚居在这个地球上。

——阿德勒

一、个体心理学

1. 真正的科学

伟大的哲学家威廉·詹姆斯（William James）曾经说过:“唯有直接与生活发生关系的科学，才是真正的科学。”也有人说在直接与生命有关系的科学中，理论与实际几乎是相辅相成、不可分开的。生命的科学，正因为它令它自己模塑在生命的活动上面，因而也就变成了生活的科学。这些要点替个体心理学提供了特殊的力量。

个体心理学试图将个体生活看成整体，并将每一反应、每一活动、每一冲动当成个体对生活态度的一个显明部分。从实际观点来说，这样的科学是必需的，因为靠着知识的帮忙，我们可以修正并改变我们的态度。因此，个体心理学从两方面说来是具有预言意义的：它不仅可以预言会发生什么，甚至，像预言者约拿（Jonah）一样，也可以预言什么事情不会发生。

2. 创造生命的力量

个体心理学的科学之所以产生，是由为了了解生命之创造力量的努力而发展出来的。创造生命的力量，表现在发展、争取和成就的欲望上面——甚至一方面补偿失败，一方面争取成功。这个力量是目的论的——它争取目标，而在争取目标时，每一身体上及心理上的活动都要合作帮忙。因此，抽象地研究身体与心理情况，而不和整个个体产生关系，是很荒谬的。比如说，在犯罪心理学当中，我们通常关注犯罪本身更甚于关注犯人，实在说来，重要的应该是犯人而非犯罪本身。如果我们不能将之视为一个整体，而只把它当成一个特殊个体的插曲的话，我们将永远无法了解犯人行动的真正原因。从外在的同一个行动看来，在某一事例上说可能是有罪的，但在另一事例上却可能没有罪。重要的是要了解个体的前后关系——个体生活的目标，这目标说明了他一切行动与行踪的方向。这个目标使我们可以了解在各种分别行动——我们把它们看成整体的一部分——的隐伏意义。相反的，当我们研究部分——假定我们把它们当成整体中的一部分来研究——我们对整体也会有较佳的了解。

以作者本身来说，对心理学的兴趣是由行医发展而来的。行医提供了目的上或目标上的观点，这对于了解心理事实是必需的。在医学上面，我们看到所有的器官都奋力向一个特定的目标发展。它们具有特定的形式，臻于成熟。甚至当有器官损坏的情形发生时，我们会发现大自然总会特别努力来克服这个缺陷，或者取代损坏的器官。生命定要尽力持续下去，而生命力量绝不会不经过挣扎就向外在的挫折认输的。

现在心理活动与器官生命的活动是类似的了。在每一个心灵中，都藏有目的或理想的概念，以期超越目前的情况，并指示出一个将来的目标来克服目前的挫折或困难。借着这个目标或目的，个体可以认定并感觉出自己超越了目前的困难，因为他对未来的成就早已成竹在胸。若没有目标个体活动便不具任何意义。一切的证据都指示出这个目标——给它一个固定的形式——必须在生命的早期孩童的形成时期就产生，一种成熟人格的原型或形态在这个时候就开始发展。我们可以想象得出这个过程是如何发展的。一个孱弱的小孩子，感觉自卑，并发现自己处于一个无法忍受的情况之下，因此，他奋力发展，他奋力朝着自己选择的固定目标前进。在此时期用以发展的材料较决定方向的目标并不重要，这个目标如何固定很难说，但是这种目标的存在是很明显的，并且它主掌着孩子的每一活动。在这早期，对于力量、冲动、理性、能力或无能的了解实在很少，也没有方法可以了解，因为这个方向，唯有在小孩子固定了他的目标之后才建立起来。唯有当我们看见生命有了某种倾向，我们才能猜出将来会发生什么事。当一提到“目标”这个字时，读者就容易有一种朦胧的印象。这个意念需要予以固定。归根到底，具有目标就是希望像上帝一样伟大。但是如上帝般伟大当然是最终的目标——目标中的目标，如果我们可以用这个字的话。教育家必须在教导他们自己和他们的小孩像上帝一样完美的时候小心谨慎一些。事实上，我们发现小孩子在他的发展过程中有一种更为固定而即时的目标。小孩子们在他们的周围寻求最强壮的人，将他当作他们的模范或目标。这个人可能是父亲，或母亲，因为我们发现甚至一个男孩也可能会受影响而模仿他的母亲，如果她是最强壮的人的话。不久之后，他们想要做马车夫，因为他们相信马车夫是最强壮的人。

当小孩子最初感知到这个目标时，他们就行动，感觉，模仿马车夫的穿着，并学习一切跟这个目标有关的特性。但是只要警察挥一挥手指头，马车夫就一文不值了……不久之后，理想可能是希望成为一个医生或教师。因为教师有权力惩罚小孩子，所以，他又开始认为教师是一个强壮的人。

孩子们在选择目标时，会选择具体的象征，我们发现他所选择的目标实在是他的社会兴趣的指标。一个男孩子，当被人家问到他将来要当什么时，他说："我要当一个刽子手。"这显示出他的社会兴趣。小孩子希望成为生命与死亡的主宰——属于上帝的角色。他希望比社会更具力量，因此他朝着无用的生命发展。成为一个医生的目标也是围绕着如上帝般成为生命与死亡的主宰之愿望打转，但是，此目标是透过社会服务而达成的。

3. 个性的倾向

当包含目标的早期人格原型形成时，方向就建立了，而个体就有了固定的倾向。这个事实使我们能够预知生命后期将要发生什么。个体从那时起就落入由方向所建立起来的成规中了。小孩子们不会感觉既存的情境，而是根据个人的统觉，也就是说以他自己兴趣的偏好来感觉情境。

在这个关联上我们发现一个有趣的事实，那就是有器官缺陷的小孩子将他们的经验连接于有缺陷的器官的功能上面。举例来说，有胃肠毛病的孩子对吃有反常的兴趣，视觉有缺陷的孩子对视觉的事物更为关注。这个关注是与个人的统觉一致的，而每一个人都有这种统觉。因而，我们可以建议，要发现一个小孩子的兴趣在那里，我们只要确定哪个器官有缺陷就得了。但是事情并不就这么简单。小孩子并不照着一个外来的观察者般地经验器官缺陷的事实，而是根据它自己的统觉。因此，当器官缺陷的事实成为孩子统觉中的一个要素时，外在所观察的缺陷并不会给予统觉任何暗示。

小孩子沉湎于万物相对的统觉之中，然而他跟我们一样——没有一个人能够具有全部绝对的真理。即使我们的科学也无法有绝对的真理。一切要根据普通常识，那就是说任何事都不断在改变，而能够逐渐以小的过错来代替大的过错已经可以满足了。我们都会犯错，但是重要的是我们能够更正它们。这种更正在原型形成的时期较为容易。若我们不能在这个时候纠正它们，我们后来就可能必须回忆当时的整个情境。因此，假如我们需要治疗一个神经症病人，我们的问题不是要发现他后期生命所犯的错误，而是他在早期生命建立原型时所犯的根本错误。如果我们发现了这些错误，那么就有可能用适当的治疗法来更正它们。

以个体心理学来说，遗传的问题因而减少其重要性。一个人受了什么遗传并不重要，重要的是他以他的遗传在生命的早期中做了些什么——那即是说，在孩童时期内所建立的原型。遗传性质当然必须为遗传来的器官缺陷负责，但是我们的问题只是除去特殊的困难并将孩子放置在一个有利的情境中。事实上在此处我们很有利，因为当我们看到缺陷时，我们马上知道如何跟着行动了。经常地，一个没有任何遗传缺陷的健康小孩，会营养不良，或者在受教养时会有很多毛病产生。

现在让我们来看看个体心理学给予教育和训练神经症患者的计划——包括神经症的小孩、罪犯、想要借酒逃避生活的酒鬼。

为了要容易而快速地了解他们有什么错误，我们首先都以询问何时引起麻烦开始。毛病经常出在新的情境上面。但这是一个错误，因为在这个真正的事情发生之前，我们的病人——我们在调查时会发现——还没有准备好应付新的情境。只要他在一个有利的情境下，他的原型的错误就不明确，因为每一种新情境都是具有实验性质的，他根据他原型所创造出来的统觉而行动。他的反应并不只是行动而已，它们具有创造性，并且与主掌着他生命的目标一致。经验教导我们，在我们学习个体心理学的早期，我们可能要除去遗传的重要性，以及隔绝部分的重要性。我们看到原型根据其统觉就可以解答经验的问题。并且，我们必须努力研究统觉以便产生任何结果。

4. 自卑感与社会兴趣

在小孩子天生有不完整器官的情形下，心理情况就很重要了。因为这些小孩子们被置于一个更加困难的情况下，他们显示出扩张的自卑感。在原型形成时期，他们已经对自己比对别人的兴趣更大，并且，他们有意在生命的后期也继续保持如此。器官性的卑下并不是原型错误的唯一原因：其他情况也会导致同样的错误——举例来说，被纵容的孩子和受憎恨的孩子。我们以后会更仔细地描绘这些情况，并提出真正的个案史，说明这三种特别不佳的情况——具有不完整器官的孩子、被纵容的孩子以及被憎恨的孩子。因为目前指出这些孩子们残缺地长大并且不断害怕攻击已经足够了，他们在长大的环境内永远学不会独立自主。

从一开始了解社会兴趣是很必需的，因为它是我们的教育、我们的治疗和我们的关照之最重要部分。唯有有勇气的人、自信的人和安心自得的人在生活有利与有困难的两种情况下，才能顺利渡过。他们从不感到害怕。他们知道有困难，但他们也知道自己一定能克服它们。他们已经准备好应付生活上的一切问题，这些问题无疑都是社会问题。从人类立足点来说，准备社会行为是必须的。我们所提到的三种小孩子发展出一种比较没有社会兴趣的原型。他们没有完成生命所需要的工作以及解决困难的心理态度。他们感觉遭受挫折，原型对生命的问题具有错误的态度，并且会在无用的生命上发展其人格。换句话说，我们要治疗这类病人的工作，就是要让他们在有用的生活上发展出行为，并对生活和社会建立起一般有用的态度。

缺乏社会兴趣就相等于朝向无用的生命发展。缺少社会兴趣的人就是那些有问题的小孩、罪犯、发疯的人，和酒精中毒者。以他们的病例来说，我们的问题乃是要寻找影响他们回到有用的生活上去，并使他们对别人产生兴趣的方法。从这方面看来，我们所谓的个体心理学实际上即是社会心理学。

5. 心灵的缺憾

若我们在一个家庭中，观察一个人格成长得很糟的小孩子的症状和表现时，我们会发现他们具有很大的自卑感。这些小孩子具有我们可以在神经症患者身上找到的整个人——我们可以说是他本人——的心灵态度。举例来说，在强迫性神经症的病例上，病人知道一直数窗户是没有用的，但是，他就是没办法停止。对有用的事物有兴趣的人绝不会有像这样的举动。他本人特有的对事物的了解与使用的语言也是不健全的人的特征。不健全的人绝不会说一般常识的话，这种话代表了社会兴趣的高度。

如果我把一般常识的判断拿来和神经病患者的个人判断相比较一下的话，我们会发现一般常识的判断几乎是正确无误的。借着一般常识，我们能区别好的与坏的，而当处于一个复杂的情境下，我们通常都会犯错，但是在一般常识出现的片刻，错误自然会纠正过来。但是那些只寻求自己私人兴趣的人，没办法像别人一样区别好坏。事实上，他们宁愿背叛他们的无能，害怕他们的一举一动会被观察者看得一清二楚。

让我们来评断罪犯的行为——如果我们讯问一个罪犯者的智力、理解力和动机，我们会发现罪犯总是把他的罪看得既聪明又富英雄气概。他相信他已达成了优越感的目标——既是说，他已变得比警察更聪明，并且有能力凌越别人。因此在他自己的心目中他是一个英雄，他看不出自己的行动，只不过显示出异于常人而已，绝不是英雄性的行径。他把他的行动放在缺乏社会兴趣的无用生活上，而与缺乏勇气、胆怯有关，但是他自己并不知道。那些倾转到无用事物上去的人，经常都害怕黑暗和隔绝；他们希望与别人混在一起，这表示胆怯。事实上，要阻止犯罪的最佳途径，就是使每个人相信犯罪只不过是胆怯的表示。

一般都知道有些罪犯达到三十岁的年纪时，会找个工作、结婚并且在后半期生命中成为一个公民。为什么会这样呢？我们且来看看：一个三十岁的小偷怎能跟一个二十岁的小偷相比呢？后者较为聪明和强壮，而且，在三十岁的年纪，罪犯已经被迫过着与他从前不同的生活。结果，犯罪的职业不再产生利益，于是他发现退休要舒适得多了。

另一个与犯罪有关的是：如果我们加重惩罚，而不使罪犯害怕的话，我们仅是帮助他更加相信自己是一个英雄。我们应该不要忘记罪犯活在一个自我中心的世界里，他永远找不到真正的勇气、自信、共同感知，或对一般价值的了解。这种人没办法加入社会。神经症患者很少参加聚会，而患有旷野恐惧症的人和不健全的人也很难做到。有问题的小孩或自杀的成人很少结交朋友——这个事实永远得不到答案。不过，有一个原因：他们不结交朋友是因为在他们的早期生活里，他们采取自我中心的方式。他们的原型朝着错误的目标发展，并且追随着无用的生活方向。

6. 双亲的影响

在社会兴趣之后，我们的下一项工作是要找出个人发展中所遭遇的困难。这一项工作乍看起来令人混淆不清，但是其实它并不很复杂难懂。我们知道每一个被纵容的孩子都会成为具有恨意的小孩。我们的文明中的社会或家庭都不愿继续纵容小孩子。一个被纵容的小孩子很快就会遇到生活上的问题。在学校里面他发现他自己处于一个新的社会情境，面对新的社会问题。他不愿和他的新友伴一起写字或玩耍，因为他的经验没有让他准备过学校的共同生活。事实上，他的经验在他原型形成时期令他害怕此种情境，并使他寻求更多的纵容。这种人的特性并非遗传得来的——绝不是这样——因为我们可以从对他的原型之性质及他的目标之知识中推断出来。因为他具有朝向他的目标发展的特殊性格，要再具有朝向其他方向的性格便不可能了。

在我们科学的策划内，原型的分析是次要的。前文说过，在四岁或五岁的时候，原型已经建立好了，因此我们必须寻找小孩子在此时期前后所形成的印象。这些印象可以非常不同，远比我们从一个正常成人的观点所想象的还要不同。

对一个小孩子的心灵最普通的影响，乃是由于父亲或母亲的过度惩罚或滥教所导致的压抑感觉。这个影响使得小孩子力求解放，有时候还显示为心理排斥的态度。因为我们发现脾气暴躁的父亲所生的女儿常会有排斥男人的原型，因为他们脾气暴躁。或者被严厉的母亲压抑的男孩会排斥女人。这种排斥态度当然会以各种不同的方式表现出来。举例来说，这个小孩子可能会变得害羞，或者相反的，变得性欲异常（这只是排斥男人的另外一种方式）。这种淫荡并非遗传的，而是由数年内围绕着这个孩子的环境所产生的。

孩童时期的早期错误，偿付的代价是很大的。然而，尽管明知事实如此，小孩子仍然只有自己再去尝试一遍。父母亲不知道或者不会向小孩子承认他们已经经验过的成果，因之小孩子没有受到多少引导。

当我们在讨论这个问题的时候，我们不能过分强调惩罚，警戒和劝解的无效。当小孩子或成人都不知道如何改变方针时，就什么也没法达成了。当小孩子不了解时，他变得更为狡猾和懦弱。然而，他的原型，不能以这种惩罚和劝解来改变。原型也不能光用生命的经验来改变，因为生活的经验已经与个人的统觉相一致了。唯有当我们了解了基本人格时，我们才能达成变化。

7. 感觉与梦

生活的科学的第二项工作在于研究感觉。主轴——目标安排的方向——不仅影响个人的个性、身体的活动、表情和一般外在的症状，而且还主掌感觉的生命。人们总是试图借用感觉来判定本身的态度，这真是一件有意思的事。因此，如果一个人想要做一件好事，我们会发现这个意念充斥并主掌着他的整个情感生命。

我们可以下结论说：感觉总是与他对工作的个人观点相一致。它们加强了个人活动的倾向。我们总是会做那些没有感觉的事，其实感觉只是我们行动的附带物而已。我们可以在梦中很清楚地看出这个事实，其目的的发现可能是个体心理学最近的成就之一。即使梦也有一个目的，虽然到现在还很难清楚地被了解。梦的目的——以普通的意义表达而不用特殊的术语——乃是创造感觉或情感的某一活动，而情感的活动相反的促进了梦的活动。旧的概念认为“梦是欺骗术”，乃是一种有趣的评论。我们以我们喜欢的行为的相同方式做梦。梦乃是醒着的行为态度和计划的情感预习——但是真实行为永远没有实现。从这个意义说来，梦是欺骗的——情感幻想给予我们行动的刺激，而没有行动。

梦的特质在我们醒着的生命中也可以找到。我们总是有一种强烈的倾向，要在情感上欺骗我们自己——我们总是要催促我们随着我们在四五岁时形成的原型的路去走。

8. 排行与早期回忆

相当奇怪地，我们发现从来没有两个孩子，即使同为手足会在一样的情境下成长。即使在同一家庭内，围绕着每一小孩的气氛也是各不相同的。因而，长子明显地具有与其他小孩不同的周围情境。只要第二个孩子出生了，他就发现他的重要地位被剥夺，而他不喜欢这种情况的改变。事实上，他本来具有力量而后来不再能保有原来的地位了，这在他生命中实在是一个悲剧。悲剧意识会跑进他原型的成形过程中，并且在他成年的特质中会突现出来。事实上，个案史显示这样的孩子日后经常一蹶不振。

另外一种属于家庭之内的不同环境，可以分别在男孩和女孩身上发现出来。一般的情况都是：男孩子过分被宠爱，而女孩则被看得一文不值。这样子成长的女孩会造成犹疑和善变的特性。因此整个一生，她们会过分地陷于踌躇之中，并认为只有男人才能有所成就。

次子的地位也是特殊而个别的。他的位置与长子完全不同，他总有一个竞争者；与他并肩行事。经常地，这个次子会胜过他的竞争者，如果我们寻求其原因，我们将会发现只不过较年长的孩子因多一个竞争者而变得恼怒不已，而恼怒的结果更影响了他在家庭中的地位。较年长的孩子多半被竞争所吓住，因而表现常不理想，于是他在他父母亲的估量下越来越不中用，父母亲开始欣赏他们的次子。换句话说，次子总是碰到竞争者，因而他总是身处竞赛之中。他的一切特质会在家庭中反映出这个特殊的地位。他显示出反叛并且不会屈从力量和权威。

历史及轶事中屡次证验幺子的伟大。约瑟夫就是一个例子：他要凌越所有其他的孩子。在他离家之后，由于他不知道又一个较年轻的孩子出生在这个家庭，因此他仍然以为自己是最年轻的。我们在一切传说中也发现同样的叙述，最年轻的小孩子经常扮演领导者的角色。我们可以看出这些特质事实上在孩童早期就已形成，并且无法改变，直到个人的领悟增加之后。要重新估价一个孩子，你必须让他了解他在孩童早期发生了些什么事情。他必须了解他的原型怎样错误地影响了生命中的一切情境。

要了解原型和个人性质的一个有价值的方法，乃是去研究早期的回忆。我们所有的知识和观察强迫我们下这个结论：我们的回忆属于原型。下面的说明会使我们的观点清楚些：让我们考虑一个属于第一种类型的小孩子，没有完整器官的小孩子——就让我们说是胃有毛病吧。如果他记得看过什么和听过什么，都可能会关联到食物。或者拿一个使用左手的小孩子来说：他的左撇子会影响他的观点。一个人可能会告诉你有关母亲纵容他的情形，以及在较年幼的孩子出生后的情形。如果他有一个脾气暴躁的父亲，他可能会告诉你他如何被挨打；或者如果他是一个具有恨意的孩子，他会告诉你他如何被攻击。如果我们懂得了它们的重要性的话，所有这些指示都非常具有价值。

要了解早期回忆的艺术需要高度的同情心，所谓同情心，即是与他孩童时期认同的能力。唯有借着这种同情心，我们才能了解一个家庭中的孩子遇到较年幼的兄弟出生对其个性形成的重要性，或者一个脾气暴躁的父亲滥发脾气所给予小孩子的印象。

9. 结　论

我们总结了个体心理学最近二十五年来的发展研究。如我们所看见的，个体心理学在一个新的方向上已经走过了一段很长的路程。有很多心理学家和精神分析学家存在着。一个心理学家采取一个方向，另一个采取另一个方向，而没有任何人愿意相信别人是正确的。或许读者们也不应该依赖信仰和信心。让他们自己去比较吧。他们会发现我们不能同意所谓的“本能”（drive）心理学在美国大力倡导那种倾向，因为他们所说的“本能”，除了遗传倾向外；还有很大的空白尚未说明。同样的，我们不能同意行为主义者的“条件反射”（Conditioning）和“反应”（reactions）。从一个人的“本能”和“反应”来建构他的命运和个性是没有用的，除非我们了解这种移动所朝向的目标。这些心理学家也不用个体目标这个术语。

二、自卑与生活

1. 生活方式

我们会看到一株长在狭谷里的松树跟一株长在高山顶上的松树不一样。它们都是同一种树——松树，但是它有两种生活方式。长在高山顶上的方式与长在狭谷里的方式不一样。松树的生活方式是表达它自己，并在一个环境中塑造它自己的个性。当我们看到它长在一个与我们所期望的不同的环境背景时，我们就认出它的方式，因为这样一来，我们体认到每一株树具有一种生活方式，并且不只是对环境的机械式反应。

人类的情形亦然。在某些环境之下，我们发现生活方式；我们的工作就是要分析其与所在情况的真正关系，正如心灵跟着环境的转换而变化一般。只要一个人处于一个有利的情境之下，我们便不能够清楚地看到他的生活方式。而在一个新的情境之下，特别是当他面对着困难时，他的生活方式就显得清清楚楚。一个受过训练的心理学家可以了解一个处于有利情境的人的生活方式，但是当这个人处于不利或有困难的情境时，我们每个人就都可以了解了。现在，生活——比一场游戏更丰富的东西，并不缺乏困难——总是有许多情境，人们发现他们自己处于困难的情况之下。当人遭遇到困难时，我们就可以研究他，并找出他不同的一举一动及特殊的特性。如我们前面所说的，生活的方式是一个整体，因为它是从早期生命的困难和争取目标中成长出来的。

但是我们对将来比对过去感兴趣多了。为了要了解一个人的将来，我们必须了解他的生活方式。即使我们了解了本能、刺激、欲望等等，我们也无法预知什么会发生。一些心理学家确实试图借着注意某些本能、印象或创伤来得到结论，但是都找不到较精确的测验结果，因为所有这些元素都预示着一种持续的生活方式。因此，不管什么东西刺激了我们，刺激只解放或固定了一种生活方式。

生活方式的各种见解如何与我们前面所说明的一切发生关系呢？我们已经看到具有羸弱器官的人——因为他们面对困难并感到不安全——感到痛楚或具有自卑情结。但是既然人们不可能长期忍受，自卑感就如我们所看到的，刺激他们去采取行动。这样的结果造成一个人产生目标。现在，个体心理学早已称这种朝向目标的持续行动为生命的计划。但是因为这个名称在学生当中有时候会引起误会，所以现在特称为“生活方式”。

因为个人具有生活方式，有时候只靠着与他谈话并让他回答问题，就能够预知他的将来。就好像观看一出戏剧的最后一幕，一切神秘性都解决了。因为我们知道生命的阶段、困难和问题，我们可以以这个方式来预知。因此，从一些事实的经验和知识，我们可以知道一个经常与别人隔绝的、寻求支持的、被纵容的、迟疑的小孩，将会发生什么事。

在一个人的目标是要别人支持的情况下，会发生什么？他会迟疑不决，止步不动或逃避生活问题的解决。我们知道他会如何迟疑不决，止步不动或逃避，因为我们看过这种情形已经有一千次了。我们知道他不愿单独进行，而希望被纵容。他希望远离生活的大问题，他老是做些没有用的事，不愿去争取有用的事物，他缺乏社会兴趣，结果，他发展成为一个问题小孩，一个神经症者，一个罪犯或自杀者——这是最后的逃避。这些事情，我们现在比从前了解得更清楚了。

举例来说，我们体认到要寻找一个人的生活方式，我们可以利用生活的正常方式作为测量的基础。我们利用能够适应社会的人作为标准、规范，并依照规范衡量各种人的不同情况。

①生活的正常方式

在这点上，显示我们决定生活的正常方式，并且在此基础上我们了解错误和个别性是有助益的。但是在讨论之前，我们应该提出我们这样的研究并不算“类型”。我们不考虑人类“类型”，因为每一个人都有个别的生活方式。正如我们不能发现两片叶子完全一样，我们也不能发现两个人绝对相同。自然是如此的丰富，而刺激、本能和错误的可能性是如此之多，两个人绝对相同是不可能的。因此之故，如果我们说到类型，那只是作为智慧上的发明，以更了解个人的相似性。如果我们阐述智慧上的分门别类，并研究其特殊性，我们就可以评定得更佳。然而，这样做的时候，我们并不一直都使用同样的分类法；我们使用更能够找出特殊相似性的分类法。如果有人喜欢认真地分门别类，一旦他们把一个人放进一个鸽洞里时，他就只会被归类为鸽子了。

举出一个说明会使我们的论点更为清楚。譬如说，当我们说到一个无法适应社会的人时，我们总会指认他就是属于那些过着荒漠生活，没有任何社会兴趣的人。这是分别个人的一种方法，或者这是最重要的方法。但是让我们看看完全注重视觉事物的人，虽然他的兴趣是有限制的，这种人与完全集中兴趣在口欲满足的人大大不同。但是这两种人都可能无法适应社会，并且发现他们很难与伙伴们建立关系。如果我们没有体认到类型只是方便的抽象事物时，借用类型来分门别类可能成为混淆不清的来源。

现在让我们回到正常人身上，他们是我们衡量各种不同类型人物的标准。正常人生活在社会中，其生活方式非常能够适应社会，不管他要或不要，社会从他的工作中都能得到某些利益。同时，从心理学观点看来，他有足够的能力和勇气来应付问题和困难，当这些事物临头的时候。患心理症的人则缺少这些特质：他们既无法适应社会，在心理上亦无法调适每日生活与工作。

为了说明，我们可以举一个三十岁的男人来做例子，他总是在最后关头逃避问题的解决。他有一个朋友，但是他老是怀疑他，结果这项友谊永远无法进展。在这种情况下友谊不能成长，因为另外一个人会在他们的关系中感到紧张。我们已经可以看出这个人根本就没有一个真正的朋友。他没有足够的兴趣，也无法适应社会来结交朋友。事实上，他不喜欢交际，并且在众人面前总是沉默不语。他解释道：在众人中，他没有什么感想，因此他没话可说。

不只这样，这个男人很害臊。当他说话的时候，他的皮肤就变成刺眼的粉红色。当他能够克服他的害臊时，他会讲得很好。他所真正需要的是在这个方向上得到帮助，而不受人指责。当然啦，当他处于这种状态之下的时候，他外表不太好看，他的邻人也不太喜欢他，他也感觉到这样，结果，他不喜欢谈话的程度更增加了。我们可以说他的生活方式是当他接近别人时，他只关注自己。

除了社会生活和与朋友相处的艺术以外，就是职业问题。现在，我们的病人害怕他在职业上会失败，所以他日夜读书。他工作过度，过度约束自己；由于他过分约束自己，他就更无法解决他职业上的问题。

如果我们把我们的病人拿来和他生活的第一和第二种问题比较，我们会看到他总是处于一种紧张的状态之中。这是他有巨大自卑感的征象。他低估了他自己，并把别人和新情境看成对他不友好。他仿佛处在一个敌国当中。我们现在有足够的资料来描述这个人的生活方式。

我们可以看出他想要奋斗下去，但是同时他被困难阻住了，因为他害怕被打败。仿佛他站在一个深渊前面，紧张万分。他想要迎头前进，但却受到限制，他宁可躲在家里，而不愿和别人混在一起。

这个人所面对的第三个问题是：一个大部分的人都没

有准备妥当的问题——爱。他迟疑不决，不敢接近女性。他发现他自己想要恋爱进而结婚，但是由于巨大的自卑感，他太害怕去面对这方面的问题。他无法完成他想要做的事，所以我们看到他的整个行为和态度都是以“是的……但是……”来做结束。我们看见他与一个女孩恋爱，然而又转而他恋。这在神经症患者身上是经常发生的情形。

现在，让我们来研讨这种生活方式的理由。个体心理学的工作就是要分析生活方式的原因。这个人在他最初四年或五年的时候建立了他的生活方式。在那个时候，某个悲剧发生了，因而塑造并形成他现在的情形，所以我们必须寻找这个悲剧。我们可以看出某件东西使他具有“生命只是一个大困难，并且最后不要迎头前进，以免面对困难情境”的印象。因此之故，他成为小心多疑，迟疑不决，永远在寻求逃避的方式。

我们必须提出他是长子的事实。我们已经说过处于这个位置的重要性。我们已经证实长子的主要问题产生于他很多年来都是被关注的中心，而不久之后被另外一个较被宠爱的小孩取代了他的荣耀位置的事实。在很多一个人害臊并惧怕迎头前进的个案中，我们发现原因是另外一个人得宠了。因此，在这个个案中，不难找出麻烦在哪里。

在很多个案中，我们只需要问病人：你是长子、次子或三子？这样我们就有我们所需要的一切资料了，我们也可以使用一种完全不同的方法！我们可以问他早期的回忆。这方面是很有价值的，因为这些回忆或首次情景是我们所称的原型之早期生活方式中的一部分结构。当一个人说到他的回忆时，他也就是在说他原型的真实部分。回溯从前，每个人都会记得某些重要的事，而事实上在记忆中固定的东西总是重要的。

有些派别的心理学提出不同的假定。他们相信一个人忘记的事物才是最重要的，但是事实上这两种概念并没有很大的区别。或许一个人可以告诉我们他的意识回忆，但是他不知道其意义。他不知道它们与他的行动的关连。因此，结果总是相同的，不管我们强调意识回忆的隐藏或忘记的意识，或忘记了的记忆的重要性。

对早期回忆的一点描述是很具启发性的。因为，一个人可能会告诉你当他很小的时候，他的母亲带他弟弟上市场去。这就足够了。这样我们就可以发现他的生活方式。他描述了他自己和他弟弟。因此，我们看出对他而言，有一个弟弟对他来说是有影响的。我们再引导他一些，你就会发现这个情景与某一个人说那天开始下雨的情景相似。他的妈妈牵着他的手，但是当妈妈看到较年幼的儿子时，就放下他的手而去牵他弟弟的手。因而我们可以描述出他的生活方式。他总是具有这样的预期，认为别人会比他得宠。所以我们可以了解何以他在众人面前不能说话，因为他总是四处搜寻比他受欢迎的人物。友谊的情形也是一样的。他总是认为他的朋友会更喜欢另外一个人，结果他总没办法获得一个真正的朋友，他老是怀疑不安，寻找着骚扰友谊的琐碎事物。

我们也可以看出他所经验的悲剧如何阻挠了他社会兴趣的发展。他记得他的母亲抱着他的弟弟，我们看见他感觉到这个小孩子比他获得更多母亲的关照。他感觉到弟弟受宠了，并且不断寻求肯定这个概念的证据。他完全相信他是对的，因此他总是处在紧张之中——当别人更受欢迎时，他总是处于试图完成事物的巨大困难之中。

现在，这种怀疑不安的人的唯一解决办法是完全的孤立，如此他就不必与别人竞争，并且将成为世界上唯一的人。事实上，这种小孩子有时候有这样的幻想，全世界都崩溃了，他是唯一留下来的人，因此没有人会比他更受欢迎。我们看到他开辟所有的可能性来解救他自己。但是他无法朝着逻辑、一般常识，或真理的路线发展——而只朝着怀疑的路线迈去。他活在一个有限制的世界里，他有逃避的私有概念。他完全与别人没有联系并且对别人毫无兴趣。但是我们不能责怪他，因为我们知道他不是十分正常的。

②校正生活

给予这种人一个适应得很好的人类所应该有的社会兴趣，是我们的工作。要如何做呢？这些人的巨大困难是他们过度地约束自己，并且总是寻找着他们固定概念的证据。因而，除非我们渗透入他们的人格，解除他们的偏见，否则很难改变他们的概念。要完成这个工作，需要使用某种意识和某种机智。如果这个忠告者和这个病人没有紧密的关系或浓厚的兴趣，那将是最好不过的。因为如果这个人直接对这个案有兴趣，那么我们会发现他只是在为他自己的兴趣而不是为病人的兴趣行动，病人会注意到这点而变得怀疑不安。

重要的事是减少病人的自卑感。自卑感无法完全根除，事实上我们也不愿完全根除它，因为自卑感可以作为建构某些事物的基础。我们所应该做的是改变目标。我们已经看到他的目标是逃避，只因为某个人比他更受欢迎，而我们所要下工夫的也就是这个概念情结。我们必须减少他的自卑感，向他证明他过度低估了自己。我们可以同他证实他的一举一动的毛病所在，并向他解释他过度紧张的倾向，像站在一个巨大的深渊前面一样，或者像是住在一个被危险包围着的敌国一般。我们可以向他提示他的害怕别人受到欢迎，阻碍了他做好工作并且妨碍了最美妙自然的印象。

如果这样的人在宴会中能够做一个主人，使他的朋友们怡然愉悦，对他们友好，关注他们的兴趣，那么，他会大大地有进步。但是在一般的社会生活上，我们看见他无法使自己愉悦，没有任何概念，结果他会说："愚蠢的人们——他们不能使我愉悦，他们不能使我感到兴趣。"

这种人的毛病在于他们不了解情况，由于他们固执的智力和缺少一般常识。如我们所说的，仿佛他们面对着敌人，过着孤独的狼一般的生活。在人类的情境中，这种生活是一个不正常的悲剧。

现在让我们来研讨另外一个特殊的个案——一个抑郁沮丧的人。这是一种非常普遍的不适，但是它可以治疗。这种人在早期生活中非常出色。事实上，我们注意到很多小孩在接近一个新情境时，总是显得抑郁沮丧。我们所要谈到的这个抑郁沮丧的人几乎有十次这种情形，并且总是在当他处于新位置的时候发生的。只要他处在旧位置上，他几乎是正常的。但是他不愿出门去，与别人在一起，并且想要统御别人。结果，他没有朋友，并且五十岁了还未结婚。

每一个抑郁沮丧的人几乎都使用同样的话：“我的整个生命都毁灭了。我失落了一切。”经常地，这种人总是被纵容，被宠爱，但不久就不得宠，而这又影响了他的生活方式。

人类的反应情境很像各种不同的动物。同一个情境，对一只野兔或是狼或是老虎，反应都不同。人类也不同。有一次我们做了一个实验：我们带三种不同类型的孩子到狮子笼前面去，以检查当他们首次看到这可怕的动物时，他们会如何反应。第一个小孩转身说道：“让我们回家吧。”第二个小孩说：“多么妙啊！”他想要表现得勇气非凡，但是当他说的时候，他却是在恐惧害怕。第三个小孩子说：“我可以对他吐痰吗？”我们看到三种不同的反应，经验到同一情境的三种方式。

2. 早期的行动路线

分析了一个人生活方式的重要性之后，我们现在转移到早期回忆的题目上来。早期回忆可能是了解生活方式的最重要方法。借着回溯孩童时期的记忆，我们能够揭开原型——生活方式的中心——这较之其他方法更好。

如果我们要找出一个人的生活方式——孩子或成

人——在听过有关他的一点抱怨之后，我们应该问他早期的回忆，然后拿来和他供给我们的其他事实相比较。

生活的方式大部分是不会改变的。同一个人总有同一种人格，同一种组合。如我们已经证实的，生活的方式是透过争取优越感的特殊目标而建立的，因此我们必须期望每一个行动和感觉都是整个“行动路线”（action line）的有机部分。现在，在某些点上，这个“行动路线”更清楚地得到表达了。这特别发生在早期的回忆上。

然而，我们不应该把旧的和新的回忆区别得太清楚，因为在新的记忆中，也包含着行动路线。在开始的时候，更容易找出行动路线，也更具启发性。因为如此一来，我们发现了主题，也能够了解一个人的生活方式不易改变。在四、五岁生活方式形成期，我们发现了过去回忆与目前行动的关连。因此在做过许多此类的观察之后，我们能够肯定这样的结论：在早期回忆中，我们总能找到病人之原型的真正部分。

当一个病人回溯他的过去时，我们可以肯定，他记忆里的东西对他来说一定具有情感上的兴趣，因之我们对他的人格可以找出一丝线索。我们不能否认，忘记了的经验对生活方式和原型来说也很重要，但是有很多次，要寻找出忘记了的经验，或者如他们所说的潜意识回忆，乃是更加困难的。意识和潜意识回忆同样具有朝向同一优越感目标的共同性质。它们都是完整原型的一部分。因此，如果可能的话，寻找出意识和潜意识回忆是好的。意识与潜意识回忆最终是同等重要的，而个人自己一般都无法了解。

了解和诠释它们乃是外人的事。

让我们从意识回忆开始。当我们问有些人关于他们的早期回忆时，有些人会回答：“我什么都不记得。”我们必须请求这种人集中精神，试图去回忆。但是这种迟疑不决可能会被看成他们不愿回溯他们的孩童时期的象征，而我们也可能因此下结论说他们的孩童时期不很愉快。我们必须引领这样的人。我们必须给予他们暗示，以找出我们所想要的。他们最终都会想出什么来的。

有些人声称他们可以记得他们一岁时的事情。这不太可能，事实上，这些可能是他们幻想出来的记忆，而不是真实的回忆。但是既然它们都是人格的一部分，所以是幻想的或是真实的都没有关系。有些人坚持他们不能肯定，到底是他们记得的或是他们的父母告诉他们的。这个，也无关紧要，因为即使是他们的父母告诉他们的，他们已经在他们心中固定了其印象，因而它们也可以帮助我们了解他们的兴趣在那里。

①回忆的方式

如我们在上面所解释过的，为了某些目的，我们把个人分门别类较为方便。现在，回忆根据类别而有不同，并且显示出某一特别方式的行为。举例来说，让我们拿一个人的情形来看，他记得他看到一棵美妙的圣诞树，挂满灯火、礼物和蛋糕。这个回忆最有趣的地方在哪里？在于他所看到的。何以他告诉我们他看到了？因为他对视觉事物总是很有兴趣。他在视觉方面有某些困难，而经过训练之后，他就老是对看有兴趣，并且很关注。或许这不是他们生活方式最重要的构成部分，但这是有趣而重要的部分。它指示出我们必须给他一个职位，这个职位必须让他使用他的眼睛。

我们发现一个对视觉很有兴趣的小孩不愿用耳朵听，因为他老是想看看什么。在这种小孩的个案上，我们应该有耐心，尝试教导他们去听。学校里，很多小孩子都只被从一方面教导，因为他们只对一种感觉发生兴趣。他们可能只精于听或精于看。有些人总是喜欢移动或不停地工作。对三种不同类型的小孩子，我们不能够期待相同的结果，特别是如果这个老师只喜爱一种方法，比如说训练喜欢听的小朋友，因此，当使用这种方法时，喜欢看的小孩和喜欢做的小孩发展就会受到滞碍。

让我们来看看一个二十四岁青年的例子，他常常会昏厥。当被问及他的回忆时，他说当他四岁时听到机器的轰鸣声就晕倒了。换句话说，他是一个听到了的人，因此对听觉有兴趣。此处没有必要解释这个年青人后来如何发展出昏厥的毛病来，我们注意他从小时候起即对声音很敏感就足够了。他非常精于音乐，他不能忍受嘈杂的声音，不和谐或尖锐的声音。因此，我们不至于惊奇于他会如此被笛子的声音所影响。总是有很多成人或小孩子感到有趣的事物，是由于他们曾因为它们而受苦。读者会记得我们在前面章节所提到的患哮喘症的人。他在小时候，肺部有过毛病，他的兴趣就完全拴绕在他的肺部上面，结果就发展出对呼吸有特别兴趣的情形来。

我们会遇到有些人，他们的整个兴趣似乎就在吃的东西上面。他们的早期回忆与吃的有关。似乎对他们来说世界上最重要的事是——如何吃，吃些什么，与不吃什么。我们会经常发现他们在早期生活中与吃发生关系上的困难，对这些人来说这增强了他们吃的重要性。

现在，我们转移到一个与活动和走动有关的个案上去。我们看到很多小孩在生命开始期没有办法走得很好，因为他们很孱弱或患有佝偻病。他们变得对移动具有不正常的兴趣，并且总是七忙八忙地赶着走。下面一个个案可以说明这个事实。有一个五十岁的人到医生那儿，诉怨说每当他陪伴别人过街时，他就惧怕他们俩人都会被车子撞倒。当独自一人时，他就决不会有这种惧怕，并且事实上在过街时相当安稳。只有当别人和他在一起时，他才有恐惧。他在那时会抓住他的同伴的手臂，左右地推动他，并且经常使人家恼怒，有时候我们会碰到这种人，虽然不是经常地。让我们分析他的愚蠢活动的原因。

问及他的早期回忆，他解释说当他三岁时，他无法顺利走动，并且患了佝偻病。他有两次过街时被撞倒过。现在，他是一个成人了，证明他已克服了弱点对他来说是很重要的。他要证明他是唯一可以过得了街的人。每当他和一个同伴在一起时，他就寻找一个机会来证明自己。当然啦，安全地通过一条街，并不是每个人都会拿来跟别人竞争并觉得骄傲的事。但是像我们的病人这种人，要炫耀他们这种能力的欲望却相当鲜明。

即使我们无法完全治疗此种人，我们可以借着研究早期回忆的艺术，协助他们改进。

应用这种方法治疗的对象之一是上文曾提过的小孩，有一天他跟他的母亲和小弟弟上市去，开始下雨的时候，她的妈妈抱起他，但是当注意到小弟弟时，便放下他抱起小弟弟。因此他感到他弟弟比他更受宠爱。

如果我们能够得到这样的早期回忆，如我们所谈的，我们可以预期我们病人的后期生活会发生什么事。然而，我们必须明白早期回忆并非原因，它们只是暗示，什么将会发生和发展以及如何发生的征兆。它们指示出朝向目标的活动，并指示出什么困扰必须克服。它们显示出一个人如何会对生活的一面比另一面更有兴趣。我们看到他可能有我们所称的创伤，举例来说，在性的方面，他可能对这比对其他更有兴趣。如果我们问他早期的回忆，我们听到性的经验，我们将不会感到惊奇。对性感到兴趣是一般常见行为的一部分，但是，如我们所说过的，有各种不同的情形和程度。我们经常发现当一个人告诉我们有关性的回忆的情形时，他后来就会在这方向上发展。生活的结果不会很和谐，因为这一边的生活被过分加重了。

②被纵容与被憎恨的

现在让我们来讨论被纵容的孩子的早期回忆。早期回忆很清晰地反映出这种人的特性，这种类型的小孩经常提到他的母亲。现在，或许这是自然的，这就是他必须争取一个有利地位的表象。有时候，早期回忆似乎是没什么关系，但是当一经过分析，它们的影响就显现出来了。举例来说，一个人告诉你：“我坐在我的房间内，而我的母亲站在柜子旁边。”这看起来一点都不重要，但是他的提到他母亲乃是他感到有兴趣事物的一个表象。有时候，如果母亲隐藏着，研究就将更为复杂难解。我们必须猜测母亲代表什么意义。因此我们问一个人，他会告诉你：“我记得我旅行了一次。”如果你问他是谁陪伴着他，你会发现是他母亲。或者，如果小孩子告诉我们：“我记得有一年夏天，我在乡村的某一个地方。”我们已经预知父亲在城市工作，而母亲陪伴着他；然而我们仍可以问：“谁跟你在一起？”以此方式，我们经常看到母亲的影响。

从研究这些回忆，我们可以看出对被宠爱的争取态度。我们可以看出一个小孩子在他发展的过程中开始估价他母亲给他的纵容。这对我们的了解是重要的，因为如果一个小孩子或成人告诉我们这种回忆，他们就是处于危险之中，或者另外一个人会比他更受宠爱。我们看到他紧张的程度更增加了，并且越来越明显，而我们看到他们的心灵尖锐地集中于这个概念上。这样的事实是重要的：它指示出在后来的生活里，这种人很善于嫉妒。

有一个男孩子，他进高中读书总像个谜一样。他要不断转变移动，从来没办法安定下来读书。他总是想着别的事物，经常上咖啡店或拜访朋友——都是在他应该读书的时刻。因此，研究他的早期回忆是很有趣的。他说：“我可以记得我躺在摇篮里，瞪着墙壁。我注意到贴在墙上的纸，上面有花、画像等等。”这是个只准备着“躺在摇篮里”，而不是准备考试的人，他无法集中精神读书，因为他老是想着其他事情，企图同时追两只兔子，而这是决不可能的。我们可以看出这个人是个被纵容了的小孩，无法单独工作。

我们现在来研究憎恨的小孩子们。这种类型很少也正代表极端的例子。如果一个小孩真的从生命的开始就憎恨一切，他就无法生活了，将走投无路。通常的，孩子们都有父母或保姆在某些程度上纵容他们，并满足他们的欲望。我们在非法的、罪犯和被遗弃的孩子当中发现这种憎恨的小孩，我们经常看见这种小孩变得抑郁沮丧。经常地，我们在他们的早期回忆中发现到这种憎恨的感觉。举例来说，有一个人，他说："我从小就被责打；我的母亲责骂我、折磨我，直到我逃走为止。"当他逃走时，他已经几乎不成人形了。

这个人到心理医师那儿去，因为他无法离开他的家。我们从他的早期回忆中发现他有一度逃跑，并碰到强大的危险。这个印象牢记在他的回忆中，后来当他出走时，他一直在注意着危险。他是一个聪颖的小孩，但是他老是害怕考试无法得第一，所以他迟疑不决，无法前进。当他最后进入大学时，他害怕他在指定的路程上无法与别人竞争。我们可以看出这个可以回溯到他早期所遇到的危险之回忆。

另一个有趣的例子是一个中年人，他老是抱怨他无法入睡。他今年大概四十六岁左右，已婚，并已为人父。他对别人总是批评个不停，总想要站在别人头上，特别是对他的家人。他的行动使得每个人都觉得难以忍受。

当被问到他的早期回忆时，他解释道他生长在一个父母老是吵架的家庭里，他俩总是打斗、彼此威胁，所以他害怕他的双亲。他总是褴褛而又龌龊地就上学去。有一天，他的班主任老师缺席了，由另一个老师代课。这个代课的女老师对她自己的工作和可能的成就性很感兴趣。她认为教书的工作很高贵并且很敬业。她在这个被忽视的孩子身上发现到可塑性，并开始鼓励他。这是他的生命中第一次得到这样善意接待。从那时起，他开始上进，但是他总像是被人从后面推着一样。他不是真正地相信自己可以变得优越，所以他整天工作，甚至在半夜亦然如此。以这个方式，他训练自己半夜工作，或者根本就不睡觉，整晚想着他该如何做。结果，他开始认为，整晚醒着以完成事物是必须的。

后来，我们看到他要凌越他人的欲望，表现在他对自己的家人和他人的态度上。他可以在他们面前成为一个征服者。他的妻子和小孩子不可避免地因为这种行为而痛苦不堪。

替这个人的个性作个总结，我们可以说他有优越感的目标，而这正是具有强烈自卑感的人的目标。他们的紧张是他们对自己成功的怀疑，他们的怀疑也被优越情结掩盖起来，而这个优越情结实在是假的。对早期回忆的研究揭示了此种情境的真实状态。

3. 爱情、婚姻

对爱情与婚姻的正确准备，是成为一个男子汉并且能适应社会所必要的。伴随着这个一般的准备，尚需做的是从孩童早期到成年的成熟时期要训练某种性的本能——这种训练包含着对家庭与婚姻之本能的正常满足。所有这些能力、无论对爱情或婚姻的倾向，可以在生活的第一年形成的原型中找到。借着观察原型中的特质，我们有能力帮助解决后来成年时期所出现的困难。

①平等的条件

我们在爱情与婚姻中所遭遇到的问题与一般社会问题的性质是相同的。它们有相似的困难和工作，如果把爱情与婚姻看成一种幻境，认为在其中一切事物会根据个人的欲望而产生，这种看法是错误的。其实从头到尾都有工作要做，而这些工作的完成必须经常把别人放在心灵里，对别人有兴趣才行。

除了社会适应的一般问题之外，爱情与婚姻的情况更需要一种格外的同情心，认同于另外一个人的格外的能力。今天，如果还有人无法适当地准备去过家庭生活，那是因为他们从来没有学习到用眼睛去看，用耳朵去听，以及设身处地为人着想。

我们在前面的很多讨论，都是集中于只对自己有兴趣、对别人没有兴趣的类型的孩子。此种类型无法一夜之间就改变他们的个性。他们对爱情与婚姻没有准备，就如他们没有准备应付社会生活一样。

社会兴趣是一项缓慢的成长。唯有那些从最初孩童时期就在社会兴趣方向上有训练，以及一直在生活有用的一边奋斗的人，才真正具有社会感觉。由于这个原因，体认出一个人是否准备好应付异性的生活，并不是特别困难的。

我们只需要记住我们已经观察了关于生活有用的一边。处在那一边生活的人是有勇气的，并且对自己有兴趣；他面对着生活的问题并且继续下去，寻找解决方法；他有朋友并且与他的邻人相处得很好。没有具备这些特质的人是不可信赖的，而且也不能够被认为是已经准备好面对爱情与婚姻。换句话说，如果一个人已经有职业，并已在职业上谋得发展，他可能就已经准备好面对婚姻问题了。我们可以从小小的却很重要的表象来评断，它指示出一个人是否具有社会兴趣。

对社会兴趣之性质的了解，告诉我们爱情与婚姻的问题唯有系于整个平等的基础，才能圆满解决。这个基本的给与取是重要的；而这一半是否敬重另一半并不太重要。爱情本身并不能解决事情，因为有各种各样的爱情。唯有当有适当的平等基础时，爱情才会走上正确的途径，婚姻才会成功。

如果一个男人或一个女人在结婚之后想要成为一个征服者，结果可能会是悲剧。抱着此种观点来期望婚姻，不是正确的准备；结婚之后所发生的事情可以证明它。在没有地方可以容纳一个征服者的情境下，要成为一个征服者是不可能的。婚姻的情境需要对别人有兴趣，并且要具备为人着想的能力。

②准备结婚

我们现在开始来谈谈婚姻所必须的特殊准备。如我们所看到的，这包括与性吸引之本能有关连的社会感觉的训练。事实上，我们知道，从孩童时代起，每一个人就创造出对异性的理想形象来。在一个男孩子来说，母亲扮演理想对象是非常可能的，这个男孩子会一直寻找相同类型的女人来结婚。有时候，在男孩和母亲之间有不愉快的紧张气氛存在，在这些情况下，他可能会寻找一个相反的类型。小孩子与他母亲之间和他后来娶的女人之间的关系是如此的一致，以致我们可以从诸如眼睛、体型、头发的颜色等等细节的东西观察出来。

我们也知道，如果母亲是强霸的，并且压抑这个男孩，当爱情与婚姻来临时，他将不愿勇敢地走下去。因为在这种情况下，他的性的理想会是一个羸弱的，顺从类型的女孩。或者，如果他是好斗的类型，在婚后也会和他的太太争斗，并想要驾驭她。

当一个人面对爱情问题的时候，我们可以看出所有这些在孩童时期显露出来的征象，会强调出来和显著地增加。我们可以想象一个具有自卑情结的人在性的事情上会如何行动。或许因为他感觉到羸弱和自卑，他会借着一直要人支持他来表达他的感觉。经常的，这种类型的人会具有像母亲那种性格的理想。或者，有时候，借着对他的自卑感的补偿，他会在爱情上采取相反的方向，并变得傲慢自大，顽强和具攻击性。然后，同样的，如果他勇气不足，他会在他的抉择上感觉受到限制，他可能会选择一个好斗的女孩子，发觉在一场严重的打斗中成为征服者更为光荣。

即使性以此方式，也不会得到成功。让性关系表现为自卑感或优越感的满足是愚蠢而荒谬的，不过这种事却经常发生。如果我们仔细地察看，我们会发现很多人所追求的伴侣实在是一个牺牲者。这种人不了解性的关系不能用此种目的而表现。因为如果一个人想要做征服者，另外一个也会想要成为征服者。结果，正常生活就变成不可能了。

满足一个人的情结的概念在抉择伴侣上得到了某些特殊的启示，而这是用别种方法很难以了解的。它告诉了我们何以有些人选择衰弱的、病痛的，或年岁很大的人。他们选择他们，因为他们相信事情对他们来说会容易些。有时候他们会选择一个已经结过婚的人：此处的情况是表示他永远不愿意解决问题。有时候我们发现人们同时爱恋上两个男人或两个女人。

我们说过一个具有自卑情结的人会时时改变他的职业，拒绝面对问题，永远完成不了什么事。当面对爱情问题时，他也会以同样的方式行动。爱恋一个已经结婚的人或同时爱两个人是满足他习惯性的倾向的途径。还有其他的途径，例如延长订婚期，一个一个换的追求，这些永远达不成婚姻。

被宠坏了的小孩子在婚姻上会显露出某些类型的毛病来。他们想要被他们的伴侣所纵容。这种情形在追求或结婚的第一年可能没有什么危险，但是后来它会引出复杂的情境。我们可以想象出当这样的两个被纵容的人结婚时，会发生什么事。两个人都想要被纵容，而没有一个想要做纵容者。仿佛他们各自站在另一个人的面前，期待着永不可能发生的事；两个人都感觉到他们没有被了解。

③婚姻顾问

我们看到婚姻里面有这么多错误，以至于问题不可避免地产生了："这些都是必须的吗？"我们知道这些错误开始于孩童时期，我们也知道借着体认到并发现原型的特质，可能改变生活的错误方式。因此，有人会想到成立一个忠告性的"顾问处"，这个顾问处可由受过训练的人组成，他们会借着个体心理学的方法来排解婚姻生活中的错误，他们会了解一个人生活中的一切事情如何连结在一处，聚集在一起，他们具有与前来寻求忠告的人同情地求证的能力。

这样的顾问处绝对不会说："你不能同意——你要不断争取——你应该离婚。"仅仅离婚有什么用呢？离婚之后会发生什么事？通常，离了婚的人会想要再结婚并继续同样的生活方式，像从前一般。我们有时候看到一再离婚，并且一再结婚的人，他们只是重复他们的错误而已。如果有了忠告性的顾问处的话，这样的人可能会先问及他的顾问处他们所想要的婚姻或爱情关系有没有成功的希望，如此，或许他们可能在离婚之前得到忠告。

有很多小小的错误开始于孩童时期，它们直到婚姻时期才显示出重要性来。因而，一些人总是认为他们会感到失望。有些小孩子从来就没有快活过，一直害怕碰到失望。这些孩子不是感到他们在感情上被放错了位置，其他的人较被宠爱，就是他们早期经验到的困难使得他们迷信地害怕这个悲剧会再度发生。我们可以容易地看出这个害怕碰到失望的感觉会在结婚生活中造成嫉妒和疑心。

在女人中间，她们的特殊困难是她们感觉到她们只是男人玩乐的工具而已，男人总是不忠实的。抱着这样的概念，很容易看出婚姻生活决不会幸福。如果其中一方早有先入的偏见，认为另一方会不忠实，幸福就不可能。

从人们一直寻求对爱情与婚姻的忠告看起来，我们可以评断它一般说来是生活最重要的问题。然而，从个体心理学的观点看起来，它却不是最重要的问题，虽然其重要性并没有被低估。对个体心理学来说，生活里面没有一个问题比另一个问题更为重要。如果人们加重了爱情与婚姻的问题，并给予它极大的重要性，则他们将会失去生活中的和谐。

或许，这个问题会在人们心中被赐予不应得的重要性是因为它不像其他的问题；它是一个我们不会得到常规的指示的问题。试回忆一下我们所说的关于生活的三个重大的问题。现在，考虑第一个：社会问题，它包含着我们对别人的行为。我们从我们生命的第一天起就被教导如何在众人之间行动，我们很早就学习这些事情。同样的，对于职业，我们也有同样常规的训练。我们在这些问题上一直有权威人物在指示我们，也有很多书在告诉我们如何做。

但是哪里有告诉我们准备面对爱情和婚姻的书籍呢？事实上，有很多事物是关于处理爱情与婚姻问题的。所有的文学都是处理爱情故事的，但是我们发现很少有处理快乐的婚姻的书籍。因为我们的文化如此地紧系于文学的，是每一个人的注意都时时被有困难的女人和男人吸引住，难怪人们对于婚姻会感到如此小心，甚至过分小心了。

这一直是人类从头就开始的练习。如果我们看看《圣经》，我们会发现一切麻烦的故事都由女人开始，而自从那时起，男人和女人在他们的爱情生活中总是经验到巨大的危险。我们的教育在其所遵行的方向上实在是太过严酷了。男孩子和女孩子准备得像是应付罪恶一般。如果训练女孩子们在婚姻角色上扮演得更为女性化，男孩子扮演得更为男性化则要聪明多了——但是先要训练他们有平等的感觉。

女人感觉到处于劣势的事实，在这特殊的一方面证明我们的文化失败了。

有个年轻人在舞会中正与未婚妻跳舞。他的眼镜忽然掉了。而使得旁观者大大吃惊的是：他拾起眼镜时几乎把那位年轻小姐击倒了。当一个朋友问他："你刚刚怎么啦？"他回答道："我不能让她踏坏了我的眼镜。"我们可以看出这个年轻人并没有准备好面对婚姻。事实上，这个女孩最后也没有嫁给他。

德国有一个古老方法，可以试验出一对伴侣是否准备好面对婚姻了。在乡间的习俗是给予这对2伴侣一把有两个把手的锯子，每一个人握住一边，然后让他们锯树干，其他的人则拿着钟表围观。现在，锯一棵树是两个人的工作。每一个人必须对另一个人所做的有兴趣，并使自己的动作与对方配合。这个方法是个测验适合不适合婚姻的好方法。

在结论里，我们重申我们的阐述：只有适应社会的人才能解决爱情与婚姻的问题。大部分的个案都是缺乏社会兴趣，而唯有当这个人改变这些毛病，错误才能消除。婚姻是两个人的工作。然而，事实上我们正被教育成去做一个人的工作，或去做十个人的工作。但是，尽管缺乏解决婚姻问题的教育，这方面的技术也可以适当地把握，如果这两个人体认到他们个性中的错误，并以平等精神来待人接物的话。

三、自卑与超越

1. 生活的意义

①人类的维系

人类生活于“意义”的领域之中。我们所经验到的，并不是单纯的环境，而是环境对人类的重要性。即使是对环境中最单纯的事物，人类的经验也是以人类的目的来加以衡量的。“木头”指的是“与人类有关系的木头”，“石头”的意思是“能作为人类生活因素之一的石头”。假使有那一个人想脱离意义的范畴而使自己生活于单纯的环境之中，那么他一定非常不幸：他将自绝于他人，他的举动对他自己或别人都丝毫不起作用，总之，它们都是没有意义的。我们一直是以赋予现实的意义来感受它，我们所感受的，不是现实本身，而是它们经过解释后的事物。因此，我们可以顺理成章地说：这些意义多多少少总是不完全的，它们甚至是不会完全正确的。意义的领域即是充满了错误的领域。

假如我们问一个人：“生活的意义是什么？”他很可能回答不出来。通常，人们若不是不愿用这个问题来使自己困扰，就是用老生常谈式的回答来搪塞它。然而，自有人类历史起，这个问题便已经存在了，在我们的时代，青年们——较老的人们亦是如此——也常会爆出这样的呼号：“我们是为什么而活？生活的意义是什么？”不过，我们可以断言：他们只有在遭受到失败的时候，才会发出这种疑问，假使每件事情在他们面前都平淡无波，也没有困难的阻碍，那么这个问题便不会被诉之于言词。每个人都只把这个问题和对它的答案表现于自己的行为之中。如果我们对一个人的话语充耳不闻，而只观察他的行为，我们将会发现：他有个人的“生活意义”，他的姿势、态度、动作、表情、礼貌、野心、习惯、特征等等，都遵循这一意义而行。他的作风表现出：他好像对某种生活的解释深信不疑，他的一举一动都蕴含有他对这个世界和他自己的看法，他似乎断言：“我就是这个样子，而宇宙就是那种形态”，这便是他赋予自己的意义以及他赋予生命的意义。

随人而异的生命意义是多得不可胜数的。而且，我们说过，每一种意义可能多少都含有错误的成分在里头。没有人拥有绝对正确的生命意义，而我们也可以说：只要是被人们应用的生命意义，也不会是绝对错误的。所有的意义都在这两个极端间变化。然而，在这些变化里，我们却可以将各种回答分出高下：它们有些很美妙，有些很糟糕，有些错得多，有些错得少。我们还能发现：较好的意义具有哪些共同特质，而较差的意义又都缺少哪些东西。这样，我们可以得到一种科学的“生命意义”，它是真正意义的共同尺度，也是能使我们应付与人类有关的现实的“意义”。在此，我们必须牢牢记住：“现实”指的是对人类的现实，对人类目标和计划的现实。除此之外，别无现实。如果还有其他现实存在，它和我们也没有关系，我们无法知道它，它也必然是没有意义的。

每个人都有三条重要的维系，这些维系是他必须随时铭刻在心的。它们构成了他的现实，他们面临的问题都是这些维系所造成的。由于这些问题总是不停地缠绕着他，他也必须不断地回答这些问题，他的回答便能表现出他对生命意义的个人概念。这些维系之一是：我们居住于地球这个贫瘠星球的表面上，而无处可逃。我们必须在这个限制之下，借我们居住之处供给我们的资源而成长。我们必须发展我们的身体和心灵，以保证人类的未来得以延续。这是一个向每个人索取答案的问题，没有人逃得了它的挑战。无论我们做什么事，我们的行为都是我们对人类生活情境的解答：它们显现出我们心目中认为哪些事情是必要的，合适的，可能的，有价值的。这些解答又都被“我们属于人类”以及“人类居住于此一地球之上”等事实所限制。

当我们考虑到人类肉体的脆弱性以及我们所居住环境的不安全性时，我们可以看出：为了我们自己的生命，为了全体人类的幸福，我们必须拿出毅力来界定我们的答案，以使它们眼光远大而前后一致。这就像我们面对一个数学问题一样，我们必须努力追求解答。我们不能单凭猜测，也不能企图侥幸，我们必须用尽我们能力所及的各种方法，坚定地从事此事。我们虽然不能发现绝对完美的永恒答案，然而，我们却必须用我们的所有才能，来找出近似的答案。我们必须不停地奋斗，以找寻更为完美的解答，这个解答必须针对“我们居住于地球这个贫瘠星球的表面上”这件事实，以及我们居住的环境所带给我们的种种利益和灾害。

现在，我们讨论第二种维系。我们并不是人类种族的唯一成员。我们四周还有其他人，我们活着，必然要和他们发生关联。个人的脆弱性和种种限制，使得他无法单独地达到自己的目标。

假使只有他孤零零地活着，并且想只凭自己的力量来应付自己的问题，他必然会灭亡掉。他无法保持自己的生命，人类的生命也无法延续下去。他必须和他人发生联系，这种联系是因为他的脆弱、无能和限制所造成的。个人为自己的幸福，为人类的福利，所采取的最重要步骤就是和别人发生关联。因此，对生活问题的每一种答案都必须把这种联系考虑在内：它们必须考虑到“我们生活于和他人的联系之中，假使我们变得孤独，我们必将灭亡”这件事实。我们最大的问题和目标就是：在我们居住的星球上，和我们的同类合作，以延续我们的生命和人类的命脉。我们要生存下去，我们的情绪就必须和这个问题与目标互相协调。

我们还被另一种维系束缚着。人类有两种性别。个人和团体共同生命的保存都必须顾及这件事实。爱情和婚姻即属于这种联系。每一个男人或女人都不能对这问题避而不答。人类面对这问题时的所作所为，就是他的答案。人们可以用许多不同的方式来解决这一问题，他们的举动即表现出：他们认为这就是他们解决这个问题的最佳方法。这三种维系构成了三种问题：如何谋求一种职业，以使我们在地球的天然限制之下得以生存；如何在我们的同类之中获取地位，以使我们能互助合作并分享合作的利益；如何调整我们自身，以适应“人类存在有两种性别”和“人类的延续和扩展，有赖于我们的爱情生活”等事实。

个体心理学（individual Psychology）发现：生活中的每一个问题几乎都可以归纳于：职业、社会和性这三个主要问题之下。每个人对这三个问题做反应时，都明白地表现出他对生活意义的最深层的感受。举个例子说吧，假如有一个人，他的爱情生活很不完美，他对职业也不尽心尽力，他的朋友很少，他又发现：和他的同伴接触是件痛苦的事。那么，由他生活中的这些拘束和限制，我们可以断言：他一定会感到：“活下去”是件艰苦而危险的事，它有着太少的机会与太多的挫折。他活动范围的狭窄，可以用他的判断来加以了解：“生活的意义是——保护我自己以免受到伤害、把自己圈起来，避免和别人接触”。反过来说，假使有一个人，他爱情生活的各方面都非常甜蜜而融洽，他的工作导致了可观的成就，他朋友很多，他交游广阔而成果丰硕。我们能断言，这样的人必然会感到：生活是件富于创造性的历程，它提供了许多机会，却没有不可克服的困难。他应付生活中各种问题的勇气，可以用下面的断语来加以了解：“生活的意义是——对同伴发生兴趣，作为团体的一分子，并对人类幸福贡献出自己的一份力量。”

在这里，我们可以看出：各种错误“生活意义”的共同尺度和各种正确“生活意义”的共同尺度。所有的失败者——神经病患、精神病患、罪犯、酗酒者、问题少年、自杀者、堕落者、娼妓——之所以失败，就是因为他们缺乏从属感和社会兴趣。他们在处理职业、友谊和性等问题时，都不相信这些问题可以用合作的方式来加以解决。他们赋予生活的意义，是一种属于个人的意义：他们以为，没有哪个人能从完成其目标中获得利益，他们的兴趣也只停留于自己身上。他们争取的目标是一种虚假的个人优越感，他们的成功也只有对他们自身才有意义。谋杀者在手中握有一瓶毒药时，可能会体会到一种权力之感，但是很明显地，他只能使自己相信自己的重要性，对别人而言，拥有一瓶毒药并不能抬高他的身价。事实上，属于私人的意义是完全没有意义的，意义只有在和他人交往时，才有存在的可能。我们的目标和动作也是一样，它们的唯一意义，就是它们对别人的意义。每个人都努力地想使自己变得重要，但是如果他不能体认：人类的重要性是依他们对别人生活所做的贡献而定的，那么他必定会踏上错误之途。

②与别人共同分享

我曾听过一则关于一个小宗教团体领袖的轶事。有一天，她召集了她的教友，告诉他们：世界末日在下星期三就要来临了。教友们在震惊之下，变卖了自己的财产，放弃了俗世的杂念，紧张地等待天灾地变地到来。结果，星期三毫无异象地过去了。星期四，教友们一群人，向教主兴师问罪："瞧瞧我们处境的困难吧！"他们说："我们放弃了所有的保障，我们告诉我们遇到的每一个人。他们讥笑我们的时候，我们还充满信心地说：我们的消息是从最绝对的权威处听来的。现在星期三已经过了，世界怎么仍然完整无恙呢？""可是，"这位女教主说道："我的星期三并不是你们的星期三呀！"她就这样地用属于她私人的意义逃避了别人的攻击。属于私人的意义实在是经不起考验的。

所有真正的"生活意义"的标志是：它们都是共同的意义——它们是别人能够分享的意义，也是能被别人认定为有效的意义。能够解决生活问题的优良方法，必然也能为别人解决类似的问题：因为我们在其中可以看出如何用成功的方式来应付共同的问题。即使天才，也只能用其至高无上的效用来定义，因为一个人的生命只有被别人认定为对他们很重要时，他们才会称他为天才。表现于这种生活中的意义必然是："对团体贡献力量。"在这里，我们谈的不是职业动机。我们不管职业，而只注意成就。能够成功地应付人类生活中问题的人，他行为的方式显然已经认清：生活的意义在于对别人发生兴趣以及互动合作。他所做的每件事情似乎都被其同类的喜好所指引，当他遭遇困难时，他会用不和别人利益发生冲突的方法来加以克服。

对许多人而言，这很可能是一种新的观点，他们也许会怀疑，我们赋予生活的意义是否真的应该是：奉献、对别人发生兴趣和互助合作。他们或许会问："对于自己，我们又该做些什么呢？要是一个人老是考虑别人，老是为别人的利益而奉献自己，他岂不是要感到痛苦了？如果一个人想要适当地发展自己，至少他也应该为自己设想一下吧？我们之中难道没有人应该学习怎样保护我们自身的利益，或加强我们本身的人格么？”这种观点，我相信是大谬不然的，它提出的问题只是虚假的问题而已。假若一个人在他赋予生活的意义里，希望对别人能有所贡献，而且他的情绪也都指向了这个目标，他自然会把自己塑造成最有贡献的理想人格。他会为他的目标而调整自己，他会以他的社会感觉来训练自己，他也会从练习中获得种种技巧。认清目标后，学习即会随之而行。慢慢地，他会开始充实自己以解决这三种生活问题，并扩展自己的能力。且让我们以爱情与婚姻为例。如果我们深爱着我们的伴侣，如果我们致力于充裕我们爱侣的生活，我们自然会竭尽所能地表现出自己的才华。假使我们没有奉献的目标，而只想凭空发展人格，那只是装腔作势，只能使自己更不愉快。

③奉　献

另外还有一点足以证实：奉献乃是生活的真正意义。假使我们在今日检视我们从祖先手里接下来的遗物，我们将会看到什么？他们留下来的，都是他们对人类生活的贡献。我们看到开发过的土地；我们看到公路和建筑物；在传统中，在哲学里，在科学和艺术上，以及在处理人类问题的技术方面，我们还看到了他们生活经验互相交流的成果；这些成果都是对人类幸福有所贡献的人们留下来的。其他的人们又怎么样呢？那些不合作分子，那些赋予生活另一种意义的人，那些只会问：“我该怎样逃避生活”的人，都怎么样了？他们身后一点痕迹也没有留下。他们不仅已经死亡，他们的整个生命也是贫瘠不堪。我们的地球似乎曾对他们说过：“我们不需要你，你根本不配活下去。你的目标，你的奋斗，你所抱持的价值观念都没有未来可言。滚开吧！一无可取的人！快点死亡，快点消逝掉吧！”对于不是以合作为生活意义的人，我们所下的最后断语是：“你是没有用的。没有人需要你，走开！”当然，在我们现代的文化中，我们可以看到许多不完美之处，当我们发现了弊病，我们就该改变它，不过这种改变仍然必须以为人类谋取更多福利为前提。

了解这种事实的人是到处都有的。他们知道：生活的意义是对人类全体发生兴趣，他们也努力地培养爱情和社会兴趣。在各种宗教中，我们都能看到这种救世济人的心怀。世界上所有伟大的运动，都是人们要增加社会利益的结果，宗教即是朝此方向努力的最大力量之一。然而，宗教的本旨却经常被曲解；除非它们更直接地致力于此工作，因为在它们现在已有的表现外，我们便很难再看出它们能做更多的事。个体心理学以科学方法，采用了科学技术，也获得同样的结论。我相信，它还更进一步。由于科学使人类对其同类的兴趣大为增加，所以它或许比政治或宗教等其他运动更能接近这一目标。我们从各种不同角度探讨这一问题，但目标却始终如一——增加对别人的兴趣。

因为这种赋予生活的意义，其性质有如我们事业的守护神或随身恶魔，所以我们对这些意义是如何形成的，它们彼此之间有哪些不同，如果它们犯了重大的错误，又应如何纠正等等事情的了解，乃是非常重要的。这是属于心理学的研究范畴。心理学有别于生理学或生物学，就是它能利用对“意义”以及它们对人类行为及人类未来的影响等事情的了解，来增进人类的幸福。从呱呱坠地之日起，我们即在摸索着追寻此种“生活的意义”。即使是婴孩，也会设法估计一下自己的力量，和此种力量在环绕着他的整个生活中所占的分量。在生命开始后第五年末，儿童已发展出一套独特而固定的行为模式，这就是他对付问题和工作的样式。此时，他已经奠定下“对这世界和对自己应该期待些什么”的最深层和最持久的概念。以后，他即经由一种固定的统觉来观察世界，经验在被接受之前，即已被预先解释，而此种解释又是依照最先赋予生活的意义而行的。即使这种意义错得一塌糊涂，即使这种处理问题和事物的方式会不断带来不幸和痛苦，它们也不会轻易地被放弃。只有重新检讨造成这种错误解释的情境，认出谬误之所在，并修正统觉，这种生活意义中的错误才能被矫正过来。在少数情况下，个人也许会被错误的结果逼迫，而修正他所赋予生活的意义，并凭自己的力量成功地完成这种改变，然而，如果没有社会的压力，如果他不能发现：假使他再我行我素，则他必然会陷入绝境，那么他必然不会这样做。而且，这种错误的修正，大部分要借助于某些受过训练而了解这些意义的专家，他们能参与帮助发现最初的错误，并从旁建议一种较为合适的意义。

④童年的经验

让我们举个例子说明：童年时的情境可以用许多不同方式来解释。童年时期的不愉快经验是可能被赋予完全相反的意义的。不顾不愉快经验的人，他的经验除了能告诉他做某些防范未然之事外，便不会影响他们。他觉得："我们必须努力改变这种不良环境，以保证我们的孩子能被安置得更好。"另一种人会觉得："生活是不公平的。别人总是占尽了便宜。既然世界这样对待我，我为什么要善待世界？"有些父母就这样告诉他们的孩子："我小时候也遭受过许多苦难，我都熬下去了。为什么他们就不该吃些苦头？"第三种人则可能觉得："由于我不幸的童年，我做的每件事都是情有可原的。"这三种人的解释都会表现在他们的行为里。除非他们改变他们的解释，他们的行为便不会有所改变。在此，个体心理学扬弃了决定论。经验并不是成功或挫败之因。我们不会被经验过的打击所困扰，我们只是从其中取得决定我们目标之物。我们被我们赋予经验的意义决定了自己：当我们以某种特殊经验，作为自己未来生活的基础时，很可能就犯了某种错误。意义不是被环境所决定的，我们以我们赋予环境的意义决定了我们自己。

然而，在儿童时期，有某些情境却很容易孕育出严重的错误意义。大部分的挫败者都来自于这种情境下成长的儿童。首先，我们要考虑曾经因为在婴儿时期患病或先天因素，而导致身体器官缺陷的儿童。这种儿童心灵的负担很重，他们很难体会到：生活的意义在于奉献。除非有和他们很亲近的人能把他们的注意力由他们自身引到别人身上，他们大都只关心自己的感觉。以后，他们还可能因为拿自己和周围的人比较，而感到气馁。在我们现代文化中，他们甚至还会因为同伴的怜悯、揶揄或逃避，而加深其自卑感。这些环境都可能使他们转向自己、丧失在社会中扮演有用角色的希望、并认为自己被这个世界所侮辱了。

研究器官有缺陷或内分泌异常儿童所面临的困扰的，我想我是第一个人。这门科学虽然已经相当进步，可是它发展的方向却不如我所愿。我一直想找出可以克服这种困难的方法，而不是想找寻能够把失败的责任归之于遗传或身体环境的证据。器官的缺陷并不能强迫人们采用错误的生活模式。我们无法找出内分泌腺对他们有同样效果的两个儿童。我们经常看到克服这种困难的儿童，他们在克服这些困难时，还发展出非常有用的才能。在这方面，个体心理学并不鼓吹优生学的选择。有许多对我们文化有重大贡献的杰出人才都有器官上的缺陷，他们的健康经常很差，偶尔他们还会早夭。然而，这些奋力克服身体或外在环境的困难的人，却造就了许多新的贡献和进步。奋斗使他们坚强，也使他们奋勇向前，我们无法判断心灵的发展将会变好或变坏。可是，器官或内分泌腺有缺陷的儿童，绝大多数都未被导向正途，他们的困难也未曾被了解，结果他们大多变得只对自己有兴趣。因此，我们在早年生活曾因器官缺陷而感受到压力的儿童之中，便发现了许许多多的挫败者。

第二种经常在赋予生活的意义中造成错误的情境，是把儿童娇宠坏了的情境。被娇宠的儿童大都会期待别人把他的愿望当法律看待，他不必努力便成为天之骄子，通常他还会认为：与众不同是他的天赋权利。结果，当他进入一个不以他为注意中心的情境，别人也不以体贴其感觉为主要目的时，他即会若有所失而觉得世界亏待了他。他一直被训练为只取不予，也从未学会用别的方式来对付这种处境。别人老是服侍着他，使得他丧失了独立性，也不知道他能为自己做些什么事情。当他面临困难时，他只有一种应付的方法——乞求别人的帮助。他似乎以为：假使他能再获得突出的地位，假使他能强迫别人承认他是特殊人物，那么他的情况就能大为改进了。

被宠坏的孩子长大之后，很可能成为我们社会中最危险的一群。他们，有些人会严重地破坏善良意志：他们会装出"媚世"的容貌，以博取擅权的机会，可是却暗中打击平常人在日常事务上所表现的合作精神。还有些人会做出更公开的反叛：当他们不再看到他们所习惯的谄媚和顺从时，他们即会觉得自己被出卖了；他们认为社会对他们充满敌意，而想要对他们施以报复。假使社会真的对他们的生活方式表示敌意（这种事经常发生），他们会拿这种敌意作为他们被亏待的新证据。这就是惩罚为什么总是不生效果的道理：它们除了加强"别人都反对我"的信念外，就一无所用了。被宠坏的孩子无论是暗中破坏或是公开反叛，无论是以柔术驾驭别人或是以暴力施行报复，他们在本质上都犯着同样的错误。事实上，我们发现：有许多人先后使用着这两种不同的方法而其目标却始终未变。他们觉得："生活的意义是——独占鳌头，被认为是最重要人物，并获取心中想要的每件东西。"只要他们继续将这种意义赋予生活，他们所采取的每种方法就都是错误的。

第三种很容易造成错误的情境，是被忽视的儿童所处的情境。这样的儿童从来不知爱与合作为何物：他们建构了一种没有把这些友善力量考虑在内的生活解释。我们不难了解：当他面临生活问题时，他总会高估其中的困难，而低估自己应付问题的能力和旁人的帮助及善意。他曾经发现社会对他很冷漠，从此他即误以为社会永远是冷漠的。他更不知道他能用对别人有利的行为来赢取感情和尊敬，因此，他不但怀疑别人，也不能信任自己。事实上，感情的地位是任何经验都无法取代的，母亲的第一件工作就是让她的孩子感受到她是位值得信赖的人物，然后她必须把这种信任之感扩大，甚至它涵盖儿童环境中全部事物为止。如果她的第一个工作——即获得儿童的感情、兴趣和合作——失败了，那么这个儿童便不容易发展出社会兴趣，也很难对其同伴有友好之感。每个人都有对别人发生兴趣的能力，但是此种能力必须被启发、被磨炼，否则其发展即会受到挫折。

假使有个完全被忽视、被憎恨、或被排斥的儿童，我们很可能发现：他很孤单，不能和别人交往，无视于合作的存在，也全然不顾能帮助他和别人共同生活的任何事物。然而，我们说过，在这种环境下的个体必然会死亡。儿童只要度过了婴儿期，便足以证明：他已经受到了某些照顾和关怀。因此，我们不讨论完全被忽视的儿童，我们只管那些受到的照顾较平常为少者，或只在某方面受到忽视，其他方面却一如常人者。总之，我们说：被忽视的儿童肯定未曾发现值得他十分信赖的人。我们的文明有种悲哀的讽刺，就是：有许多生活中的失败者，其出身都是孤儿或私生子。通常，我们都把这种儿童归纳于被忽视的儿童之中。

这三种情境——器官缺陷，被娇宠，被忽视——最容易使人将错误的意义赋予生活。从这些情境中出来的儿童几乎都需要帮助以修正他们对待问题的方法。他们必须被帮助以朝向较好的意义。假使我们关心这些事情——这就是说，假说我们对他们有真正的兴趣，而也曾在这方面下过工夫——我们将能在他们所做的每件事情中，看出他们的意义。梦和联想已被证实为很有用处：做梦时和清醒时的人格都是相同的，但是在梦中社会要求的压力较轻，人格能不经过防卫和隐瞒而表现出来。不过，要了解个人赋予自己和生活的意义，最大的帮助是来自记忆。每种记忆都代表了某些值得他回忆的事，不管他能想起的，是多么少的一点点。当他回忆时，它之能够被想起，即是因为它在他生活中所占的分量：它告诉他："这是你应该期待之物"或"这是你应该躲避之物"，或"这就是生活！"我们必须再强调：经验本身并不如留于记忆中而被凝结成生活意义的经验来得重要。每件记忆都是值得纪念之物。

对于表明个人对待生活的特殊方式已存在多久，以及在指出最先构成其生活态度的环境等方面，儿童早期的回忆是特别有用的。最早的记忆之所以重要，有两个原因。第一，个人对自身和环境的基本估计均包含于其中；它是个人将他的外貌、他对自己最初的整个概念，以及别人对他的要求等等第一次综合起来的结果。其次，它是个人主观的起点，也是他为自己所做的记录的开始。因此，在其中我们经常可以发现：他觉得自己所处的脆弱和不安全的地位，以及被他当作理想的强壮和安全的目标，二者之间的对比。至于被个人当作最早记忆的，是否确实为他所能记起的第一件事，或是否为真实事情的回忆，对心理学的目的而言，则是无关紧要的。记忆的重要性，在于它们被“当作”何物、对它们的解释，以及它们对现在及未来生活的影响。

在此，我们可以举几个最初记忆的例子，并看看它们所造成的“生活意义”。“咖啡壶掉在桌子上，把我烫伤了。”这就是生活！当我们发现：以这种方式开始其自述的女孩子总是无法摆脱孤独无助之感，并且高估了生活中的危险与困难时，我们并不必讶异。假使她在心中责备别人没有好好照顾她，我们也不用惊奇。因为必定有某些人非常粗心大意，才会让这样幼小的孩子遭受这样大的危险！在另一个最初记忆中，也呈现出类似的世界影像：“我记得我三岁的时候，曾经从婴孩车上摔下来。”随着这种最初记忆，他反复做着这样的梦：“世界末日已到。我在午夜醒来，发现天空被火照得通红。星辰都纷纷往下坠。我们也将和另一个星球相撞。可是，在撞毁之前，我醒过来了。”当这个学生被问以：他是否惧怕何物时，他这样描述了自己的梦，并说："我怕我不能在生活中获得成功。"他的最初记忆和反复的噩梦足以使他恐惧，因而害怕失败和灾难。

一个由于夜尿以及和母亲不停地发生冲突，而被带到医院来的十二岁男孩，说他的最初记忆是："妈妈以为我丢失了。她非常害怕地跑到街上大声叫我，其实我一直藏在屋子里的一个橱柜中。"在这个记忆里，我们可以看到一种臆测："生活的意义是——用找麻烦来博取注意。其获取安全感的方法就是欺骗。我虽然被忽视了，但是我却能愚弄别人。"他的夜尿也是他用来使自己成为别人担心和注意中心的一种方法。他母亲对他所表现的焦虑和紧张，正加强了他对生活的这种解释。像前面的例子一样，这个孩子很早就得到一种印象，以为外在世界中的生活是充满危险的。他只在别人为他的行为担心时才觉得安全。也只有用这种方式，他才能向自己保证：当他需要保护时，别人就会来保护他。

有个三十五岁的妇女，她的最初记忆是这样的："三岁那一年，有一次我独自走进地窖。当我在黑暗中走下楼梯时，比我稍大的堂兄也打开门，跟着我走下来。我被他吓了一大跳。"由这个记忆看来，他可能很不习惯于和其他孩子一起游玩，尤其是不喜欢和异性在一起。对"她是独生妇女"的猜测，结果被证实是正确的，而她在三十五岁的年龄，却依然还没结婚。

由下面例子，可以看出社会感觉更进一步的发展："我记得妈妈让我推载着小妹的娃娃车。"在这里，我们还可能看到某些征象显示：她只有和比自己弱小的人在一起才觉得自在；以及她对母亲的依赖。当新婴孩降生时，要得到年纪较长的孩子的合作，最好是让他们帮忙照顾他，使他们对他产生兴趣，并分担保护他的责任。如果得到了他们的合作，他们便不会把父母集中在娃娃身上的注意力当作是对自己重要性的一种威胁。

想和别人在一起的欲望，并不一定是对别人真正有兴趣的证明。有一个女孩子，在被问及最初记忆时，说道："我和姐姐及两个女孩一起游玩。"在此，我们当然可以看出她正慢慢地学习和别人交际，可是，当她提起她最大的惧怕："我怕别人都不理我"时，我们却能觉察到她的挣扎。从这里，我们还能看出她缺乏独立性的征象。

一旦我们发现并了解了生活的意义，我们即已握有了解整个人格的钥匙。曾经有人说：人类的特征是无法改变的，事实上，只有对那些未曾把握住解开此种困境之钥的人，这种说法才正确。然而，我们说过：假使无法找出最初的错误，那么讨论或治疗也都没有效果，而改进的唯一方法，在于训练他们更合作及更有勇气地面对生活。合作也是我们拥有的防止神经病倾向发展的唯一保障。因此，儿童应该被鼓励及被训练学习合作之道；在日常工作及平常游戏中，他们也应该被允许在同龄儿童之间，找出自己的行为方式。对合作的任何妨碍都会导致最严重的后果。例如，只学会对自己有兴趣的被宠坏的孩子，很可能把对别人缺乏兴趣的态度带到学校。他对功课有兴趣，只是因为他认为这样做能换来老师的恩宠；他也只愿意听取他觉得对自己有利的事物。当他接近成年时，缺乏社会感觉对他的不利会变得愈来愈明显。在他的毛病开始发生时他已经不再为责任感和独立性而训练自己了，而他本身的特质也已经不足以应付任何生活的考验了。

我们不能因为他的短处而责备他。当他开始尝到苦果时，我们只能帮助他设法加以补救。我们不能期待一个没有上过地理课的孩子，在这门课的考卷上会答出好成绩；我们也不能期待一个未被训练以合作之道的孩子，在面临一个需要合作训练的工作之前，会有良好的表现。但是，每种生活问题的解决都需要合作的能力，而每种工作也都必须在人类社会的架构下，以能够增进人类福利的方式来予以执行，只有了解生活的意义在于奉献的人，才能够以勇气及较大的成功机会来应付其困难。

如果老师们、父母们及心理学家们都能了解：赋予生活以某种意义时可能犯的错误，而他们自己也难免犯同样错误，我们就能相信：缺乏社会兴趣的儿童对他们自己的能力，对生活的机会，就会有较乐观的看法。当他们遇到问题时，他们就不会停止努力、找寻捷径、设法逃离、把肩上重担推给别人、口出怨言以博取关怀或同情，或觉得非常丢脸而自暴自弃，或问："生活有什么用处？它使我得到什么？"他们将会说："我们必须开拓我们的生活。这是我们的责任，我们也能够对付它。我们是自己行为的主宰。除旧布新的工作，舍我其谁！"假使每个独立自主的人，都能以这种合作的方式来应付其生活，那么我们将可看出：人类社会的进步必然是无止境的。

2. 灵与肉

人们对“到底是心灵支配肉体，还是肉体控制心灵”这个问题一直争论不休。参加争论的哲学家们，称自己为唯心论者或唯物论者，而各据一辞。他们提出了数以千计的论据，可是这个问题仍然悬而未决。个体心理学可能有助于这个问题的解决，因为在个体心理学中，我们事实上是在研究肉体和心灵的动态相互关系。亟待治疗的病人都具有肉体及心灵，如果我们治疗的理论基础错误，我们便无法帮助他。我们的理论必须是从经验中导衍出来的，它也必须经得起实际应用的考验。我们生活于这些相互关系中，我们必定要接受找寻出正确观点的挑战。

①心与身的互动

个体心理学的发现，把这个问题所造成的紧张情势，大部分都消除了。它不再是水火不相容的问题。我们认为肉体和心灵二者都是生活的表现，它们都是整体生活的一部分，而我们也开始以整体的概念来了解其相互关系。人类的生活，是可以四处走动的动物的生活，只发展肉体对他而言必然是不够的。植物是生了根的，他们停留在固定地方无法活动。因此，假如植物有心灵——只要是我们所能了解的任何形式的心灵，都必定会使人惊奇万分。假使植物能预见未来，它们的官能也会使之一无所用。假定植物能想：“有人来了，他马上就要踩到我，我将死在他脚下了。”可是这有什么用呢？植物仍然无法逃开它的劫数。

然而，所有能动的动物，都能预见并计划他们所要动的方向；这种事实使得我们不得不假设：他们都具有心灵或灵魂。

“当然你有思虑，

否则你就不会有动作，”①

预见运动的方向是心灵最重要的功用。认清了这一点，我们就能了解：心灵如何支配着肉体——它为肉体订下了动作的目标。如果没有努力的目标，只在不同的时间，激发起一些散乱的动作，这是没有什么用的。因为心灵的功能在于决定动作的方向，所以它在生活中占着主宰的地位。同时肉体也影响着心灵；做出动作的，是肉体。心灵只能在肉体所拥有的、及它可能被训练发展出来的能力之内，指使肉体。比方说，假使心灵想要使肉体奔向月亮，那除非是它先发明一种可以克服身体限制的技术，否则它便注定要失败。

人类比其他动物更善于活动。他们不仅活动的方式较多——这一点，可由他们手的复杂动作中看出——而且，他们也较能利用他们的活动，来改变围绕着他们的环境。因此，我们可以预料：人类心灵中，预见未来的能力必将有最高度的发展；而且，人类也必会明显地表现出：他们正有目的地奋斗，以增进他们在整个世界中所处的地位。

在每个人身上，我们还能发现：在朝向部分目标的各种部分动作之后，还有一个可包含一切的单一动作。我们

① 哈姆雷特，第3场，第4景。

所有的努力都是为要达到一种能使我们获得安全感的地位，这种感觉是：生活中的各种困难都已经被克服，而且我们在环绕着我们的整个情境中，也已经得到最后的安全和胜利。针对此一目标，所有的动作和表现都必须互相协调而结合成一个整体。心灵似乎是为要获得这一最后的理想目标，而被强迫发展，肉体亦复如是，它也努力要成为整体。它还向一种预先存在于胚胎中的理想目标发展。例如，当皮肤擦破时，整个身体都忙着要使它自己再复元为一个整体。然而，肉体并不只是单独地开展其潜能，在其发展过程中，心灵也会给予帮助。运动、训练及一般卫生学的价值都已经被证实，这些都是肉体努力争取其最后目标时，心灵所提供的助益。

从生命第一天开始至结束，其生长和发展的这种协力合作都一直持续不断。肉体和心灵是不可分割的整体的两部分，而彼此互相合作。心灵有如一辆汽车，它利用它在肉体中能够发现的所有潜能，帮着把肉体带入一种在各种困难面前都是安全而优越的地位。在肉体的每种活动中，在每种表情和病症中，我们都能看到心灵目标的印记。人活动，在他的活动中即有意义存在。他动他的眼、他的舌、他脸部的肌肉，使得他的脸有一种表情、一种意义，而在此给予意义的，则为心灵。现在我们可以开始看心理学（或心灵的科学）真正是在研究些什么东西了。心理学的领域是：探讨个人各种表情中的意义，找寻了解其目标的方法，并以之和别人的目标互相比较。

在争取安全的最后目标时，心灵必须使其目标变得具体化，他要时时计算：“安全位于某一特定之点，我一定要走某一特定方向，才能接近它。”此时当然有发生错误的可能性，但是没有十分固定的目标和方向，则根本不可能有动作。当我抬头时，我心中必然已有此种动作的目标存在。心灵所选择的方向，事实上可能是有害的，但它之所以被选上，则是因为心灵误以为它是最有利者。所有心理上的错误，都是选择动作方向时的错误。安全的目标是全体人类所共有的，但是他们有些人认错了安全所在的方向，而其固执的动作，则将他们带向堕落之途。

如果我们看到一种表现或病症，而无法认出它背后的意义时，要了解它的最好方法，就是先将它依外形分析成简单的动作。让我们以偷窃的表现为例。偷窃就是把别人的所有物据为己有。首先，我们先看这种动作的目标：它的目标是使自己富有，并以拥有较多的东西，而让自己觉得较为安全。因此，这种动作的出发点是一种贫穷或匮乏之感。其次要找出：这个人是处于何种环境中，以及他在什么情况下才觉得匮乏？最后我们要看：他是否采取正当方式来改变这些环境，并克服其匮乏之感；他的动作是否都遵循着正确的方向；或他是否曾经错用了获取所欲之物的方法。我们不必批评他的最后目标，但是我们却能指出：他在实现其目标时，已经选择了错误的途径。

人类对其环境所做的改变，我们称之为文化，我们的文化就是人类心灵激发其肉体所做的各种动作的结果。我们的工作被我们的心灵所启发。我们身体的发展则受着我们心灵的指导和帮助。总而言之，人类的表现到处都充满了心灵的效用。然而，过度强调心灵的分量，却绝非吾人所愿。如果要克服困难，身体的合宜是绝对必需的。由此可见，心灵参加控制环境的工作、以使肉体受到保护，而免于虚弱、疾病和死亡，并避开灾害、意外及功能的损伤。我们感受快乐与痛苦、创造出各种幻想，以及辨认环境的优劣等等能力，也都有助于这个目标的达成。幻想和识别是预见未来的方法。不仅如此，它们还能激起许多感觉，使身体随之而行动。个人的感情也负有心灵赋予生活的意义，以及心灵为其奋斗所订下目标的记号。它们控制肉体的程度虽然也相当大，可是它们却不受制于肉体，他们主要是依他的目标和他生活的方式而定的。

②感情的力量

显而易见的，支配个人的，并不单单是生活的方式。如果没有其他力量，他的态度并不足以造成病症。它们必须被感情加强后，才能引起行为。个体心理学概念中的新观点就是我们观察到的：感情绝对不会和生活方式互相对立，目标一旦订下，感情就会为了要获得它而适应自身。此时，我们谈的已经不在生理学或生物的领域之内了；感情的发生不能用化学理论来解释，也不能用化学检验来加以预测。在个体心理学中，我们先假设生理过程的存在，但我们更有兴趣的，却是心理的目标。我们并不十分关心焦虑对待交感神经或副交感神经的影响，我们要研究的是焦虑的目的和结果。

依照这种研究方向，焦虑不能被当作是性的压抑所引起的，也不能被认为是出生时难产所留下的结果。这种解释都离谱得太远了。我们知道：习惯于被母亲伴同、帮助、并保护的孩子，很可能焦虑，不管其来源为何，这是他控制母亲的有效武器。我们也不以只描述愤怒时的生理状况为满足，我们的经验告诉我们：愤怒是控制一个人或一种情境的工具之一。我们承认：每一种身体或心灵的表现都是以天生的材料为基础，但是，我们的注意却在于如何应用这些材料，以获取既定的目标。这就是心理学研究的唯一真正对象。

在每个人身上，我们都可以看到：感情是依照他获取其目标所必要的方向和程度而成长发展的。他的焦虑或勇气、愉悦或悲哀，都必须和他的生活方式协同一致：它们适当的强度和表现，都能合乎我们的期望。用悲哀来达成其优越感目标的人，并不会因为其目标的达成而感到快活或满足。他只有在不幸的时候，才会快乐。只要稍加注意，我们还可发觉，感情是可以随需要而呼之即来或挥之即去的。一个对群众患有恐惧症的人，当他留在家里，或指使另一个人时，他的焦虑感即会消失掉。所有神经病患者都会避开生活中不能使他们感到自己是征服者的部分。

情绪的格调也像生活样式一样的固定。比方说，懦夫永远是懦夫，虽然他在和比他柔弱的人相处时，可能显得傲慢自大，或在别人的护翼下，也表现得勇猛万分。而他可能在门上加三个锁，用防盗器和警犬来保护自己，却坚称自己勇气异常。没有人能证实他的焦虑之感，可是他性格中的懦弱部分，却在他不厌其烦地保护自己中暴露无遗。

性和爱情的领域也能供给类似的证据。当一个人想接近他的性目标时，属于性的感情必然会出现。为了要集中心意，他必须放开有竞争性的工作和不相干的兴趣。如此，他才能引起适当的感情和功能。缺少这些感情和功能——例如：阳痿、早泄、性欲倒错和冷感症——都是拒绝放弃不合宜的工作和兴趣所造成的。不正确的优越感目标和错误的生活方式都是导致此种异常的因素。在这类病例中，我们常发现：他们有只期望别人体贴他，自己却不体贴别人；缺乏社会兴趣；在勇敢进取的活动中失败等倾向。

我的一个病人，一个在家中排行第二的男人，因为无法摆脱犯罪感而觉得痛苦万分。他的父亲和哥哥都非常重视诚实。这孩子七岁时，有一次他在学校里告诉老师：他的作业是他自己做的。事实上，那是他的哥哥代他做的。以后，这孩子即隐瞒其犯罪感达三年之久。最后，他跑去找他的老师，供认了他可怕的谎言，但老师只是一笑置之。接着，他又哭着去见他的父亲，做他第二次的认错。这次，他成功了，父亲深以他的可爱与诚实为荣，不但夸奖他，还安慰他。尽管父亲原谅了他，这孩子仍然非常沮丧。我们无法不下这种结论：这孩子以这样琐碎的小事，如此猛烈地责备自己，是为了要证明他的诚实和正直。他家庭中高尚的道德风气，使他在诚实方面有超越别人的冲动。在学校功课和社会吸引力方面，他都自觉不如他哥哥，因此，他便想要用他自己的方式来获取优越感。

在以后的生活中，他更因其他各种的自责而感到痛苦。他犯了手淫，而且在功课中也没有完全戒掉欺骗行为。每当他面临考试时，他的犯罪感总会逐渐增加。由于他过分敏感的良心，他的负担远较他的哥哥重，离开大学后，他计划要找份技术性的工作；但是他强迫性的犯罪感却变得尖刻异常，使得他整天都要祈求上帝原谅，结果他根本找不到可以工作的时间。

后来，他的情况坏得被送到精神病收容所。在那里，他被认为是无可救药的。可是，过了一段时间后，他的病况却大有好转，因而离开了收容所。但在离开前，院方却要他答应：万一旧病复发，必须再回来入院。以后，他即改行攻读艺术史。有一次，在考期将届前的一个星期日，他跑到教堂去，五体投地拜倒在众人面前，大声哭喊道："我是人类中最大的罪人！"就这样地，他又一次成功地引起了别人注意到他的良心。

在收容所又度过一段时间后，他回到了家里。有一天，他竟赤裸裸地步进餐厅去吃中饭！他是个身体健美的人，这一点，他是可以和他的哥哥或其他男人一较长短的。

他的犯罪感是使他显得比其他人更诚实的方法，而他也朝此方向挣扎着要获取优越感。然而，他的挣扎却走上了生活中的旁门左道。他对考试和职业工作的逃避，给了他一种懦弱的标志和高涨的无所适从之感。他的各种病症都是有意地避开每一种能使他觉得被击败的活动。显然，他在教堂中的卧拜认罪和他感情冲动地进入餐厅，也同样都是用拙劣的方法来争取优越感。他生活的样式要求他做出这些行为，而他引发的感情也是完全合宜的。

我们说过，在生命最初的四五年之间，个人正忙着构造他心灵的整体性，并在他的心灵和肉体间建立起关系。他利用了由遗传得来的材料和从环境中获得的印象，并将它们修正，以配合他对优越感的追求。在第五年末了，他的人格已经成形。他赋予生活的意义、他追求的目标、他趋近目标的方式、他的情绪倾向等等，也都已经固定。以后它们虽然也可能改变，但在改变它们之前，他必须先从儿童期固定成形时所犯的错误中解脱出来。正如他以前所有的表现都和他对生活的解释互相配合一样，现在他的新表现也会和他的新解释吻合无间。

个人是以他的感官来接触环境，并由其中获取印象的。因此，我们可以从他训练自己身体的方式看出：他准备由环境中获取那一种印象，和他将如何运用其经验。如果我们留心他观察和谛听的方式，以及能吸引他注意力之物，我们便会对他有充分的了解。这就是举动之所以重要的原因。它们能显示出：他身体器官所受过的训练，和他如何运用它们以选择他要接受的印象。举动是永远受制于意义的。

③ 身体的缺陷

现在我们可以在我们的心理学定义上，再添加一点东西。心理学研究的是：个人对他身体印象的态度。我们还可以讨论：人类心灵之间的巨大差异是如何造成的。不能配合环境、而且也无法满足环境要求的肉体，通常都会被心灵当作是一种负担。因此，身体器官有缺陷的儿童在心灵的发展上比其他人蒙受了更多的阻碍，他们的心灵也较难影响、指使并命令他们的肉体趋向优越的地位。他们需要用较多的心力、并且必须比别人更集中心意，才能获得相同的目标。所以，心灵会变得负荷过重，而他们也会变得以自我为中心而只顾自己。如果儿童老是受着器官缺陷和行动困难的困扰，他们便没有多余的注意力可供留心外界之用。他根本找不到对别人发生兴趣的闲情逸致，结果他的社会感觉和合作能力的发展便较其他人差。

器官的缺陷造成了许多阻碍，但是这些阻碍却绝不是无法摆脱的命运。如果心灵主动地运用其能力以设法克服困难，则个人可能会和原先负担比较轻的人一样的成功。事实上，器官有缺陷的儿童，尽管遭受到许多困扰，他们却经常比身体正常的人有更大的成就。身体障碍是一种能使人向前迈进的刺激。例如，视力不良的儿童可能因为他的缺陷而感到异常的压力。他要花费较多的精神，才能看清东西。他对视觉的世界必须给予较多的注意。他也必须更努力地区分色彩和形状。结果，他对视觉的世界即比不需努力注意微小差异的儿童有更多的经验。由此可见，只要心灵找出了克服困难的正确技术，有缺陷的器官即能成为重大利益的来源。在画家和诗人之间，有许多人都曾蒙受视力缺陷之害。这些缺陷被训练有素的心灵驾驭之后，它们的主人即比正常人更能运用他们的眼睛来达成多种目的。在天生惯用左手而又未被当作是左撇子看待的儿童之中，也很容易看到同样种类的补偿。在家庭里，或在其学校生活开始之际，他们会被训练运用他们不灵巧的右手。其实，它们是不十分适合于书写、绘画、或做手工艺的。

但是，只要心灵能被妥善运用以克服此种困难，我们相信：不灵巧的右手必定会发展出高超的技巧。事实也是如此。在许多例子中，惯用左手的儿童都能和其他儿童一样学会漂亮的书法、和绘画、在工艺方面也较有成就。找寻出正确的心态后，再加上兴趣、训练和练习，他们即能够将劣势转变成优势。

只有决心要对团体有所贡献而兴趣又不集中于自己身上的儿童，才能成功地学会补偿其缺憾的秘诀。而只想避开困难的儿童，必将继续落后于他人。只有在他们眼前有一个可供努力的目标，而此目标的达成又比挡在前面的障碍对他们更为重要，他们才会继续鼓起勇气前进。这是他们的兴趣和注意力指向何处的问题。如果他们努力地争取某种身外之物，他们自然会训练自己，使自己具有获得它们的能力。困难只是通向成功之路必须克服的关卡。反过来说，假使他们的兴趣只在于担心他们的不如别人，或除了想摆脱它们外，便无其他目标和此种落后状态争战，那么他们就不会真正的有所进步。一只笨拙的右手是无法凭空妄想出希望它们不笨拙、或甚至避开笨拙的方法，来使其灵巧的。它们只有在实际练习中取得成就之后，才会变得较为灵巧；而达到此种成就的诱因，也必须比长期存在的笨拙所造成的气馁，更深刻地被人感觉到。如果一个孩子想要集中全力来克服他的困难，则在他身外必须有一个他要全力以赴的目标，这个目标是以他对现实的兴趣、对别人的兴趣，以及对合作的兴趣为基础的。

我对患有肾管缺陷家庭的研究，可以作为遗传性缺陷被转变运用的好例子。这种家庭中的孩子经常患有夜尿症。器官的缺陷是真实的，它可以从肾脏、膀胱、或脊椎分裂（spina bifida）的存在中看出来。而腰椎附近皮肤上的青痕或胎记，也能使人看出此一部位可能有此类缺陷。但是，器官的缺陷却不足以造成夜尿症。这种孩子并不是在他器官的压迫之下，才患上夜尿症的，他是以自己的方式，在利用着它们。例如，有些孩子在晚上会尿床，可是在白天却不会溺湿自己。有时，当环境或父母态度改变时，这种习惯也会突然消失。假如儿童不再利用器官上的缺陷作为达成某一目的的手段，那么除了心智低能的儿童之外，夜尿症都是可以被克服的。

但是，患有夜尿症的儿童所受到的待遇，大都不会使他想克服它，反倒会想继续保留它。经验丰富的母亲能给他正确的训练，但假使母亲经验不足，这种不必要的毛病却会持续下去。在患有肾脏病或膀胱疾患的家庭中，和排尿有关的每件事情大多会被过分强调，因此，母亲很可能错误地用尽各种方法想消除他的夜尿症。如果孩子注意到这一点是多么受人重视，他就可能再坚持下去。它供给他一个非常好的机会，来表明他对这种教育的反对。假如孩子想反抗父母给他的待遇，他必然会找出他自己的方法，来攻击他们最大的弱点。德国有一个著名的社会学家发现：在罪犯中，有相当惊人的比例是出自以压抑犯罪为职业者，如法官、警察、狱吏等的家族中。而教师的子女也常常是顽劣难化。在我自己的经验中，我也常发现这些都是真的。我还发现：在医生的子女中神经病患的数目，和传教士子女中不良少年的数目，都相当惊人。同样的，当父母过分重视排尿时，儿童就有一条很明显的途径可供他们表明出他们有自己的意志。

夜尿症还给了我们一个很好的例子，来说明我们如何利用梦，以引起适当的情绪来配合我们的行为。尿床的孩子常常会梦见他们已经起床并且走到了厕所。他们用这种方式原谅自己后，便理所当然地溺在床上。夜尿症所要达成的目的通常是：吸引别人的注意，使别人听从他、要别人在晚上也像白天一样的注意他。有时，这种习惯是一种敌意的表示，它是反抗别人的方法之一。不管是从那一个角度，我们都可看出：夜尿症实在是一种创造性的表现，这种孩子不以他们的嘴巴而以他们的膀胱说话。器官的缺陷给了他一种表明自己态度的方法。

用这种方法表现自己的孩子，都处于一种紧张状态之下。通常，他们多是属于被宠惯后又丧失唯我独尊地位的一群。也许是由于另一个孩子的出生，他们发现：他们难以再得到母亲的全部关怀。此时，夜尿症即代表了一种想向母亲更紧密接近的动作，虽然它是种令人不快的方法，它却有效地说："我还没长得像你想象的那么大，我还要被照顾呢！"在不同环境下，或在不同的器官缺陷下，他们便会采用其他的方法。他们也许会利用声音来建立和别人的联系，在这种情况下，他们一到晚上，便会哭闹不安。有些孩子还会梦游、做噩梦、跌下床、或口渴吵着要喝水。然而，这些表现的心理背景都是类似的。病症的选择，一部分决定于身体的情况，一部分则视环境的态度而定。

这些例子都很清楚地显示出心灵对肉体的影响。事实上，心灵不仅能影响某种特殊病症的选择，它还能支配整个身体的结构。对这个假设我们还没有直接的证明，而且要找出怎样做才能建立这种证明，也是相当困难的事。然而，它的证据看来却似乎相当明显。如果一个孩子是胆小的，他的胆小便会表现在他的整个发展过程中。他不关心体格上的成就，甚至不敢想象自己可能达到某种成就。结果，他便不会用有效的方法来锻炼他的肌肉，而且也拒绝接受通常会引人想发展肌肉的所有外来刺激。当其他对锻炼自己肌肉有兴趣的孩子，在体格健美方面遥遥领先时，他却由于兴趣的缺乏而远落后于他人。

由这些讨论，我们可顺理成章地得出结论：身体的整个形状和发展不仅受心灵的影响，而且可反映出心灵的错误和缺点。我们经常可以观察到：有许多肉体的表现只是心灵无法找出补偿其困难的正确方法所造成的结果而已。例如，我们已经确知，在生命开始的最初四五年之间，内分泌腺本身也会受到心灵的影响。有缺陷的腺体对行为并不会有强迫性的影响，反之，整个外在环境、儿童想接受印象的方向和心灵在他感兴趣情境中的创造性活动等等，却会不断地影响腺体。

④情绪的不同表现

另外一个证据可能较容易被了解并被接受，因为我们对它较为熟悉，而且它引起的是身体短暂的表现，不是固定的气质。这就是每一种情绪都会以某种程度表现在身体上。而每个人也都会将他的情绪表现在某种可见的形式中，这也许是他的姿势或态度，也许是他脸部的表情，也许是他腿部或膝盖的颤抖。例如，当他脸色变红或转白时，他的血液循环必然已经受到影响。在愤怒、焦急、或忧愁的状态之下，肉体都会说话。而肉体在说话时，都是使用着自己的语言。当一个人处于他所害怕的情境中时，他可能全身发抖，另一个人可能毛发竖立，第三个人可能心跳加快，还有些人会冷汗直流、呼吸困难、声音变哑、全身摇晃而畏缩不前。有时，身体的健康状态也会受到影响，例如胃口丧失或引起呕吐。对某些人，这种情绪主要会干扰到膀胱的功能，对另一些人，则是性器官。有些儿童在接受考试时，会觉得性器官受到刺激，而罪犯在犯了罪之后，常常会跑到妓院，或去找他们的女友，也是众所皆知的。在科学的领域中，我们看到许多心理学家宣称：性和焦虑有密不可分的关联，而另外的心理学家却主张：它们一点关系也没有。他们的观点是依他们个人的经验而定的，对某些人，它们之间有关联，对其他人则否。

这几种不同的反应都属于不同类型的个人。它们很可能被发现多多少少是由遗传得来的，而这些种类的身体表现也经常能给我们许多暗示，让我们看出其家族的弱点和特质；因为同一家族的其他分子也可能做出非常类似的身体反应。然而，此处最有趣的事是：观察心灵如何利用情绪来激起某种身体状态。情绪和它在身体上的表现告诉我，们：心灵在一个被它解释为有利或有害的情境之中，如何做出动作和反应。例如，当脾气发作时，个人是希望尽快地克服困难，而心灵找到的最好方法似乎就是：打击、辱骂或诋毁另一个人。另一方面，愤怒也能影响身体器官，它使之僵止不动，或加以额外的压力。有些人在生气时，同时会发生胃部的毛病或脸孔涨得通红。他们血液循环改变的程度甚至会使他发生头痛。在偏头痛或习惯性头痛的后面，我们常会发现有异乎寻常的愤怒或羞辱。对某些人，愤怒还能造成三叉神经或癫痫性的痉挛。

心灵影响肉体的方法，尚未完全被探讨清楚，所以我们也无法对它们做完全的描述。心情的紧张对自主神经系统和非自主神经系统二者都能发生影响。只要一紧张，自主神经系统一定有所动作。一个人拍桌子、咬嘴唇、或撕纸头，只要他紧张，他必然会依某种方式做出动作。咬铅笔或吸香烟也能作为其紧张的发泄。这些动作都告诉我们：他对自己所面临的情境。已经觉得受不了了。他在陌生人之间变得面红耳赤、手足无措、肌肉颤抖，也一样都是紧张的结果。紧张能经由自主神经而传至全身，因此，每种情绪发生时，整个身体都会处于紧张状态之下。可是，这种紧张的表现并不是在每一点都一样的清楚。我们所讨论的病症，只在于其结果能够被发现之点上。如果我们更仔细地检查，我们将会发现：身体的每一部分都包含于情绪的表现之中，而这些身体的表现又都是心灵和肉体活动的结果。我们必须检视心灵对肉体和肉体对心灵之间的相互活动，因为它们二者都是我们所关心的整体的一部分。

我们可以从这些证据中，得到一个结论：生活的样式和其对应的情绪倾向，会不停地对身体发展施以影响。假使儿童很早就固定下他的生活样式，而我们本身又有足够经验，那么我们便能预见他以后生活中的身体表现。勇敢的人会把他态度的结果表现于他的体格中。他的身体会长得与众不同：他的肌肉较为强壮，他身体的姿势也较为坚定。态度对身体的发展可能有相当大的影响，而它也可能是肌肉较为健美的部分原因。勇者的脸部表情也和普通人不一样，结果他的整个外形都会异于常人，甚至他的骨骼的构造也会受到影响。

今日，我们很难否认：心灵也能够影响大脑。病理学的许多个案显示：大脑右半球受损者，其大脑受损的部分已经完全没有复元的可能性，可是大脑的其他部分却能补偿并承受起整个器官的功能，而使大脑的官能再度恢复完全。当我们想证实：个体心理学所主张的教育应用的可能性时，这件事实是特别重要的。如果心灵能够对大脑施以这样的影响，如果大脑只不过是心灵的工具——虽然是最重要的工具，但仍然只是工具而已——那么我们就能找出发展或增进这种工具的方法。生来大脑便不合于某种标准的人，并不必在一生之中都无可逃避地受其拘束，他可以找出使大脑更适合于生活的方法。

将目标固定于错误方向的心灵——例如，未努力发展合作能力者——对大脑的成长即无法施以有益的影响。因此我们发现：有许多缺乏合作能力的儿童，在以后的生活中，总显得好像没有发展出他们的智力，以及他们的理解能力。因为成人的举止能显出：他最初四五年间所建立的生活样式对他的影响，而且我们也能清楚地看出他的统觉和他赋予生活意义的结果，所以，我们能够发现他所蒙受到的合作障碍，并帮助他矫正其失败。在个体心理学中，我们已经朝这门科学踏出了第一步。

有许多学者曾指出：在心灵和肉体的表现之间，有一种固定的关系存在。但是，他们却似乎没有那一个人曾经试图找出此二者之间的确实关系。例如，克利胥末（Kretschmer）曾告诉我们：如何从身体的结构中，看出一个人是和某一类型的心灵互相对应，如此，我们即能把大部分的人类区分成许多类型。比方说，圆脸、短鼻、而有肥胖倾向，如恺撒大帝所说的：

> “我愿四周都围绕着肥胖的人，
> 有圆溜溜肩膀的人，能通宵熟眠的人，”[①]

克利胥末认为这样的体格和某些心理特征有关，但他却没有说明其间为什么会有关联。依据我们的经验，具有这种体格的人似乎都不会有器官上的缺陷，他们的身体非常适合于我们的文化。在体格上，他们觉得能和别人一较长短。他们对自己的强壮有充分的信心。他们不紧张，如果他们希望和别人竞争，他们也会觉得能够全力以赴。然而，他们却没有把别人当作敌人看待的必要，也不需要把生活当作是充满敌意般地挣扎。心理学中有一派把他们称为“外向者”，但却没有说明为什么如此称呼他们。我们认为他们是外向者，则是因为他们未曾因其身体感到任何

① 恺撒大帝，第 1 场，第 2 景。

困扰。

克利胥末区分出的另一个相反类型是神经质的人。他们有些很瘦小，通常则为高高瘦瘦，有长鼻子、蛋形脸。他相信这种人保守而善于自省，如果他们得到心理疾病，他们患的大多是精神分裂症。他们是恺撒大帝所说的另一类型：

> “卡修士有枯瘦而饥饿的外形，
> 他的计谋太多；这样的人很危险，”①

这种人很可能蒙受器官缺陷之苦，而变得较自私、较悲观、较内向。他们要求的帮助也许比别人多，当他们觉得：别人对他关心不够时，他们会变得怨恨而多疑。不过，克利胥末也承认：我们能发现许多混合的类型，即使是肥胖型的人也可能发展出属于瘦长型者的心理特征。我们不难了解：假使他们的环境以另一种方式，加给他们许多负担，他们也会变得胆小而沮丧。用有计划的打击，我们可能把任何一个小孩造成举止像神经质者的人。

如果我们有丰富的经验，我们便能从个人的各个部位的表现中，看出其与人合作的程度。人们一直都不知不觉地在找寻此种暗号。合作的需要总是不断地压迫着我们，而我们也一直要凭直觉找出许多暗示，来指导我们如何在混乱的生活中更稳妥地决定自己的方向。我们知道：在每一次历史大变革之前，人类的心灵都已认识到变革的需

① 恺撒大帝，第1场，第2景。

要，而努力奋斗着想要达成它。然而，这种奋斗如果单靠本能来决定，便很容易犯错误。同样的，人们总是不喜欢有非常引人注意的特质的人，例如身体畸形或驼背者。人们对他们虽然还没十分了解，可是却已经判断他们不适于合作。这是一种很大的错误，不过，他们的判断也可能是以其经验为基础的。目前尚未发现有什么方法可以增加蒙受这些特质之害者的合作程度，他们的缺陷因此而被过分强调，而他们也变成大众迷信的牺牲品。

现在，让我们做一总结。在生命最初的四、五年间，儿童会统一起其心灵奋斗的方向，而在心灵和肉体之间，建立起最根本的关系。他会采用一种固定的生活样式，及对应的情绪和行为习惯。它的发展包括了或多或少、程度不同的合作。从其合作的程度，我们能判断并了解一个人。在所有的失败者之间，最常见的共同之点是其合作能力非常之低。现在，我们可以给心理学一个更进一步的定义：它是对合作缺陷的了解。由于心灵是一整体，而同样的生活样式又会贯穿其所有表现，因此，个人的情绪和思想必定会全部和生活样式调和一致。如果我们看到某种情绪很明显地引起了困难，而且违反了个人的利益，只想改变掉这种情绪是完全没有用的。它是个人生活样式的正当表现，只有改变其生活方式，才能将之斩草除根。

在此，个体心理学对教育和治疗的未来，提供了一种特殊的指引。我们绝不能只治疗一种病症或一种单独的表现；我们必须在整个生活的样式中，在心灵解释其经验的方式中，在它赋予生活的意义中，在它为答复由身体和环境接受到的印象而做的动作中，找出其错误所在。这才是心理学真正该做的工作。至于拿针刺小孩以看他跳得多高，或搔痒他来看他笑得多响，这些实在不宜称之为心理学的。这种做法在现代心理学界是非常普遍的，它们事实上虽然也能告诉我们和个人心理有关的某些东西，不过这也只限于提供足以证明固定而特殊生活样式存在的证据而已。生活的样式是心理学最适当的主要题材和研究对象，采用其他题材的学派，其主要部分事实上都是充满了生理学和生物学。对那些研究刺激和反应的人，企图找出震惊的经验所造成效果的人，以及检视由遗传得来的能力如何发展的人，这种说法都是正确的。然而，在个体心理学中，我们考虑的是灵魂本身，是统一的心灵。我们研究的是个人赋予世界和他们自身的意义，他们的目标，他们努力的方向，以及他们对生活问题的处理方式。迄至目前，我们所拥有的、了解心理差异的最好方法，就是检视其合作能力的高低。

3. 自卑感和优越感

①自卑情结

个体心理学的重大发现之一“自卑情结”似乎已经驰名于世了。许多学派的心理学家都采用了这个名词，并且依他们自己的方式付诸于实用。然而，我却不敢断定：他们是否确实了解或正确无误地应用了这个词。例如：告诉病人他正蒙受着自卑情结之害，是没有什么用的，这样做只会加深他的自卑感，而不是让他知道如何克服它们。我们必须找出他在生活样式中表现出的特殊气馁，我们必须在他缺少勇气之处鼓励他。每一个神经病患都有自卑情结。想要以自卑情绪的有无来将某一个神经病患和其他病患分开，是绝对做不到的。我们只能从使他觉得无法继续生活的情境种类，以及他加于其上的努力和活动的限制，来将他和其他病患分开。如果我们只告诉他：“你正遭受着自卑情结之害”，这样根本无法帮助他增加勇气，因为这就等于告诉一个患头痛的人：“我能说出你有什么毛病。你患着头痛之疾！”

有许多神经病患如果被问以他们是否觉得自卑时，他们会摇头说：“否”，有些甚至会说：“正好完全相反。我很清楚：我比我四周的人都高出一筹！”所以，我们不必问，我们只需注意他的行为。在他的行为里，我们可以看出他是采用什么诡计，来向他自己保证他的重要性。例如，假使我们看到一个傲慢自大的人，我们能猜测他的感觉是：“别人老是瞧不起我，我必须表现一下：我是何等人物！”假如我们看到一个在说话时手势表情过多的人，我们也能猜出他的感觉：“如果我不加以强调的话，我说的东西就显得太没有分量了！”在举止间处处故意要凌驾他人的人，我们也能怀疑：在他背后是否有需要他做出特殊努力才能抵消的自卑感存在。这就像是怕自己个子太矮的人，总要踮起脚尖走路，以便自己显得高一点一样。两个小孩子在比身高的时候，我们常常可以看到这种行为。怕自己个子矮的人，会挺直身子并紧张地保持这种姿势，以使自己看起来比实际高度要高一点。如果我们问他：“你是否觉得自己太矮小了？”我们却很难期望他会承认这件事实。

然而，这并不是说有强烈自卑感的人一定是个显得柔顺、安静、拘束、而与世无争的人。自卑感表现的方式有千万种，也许我能够用三个孩子初次被带到动物园的故事来说明这一点。当他们站在狮子笼前面时，一个孩子躲在他母亲的背后，全身发抖地说道：“我要回家。”第二个孩子站在原地，脸色苍白地用抖动的声音说道：“我一点都不怕。”第三个目不转睛地盯着狮子，并问他的妈妈：“我能不能向它吐口水？”事实上，这三个孩子都已经感到自己所处的劣势，但是每个人却都依他的生活样式，用自己的方法表现出他的感觉。

我们每个人都有不同程度的自卑感，因为我们都发现我们自己所处的地位是我们希望加以改进的。如果我们一直保持着我们的勇气，我们便能以直接、实际而完美的唯一方法——改进环境——来使我们脱离掉这种感觉。没有人能长期地忍受自卑之感，它一定会使他采取某种行动，来解除自己的紧张状态。假使一个人已经气馁了，假使他不再认为：脚踏实地的努力能够改进他的情境，他仍然会努力设法要摆脱它们，只是他所采用的方法却不能使他有所收益。他的目标仍然是“凌驾于困难之上”，可是他却不再设法克服障碍，反倒用一种优越感来自我陶醉，或麻木自己了。同时，他的自卑感会愈积愈多，因为造成自卑的情境仍然一成未变，问题也依旧存在。他所采取的每一步骤都会逐渐将他导入自欺之中，而他的各种问题也会以日渐增大的压力逼迫着他。如果我们只看他的动作，而不设法予以了解，我们会以为他是漫无目标的。因他们给我们的印象里，并没有要改进其环境的计划。我们所看到的是：他虽然像其他人一样地全心全力要使自己觉得顺畅，可是却放弃了改变客观环境的希望，他所有的举动都沾染有此种色彩。如果他觉得软弱，他就会跑到能使他觉得强壮的环境里去。他不是把自己锻炼得更强壮、更有适应能力，而是训练自己，使自己在自己的眼中显得更强壮。他欺骗自己的努力只能获得部分的成功。如果他对这类盘旋不去的问题觉得应付乏力，他可能会变成独裁的暴君，以重新肯定自己的重要性。他可能用这种方式来麻醉自己，但是真正的自卑感仍然原封未动。它们依旧是旧有情境所引起的旧有自卑感。它们会变成精神生活中长久潜伏的暗流。在这种情况下，我们便能称之为“自卑情结”。

现在，我们应该给自卑情结下一个定义。当个人面对一个他无法适当应付的问题时，他表示他绝对无法解决这个问题，此时出现的便是自卑情结。由这个定义，我们可以看出：愤怒和眼泪或道歉一样，都可能是自卑情结的表现。由于自卑感总是会造成紧张，所以争取优越感的补偿动作必然会同时出现，但是其目的却不在于解决问题。争取优越感的动作总是朝向生活中无用的一面，真正的问题却被遮掩起来或弃而不谈。个人限制了他的活动范围，苦心孤诣地要避免失败，而不是追求成功。他在困难面前会表现出犹疑、彷徨，或甚至是退却的举动。

这种态度可以在对公共场所怀有恐惧症的个案中，很清楚地看出来。这种病症表现出一种信念：“我不能走得太远。我必须留在熟悉的环境里。生活中充满了危险，我必须避免面对它们。”当这种态度被坚决地执行时，个人会把自己关在房间里，或待在床上不肯下来。在面临困难时，最彻底的退缩表现就是自杀。此时，个人在所有的生活问题之前，都已经放弃寻求解决之道，而表现出他的信念，认为：他对改善自己的情境，已经完全无能为力了。当我们知道：自杀必定是一种责备或报复时，我们便能了解：在自杀中对优越感的争取。在每个自杀案件中，我们总会发现：死者一定会把他死亡的责任归之于某一个人。仿佛自杀者在说；“我是所有人类中最温柔、最仁慈的人，而你却这么残忍地对待我！”

每一个神经病患者多多少少都限制住他的活动范围，和他跟整个情境的接触。他想要和生活中必须面临的三个现实问题保持距离，并将自己局限于他觉得能够主宰的环境之中。以此方式，他为自己筑起了一座小小的城堡，关上门窗并远隔清风、阳光和新鲜空气，而度过一生。至于他是用怒吼呵斥或是用低声下气来统治他的领域，则是视他的经验而定：他会在他试过的各种方法里，选出最好而且能够最有效地达成其目标的一种。有时候，他如果对某一种方法觉得不满意，他也会试用另一种。然而，不管他用的是什么方法，他的目标却是一样的——获取优越感，而并不努力改进其情境。发现眼泪是驾驭别人最佳武器的孩子，会变成爱哭的娃娃又很容易变成患有忧郁症的成人。眼泪和抱怨——这些方法我称之为“水性的力量”（waterpower）——是破坏合作并将他人贬为奴仆地位的有效武器。这种人和过度害羞、忸怩作态及有犯罪感的人一样，我们可以在其举止上看出自卑情结；他们已经默认了他们的软弱和他们在照顾自己时的无能。他们隐藏起来而不为人所见的，则是超越一切、好高骛远的目标，和不惜任何代价要凌驾别人的决心。相反的，一个喜好夸口的孩子，在初见之下，即会表现出其优越情结，可是如果我们观察他的行为而不管他的话语，那么我们很快便能发现他所不承认的自卑情结。所谓“俄狄甫斯情结”（Oedipus complex）事实上只是神经病患“窄小城堡”的一个特殊例子而已。一个人如果不敢在外界随心所欲地应付其爱情问题，他便无法成功地解决此问题。假使他把他的活动范围限制在家庭圈内，那么他的性欲问题也必须在这范围内设法解决，这是无足惊怪之事。由于他的不安全感，他从未把他的兴趣扩展至他最熟悉的少数几个人之外。他怕跟别人相处时，他就不能再依照他习惯的方式来控制局势。俄狄甫斯情结的牺牲品多是被母亲宠坏的孩子，他们所受过的教养使他们相信：他们的愿望是天生就有被实现的权利的，而他们也从不知道：他们能凭自己的努力，在家庭的范围之外，赢取温暖和爱情。在成年期的生活里，他们仍然牵系在母亲的围裙带上。他们在爱情里寻找的，不是平等的伴侣，是仆人；而能使他们最安心依赖的仆人则是他们的母亲。在任何孩子身上，我们都可能造成俄狄甫斯情结。我们所需要的，是让他的母亲宠惯他，不准他把兴趣扩展至别人身上，并要他的父亲对他冷漠而不关心。

各种神经病病症都能表现出受限制行为的影像。在口吃者的语言中，我们便能看到他犹疑的态度。他残余的社会感觉迫使他和同伴发生交往，但是他对自己的鄙视，他对这种尝试的害怕，却和他的社会感觉互相冲突，结果他在言词中便显得犹疑不决。在学校中总是屈居人后的儿童，在三十多岁仍然找不到职业、或一直把婚姻问题往后搁延的男人或女人，但又必须专做这些事的强迫性神经病患，以及对白天的工作感到十分厌烦的失眠症患者——都显现出他们有自卑情结，它使他们在解决生活问题时，无法获得进展。手淫、早泄、阳痿和性欲倒错，则表现出他们在接近异性时，由于害怕自己行为不当，而造成的犹疑不决的生活样式。如果我们问："为什么这么怕行为不当呢？"对这问题的唯一答案是："这些人把他们自己的成功目标订得太高了！"

我们已经说过：自卑感本身并不是变态的。它们是人类地位之所以增进的原因。例如，科学的兴起就是因为人类感到他们的无知，和他们对预测未来的需要：它是人类在改进他们的整个情境，在对宇宙做更进一步的探知，在试图更妥善地控制自然时，努力奋斗的成因。事实上，依我看来，我们人类的全部文化都是以自卑感为基础的。假使我们想象一位兴味索然的观光客来访问我们人类的星球，他必定会有如下的观感："这些人类呀，看他们各种的会社和机构，看他们为求取安全所做的各种努力，看他们的屋顶为防雨，衣服为保暖，街道为使交通便利——多么明显啊，他们都觉得自己是地球上所有居民中最弱小的一群！”在某些方面，人类确实是所有动物中最弱小的。我们没有狮子和猩猩那样强壮，没有许多种动物那样比我们更适合于单独地应付生活中的困难。虽然有些动物也会用团结来补偿他们的软弱，而成群结队地群居生活，但是人类却比我们在世界上所能发现的任何其他动物，都需要更多及更深刻的合作。人类的婴孩是非常软弱的，他们需要许多年的照顾和保护。由于每一个人都曾经是人类中最弱小和最幼稚的婴儿，由于人类缺少了合作，便只有完全听凭其环境的宰割，所以我们不难了解：假使一个儿童未曾学会合作之道，他必然会走向悲观之途，并发展出牢固的自卑情结。我们也能了解：即使是对最合作的个人，生活也会不断地向他提出有待解决的新问题。没有哪一个人会发现自己所处的地位已经接近能够完全控制其环境的最终目标。生命太短，我们的躯体也太软弱，可是生活的三个问题却不断地要求更丰硕及更完美的答案。我们不停地提出我们的答案，然而，我们却绝不会满足于自己的成就而止步不前。无论如何，奋斗总是要继续下去的，但是只有合作的人才会做出充满希望及贡献良多的奋斗，才能真正地增进我们的共同环境。

我们永远无法到达我们生命的最高目标，这件事实我想是没有人会怀疑的。如果我们想象出：一个人或人类整体，已经抵达了一个完全没有任何困难的境界，我们必能想象到：在这种环境中的生活一定是非常沉闷的。每件事情都能够被预料到，每桩事物都能够预先被算计出。明日不会带来意料之外的机会，对未来，我们也没有什么可以寄望。其实，我们生活中的乐趣，主要是由我们的缺乏肯定性而来的。如果我们对所有的事都能肯定，如果我们知道了每件事情，那么讨论和发现便已经不复存在，科学也已经走到尽头。环绕着我们的宇宙只是值得述说一次的故事。曾经让我们想象的那些未曾获致的目标，和给予我们许多愉悦的艺术和宗教，也不再有任何的意义。幸好，生活并不是这么容易就消耗殆尽的。人类的奋斗一直持续不断，我们也能够不停地发现新问题，并制造出合作和奉献的新机会。虽然神经病患者在开始奋斗时，即已受到阻碍，他对问题的解决方式始终留在很低的水准，他的困难相对地增大。而正常的人对自己的问题会怀有逐渐改进的解决之道，他能接受新问题，也能提出新答案。因此，他有对别人贡献的能力：他不甘落于人后而增加同伴的负担：他不需要，也不要求特别的照顾。他能够依照他的社会感觉独立而勇敢地解决他的问题。

②个人独有的优越

每人都有优越感目标，这是属于个人独有的。它决定于他赋予生活的意义，而此种意义又不单只是口头说说而已。它建立在他的生活样式之中，并像他自己独创的奇异曲调一样地布满于其间。然而，在他的生活样式里，他并没有把他的目标表现得使我们能够简捷而清晰地看出来。他表现的方式非常含糊，所以我们也只能凭他的举止动作来猜测。了解一种生活样式就像了解一位诗人的作品一样。

诗虽然是由字组成的，但是他的意义却远较他所用的字为多。我们必须在诗的字里行间推敲它大部分的意义。个人的生活样式也是一种最丰富和最复杂的作品，因此心理学家必须学习如何在其表现中推敲，换句话说，他必须学会欣赏生活意义的艺术。

除此之外，别无他法。生活的意义是在生命开始时的四五年间获得的；获得的方法不是经由精确的数学计算，而是在黑暗中摸索，像瞎子摸象般地对整体不了解，只凭感觉捕捉到一点暗示后，即做出自己的解释。优越感的目标也同样是在摸索中固定下来的；它是生活的奋斗，是动态的趋向，而不是绘于航海图上的一个静止点。没有那一个人对他的优越感目标清楚得能够将之完整无缺地描述出来。他也许知道他的职业目标，但这只不过是他努力追求的一小部分而已。即使目标已经被具体化，抵达目标的途径也是千变万化的。例如，有一个人立志要做医师，然而，立志要成为医师也意味着许多不同的事情。他不仅是希望成为科学或病理学的专家，他还要在他的活动中，表现出他对自己和对别人的特殊程度的兴趣。我们能够看出：他训练自己去帮助他的同类至何种程度，以及他限制住他的帮忙至何种程度。他把他的这种目标作为补偿其特殊自卑感的方法，而我们也必须能够从他在职业中或在其他处的表现中，猜测出他所欲补偿的自卑感。例如，我们经常发现：医师在儿童时期大多很早便认识了死亡的真面目，而死亡又是给予他们最深刻印象的人类不安全的一面。也许是兄弟或父母死掉了；他们以后学习的发展方向，便在于为他们自己或为别人找出更安全、更能抵抗死亡的方法。另一个人也许以立志做教师当作他的具体目标，但是我们也很清楚：教师之间的差异是非常大的。假使一个老师的社会感觉很低，他以当教师作为优越感目标的目的，可能就是想统治较他低下的人，他可能只有和比他弱小或比他缺乏经验的人相处时，才会觉得安全。有高度社会感觉的教师会以平等的心态对待他的学生，他真正是想对人类的福利有一番贡献。在此，我们还要特别提起的是：教师之间不仅其能力和兴趣的差异非常大，他们的目标对他们的外在表现也有很重要的影响。当目标被具体化之后，个人即会节减并限制其潜能，以适应他的目标。他整个目标的原型会在这些限制之下扶摇前进，不管在任何情况下，它都会找出方法来表现他赋予生活的意义和他争取优越感的最终理想。

因此，对每一个人，我们都必须看其表面之下的东西。一个人可能改变使其目标具体化的方法，正如他可能改变他具体目标的表现之一——他的职业——一样。所以，我们必须找出其潜在的一致性，其人格的整体性。这个整体无论是用什么方式表现，它总是固定不变的。如果我们拿一个不规则三角形，依各种不同位置来摆放它，那么每个位置都会给予我们不同三角形的印象。但是，假如我们再努力观察，我们会发现：这个三角形始终是一样的。个人的整个目标也是如此：它的内涵不会在一种表现中全部表露，但是我们都能从它的各种表现中认出它的庐山真面目。我们绝不可能对一个人说："如果你做了这些或那些事情，你对优越感的追求便会满足了。”对优越感的追求是极具弹性的，事实上，一个人愈健康、愈接近正常，当他的努力在某一特殊方向受到阻挠时，他愈能另外找寻新的门路。只有神经病患者才会认为他的目标的具体表现是：“我必须如此，否则我便无路可走了。”

我们不打算轻率地刻画出任何对优越感的特殊追求；但是我们在所有的目标中，却发现了一种共同因素——想要成为神的努力。有时，我们会看到小孩子毫无顾忌地依此方式表现出他们自己，他们说：“我希望变成上帝。”许多哲学家也有同样的理想，而教育家们也有些人希望把孩子们教育得如神一般。在古代宗教训练中，也可以看到同样的目标：教徒必须把自己修炼得近乎神圣。变成神圣的理想会以较温和的方式表现在“超人”的观念之中。据说：尼采（Nietzsche）在发疯之后，在写给史村保（Strindberg）的一封信中，曾经署名为“被钉于十字架上的人（the Crucified）。”发狂的人经常不加掩饰地表现出他们的优越感目标：他们会断言：“我是拿破仑”，或“我是中国的皇帝”。他们希望能成为整个世界注意的中心，成为四面八方景仰膜拜的对象，成为掌握有超自然力量的主宰，并且能预言未来，能以无线电和整个世界联络并聆听他人所有的对话。变成神圣的目标也许会以较合乎理性的方式，表现在变成无所不知而拥有宇宙间所有智慧的欲望中，或在使其生命成为不朽的希望里。无论我们希望保存的是我们俗世的生命，或是我们想象我们能够经过许多次轮回，而一次又一次地回到人间来，或是我们预见我们能够在另一个世界中永存不朽，这些想法都是以变成神圣的欲望为基础的。在宗教的训诲里，只有神才是不朽的，才能历经世世代代而永生。我不打算在这里讨论这些观念的是或非；它们是对生活的解释，它们是“意义”；而我们也各以不同的程度采用了这种意义——成为神，或成为圣。甚至是无神论者，也希望能征服神，能比神更高一筹。我们不难看出：这是一种特别强烈的优越感目标。

优越感的目标一旦被具体后，在生活的样式中，便不会犯错误。个人的习惯和病症，对达到其具体目标而言，都是完全正确的，它们都无可非议。每一个问题儿童，每一个神经病患者，每一个酗酒者、罪犯或性变态者，都采取了适当的行动，以达到他们认为是优越的地位。他们不可能抨击自己的病症，因为他们有这样的目标，就应该有这样的病症。在一个学校里有个男孩子，他是班上最懒惰的学生，有一次，老师问他：“你的功课为什么老是这么糟？”他回答道：“如果我不是班上最糟的学生，你怎么会一直关心我呢。你从不会注意好学生的，他们在班上又不捣乱，功课又做得好，你怎会注意他们？”只要他的目标是在吸引老师注意和使老师烦心，他便不会改变作法。要他放弃他的态度也是丝毫不可能的，因为他要达到他的目的，就必须如此做。这样做是完全正确的，如果他改变他的行为，他便是个笨蛋。另外有个在家里非常听话，却显得相当愚笨的男孩子，他在学校中总是落后于人，在家中也显得平庸无奇。他有一个大他两岁的哥哥，但是他哥哥的生活样式却和他迥然不同。又聪明又活跃，可是生性鲁莽，时常惹出麻烦。有一天，人家听到这个弟弟对他的哥哥说道：“我宁可笨一点，也不愿意像你那么粗鲁！”假如我们认清他的目标是在避免麻烦，那么他的愚蠢实在是非常明智之举。由于他的愚蠢，别人对他的要求也比较少，如果他犯了过错，他也不会因此受到责备，从他的目标看来，他不是愚笨，而是装傻。

直至今日，一般的治疗都是针对病症而行。不管是在医药上或是在教育上，个体心理学对这种态度都是完全反对的。当一个孩子的数学赶不上别人，或学校作业总是做不好时，如果我们只注意这点，想要在这些特殊表现上改进他，那是完全没有用的。也许他是想使老师困扰，或甚至是想使自己被开除以逃避学校。假使我们在一点上纠正他，他会另找新途径来达成他的目标。这和成人的神经病是恰恰相同的。例如，假设他患有偏头痛（migraine）疾病。这种头痛对他非常有用，当他需要它时，它便会适逢其时地发作。由于他的头痛，他可以免于解决许多社交问题，每当他必须会见陌生人或做新决定时，他的头痛便会发作。同时，头痛还能帮他对他的部属或妻子滥发脾气。我们怎么能够期望他会放弃这么有效用的工具呢？从他现在的观点看来，他给予自己的痛苦只不过是一种机智的发明，它能带来各种他所希望的报偿。无疑地，我们可以用能够震惊他的解释来“吓走”他的这种病症，正如用电击或假装的手术偶尔也能够“吓走”神经病的病症一样。也许医药治疗也能使他在这一点获得解脱，并使他难以再延用他所选择的特殊病症，但是，只要他的目标保留不变，即使是放弃了一种病症，他也会再选用另一种。“治愈”了他的头痛，他会再害上失眠症或其他新病症。只要他的目标依旧未变，他就必须继续找出新毛病。有一种神经病患者能够以惊人的速度甩掉他的病症，并毫不迟疑地再选用新的一种。他们变成了神经病症的收藏家，不断地扩展他们的收藏目录。他们阅读心理治疗的书籍，只是向他们提供许多他们还没有机会尝试的神经病困扰而已。因此，我们必须探求的是他们选用某种病症的目的，和此种目的与一般优越感目标之间的关联。

假若我在教室里要来一架梯子，爬上它，并坐在黑板顶端。看到我这样做的每个人很可能都会想道：“阿德勒博士发疯了。”他们不知道梯子有什么用，我为什么要爬上它，或我为什么要坐在那么不雅观的位置上。但是，如果他们知道：“他想要坐在黑板顶端，是因为他要自己身体的位置高过其他人，否则，他便会感到自卑。他只有在能够俯视他的学生时，才感到安全。”他们便不会以为我是疯子了。我是用了一种非常明智的方法来达成我的具体目标。梯子看来是一种很合理的工具，我爬梯子的动作也是按计划进行的。我疯狂的所在，只有一点，那就是我对优越地位的解释。假使有人说服我，让我相信：我的具体目标实在选得太糟，那么我便会改变我的行为。但是，假如我的目标保留未变，而我的梯子又被拿走了，那我会用椅子再接再厉地爬上去。假使椅子也被拿走，我会用跳、或运用我的肌肉来攀爬。每个神经病患者都是这个样子的：他们选用的方法都正确无误——它们都无可厚非。他们需要改进的，是他们的具体目标。目标一改变，心灵的习惯和态度也会随之改变。他不必再用他旧有的习惯和态度，一种适合于他的新目标的态度，将取代它们的地位。

让我再以一位受着因焦虑而无法与人交友的困扰，来向我求助的三十岁妇女为例。她因为在职业问题上总是无法获得进展，结果仍然要依赖家庭供给生活所需。偶尔她也会从事诸如打字员或秘书之类的小工作，但是由于她遇到的雇主总是想向她求爱，让她感到烦恼不安使她不得不离职。然而，有一次她找到一个职位，这次她的老板似乎对她毫无兴趣，结果她觉得受到轻视，又愤而辞职了。她已经接受心理治疗达八年之久，但是她的治疗却一直未能使她更容易与人相处，或让她找到能够赖以谋生的职业。

当我在诊疗她时，我追踪她的生活样式至童年时期的第一年。因为不了解她的童年，是不可能了解她现在的状况的。她是家里的幺女，非常美丽，而且被宠得令人难以置信。当时，她双亲的境况非常好，因此她只要说出她的希望，就一定能如愿以偿。当我听到这些时，我赞叹地说："你像公主一样地被服侍得无微不至呢！""是呀，"她回答道："那时候每个人都称我为公主呢！"我要求她说出最早的回忆时，她说："当我四岁时，我记得我有一次走出屋子，看到许多孩子在玩游戏。他们动不动就跳起来大声叫道：'巫婆来了！巫婆来了！'我非常害怕，回家后，我问家里的老嬷嬷，是不是真的有巫婆存在。她说：'真的，有许多巫婆、小偷和强盗，他们都会跟着你到处跑。'"从此以后，她便很怕一个人被留在房子里，并且把这种害怕表现在她的整个生活样式中。她总觉得自己的力量还不足以离开家，家里的人必须支持她，并在各方面照顾她。她的另一个早期回忆是：“我有一个男钢琴老师。有一天，他想要吻我，我钢琴也不弹了，还跑去告诉我的母亲。以后，我再也不想弹钢琴了。”在此，我们看到她已经学会要和男人保持距离，而她在性方面的发展，也都遵循着避免发生爱情纠葛的目标而行。她觉得：恋爱是一种软弱的象征。在这里，我必须提起：有许多人在卷入爱的旋涡时，都觉得自己很软弱。在某些方面看来，他们是不错的。当我们恋爱时，我们必须变得温柔，我们对另一个人的兴趣也会为我们带来许多烦恼。只有优越感目标为：“我绝不能软弱，我绝不能让人家知道我的底细。”的人，才会躲开爱情的相互依赖关系。这种人总是要远离爱情，并且也无法接受爱情。你常常能注意到：当他们觉得有陷入爱情的危险时，他们便会把这种情况弄糟。他们会讥笑、嘲讽、并揶揄他们觉得可能使他们陷入危险的人。以此方式，他们便避开了软弱的感觉。

这个女孩子在考虑到爱情和婚姻时，也会感到软弱。结果在她从事某种职业时，如果有男人向她求爱，她便会感到惊慌失措，除了逃避以外，再也无计可施。当她尚未学会如何应付这些问题时，她的父母相继去世，她的堡垒也垮了。她打算找些亲戚来照顾她，但是事情并没有这么如意。没过多久，她的亲戚便对她非常厌倦，再也不给予她所需要的关怀了。她很生气地责备他们，并且告诉他们：让她一个人孤零零的生活，是件多么危险的事。这样一来，她才勉强地未上演孤苦伶仃的悲剧。我相信：假使她的家庭都完全不再为她烦心，她一定会发疯。达成她优越感目标的唯一方法，是强迫她的家族资助她，让她免于应付所有的生活问题。她在她的心灵中，存有这种幻想：“我不属于这个星球。我属于另一个星球，在那儿，我是公主。这个可怜的地球不了解我，也不知道我的重要性。”再往前进一步的话，她就要发疯了，可是由于她自己还有点机智，她的亲戚朋友也还肯照顾她，所以她还没有踏上这最后一步。

另外还有一个例子，可以很清楚地看出自卑情结和优越情结。有一个十六岁的女孩子被送到我这儿来，她从七岁起，便开始偷窃，十二岁起，便和男孩子在外面过夜。在她两岁时，她的双亲经过长期激烈的争吵后，终于离婚了。她被她的母亲带到祖母家里抚养，她的祖母对这个孩子却是非常宠爱。其实在她出生时，她父母间的争执就已达到最高潮，因此她的母亲对她的降临并不表示欢迎。她从未喜爱过她的女儿，在她们之间，一直存在着一种紧张状态。当这个女孩子来看我时，我用友善的态度和她谈话，她告诉我：“我不喜欢拿人家的东西，也不喜欢和男孩子到处游荡，我这样做，只是要让我妈妈知道：她管不了我！”“你这样做，是为了要报复吗？”我问她。“我想是的。”她答道。她想要证明她比她的母亲强，但是她之所以有这个目标，则是因为她觉得比母亲软弱。她感到她母亲不喜爱她，因而受到自卑情结的缠绕。她认为能够肯定她优越地位的唯一途径就是到处惹是生非。一个儿童犯有偷窃或其他不良行为，经常都是出自于想报复之心。

一个十五岁的女孩子失踪了八天。当她被找到后，被带到少年法庭。她在那里编了一个故事，说她被一个男人绑架，他把她捆起后，关在一间房子里达八天之久。没有人相信她的话。医师亲切地和她谈话，要求她说出真情。她对医师不接受她的故事，觉得非常恼怒，而打了医师一记耳光。当我看到她时，我问她将来想做什么事，并给她一种印象，让她觉得我只是对她自己的命运有兴趣，而且也能够帮助她。当我要求她说出她做过的一个梦时，她笑了，并且说了这样的梦："我在一家地下酒吧里。当我出来时，我遇见了我的母亲。不久，我父亲也来了。我要求母亲把我藏起来，免得让他看到我。"她很怕她的父亲，而一直在反抗着他。因为他经常惩罚她，她因为怕受惩罚，只好被迫说谎。当我们听到撒谎的事情时，我们就必须看当事人是否有严厉的父母。除非真情被认为具有危险性，否则谎言便毫无意识。在另一方面，我们还能看出：这个女孩子还能和她的母亲合作。后来，她告诉我：有人把她引诱到地下酒吧，她在里面过了八天。因为她怕父亲知道，所以不敢说出实情，但是同时她又希望他能知道这段经过，以使他屈居下风。她觉得一直被他压制着，只有在伤害他时，她才能尝到征服者的滋味。

我们要怎样做才能帮助这些用错误方法来追求优越感的人呢？如果我们认清：对优越感的追求是所有人类的通性，那么这件事情便不难。知道了这一点，我们便能设身处地，同情他们的挣扎。他们所犯的唯一错误是他们的努力都指向了生活中毫无用处的一面。在每一件人类的创作之后，都隐藏有对优越感的追求，它是我们所有文化贡献的泉源。人类的整个活动沿着这条伟大的行动线，由下到上，由负到正，由失败到成功的向前推进。然而，真正能够应付并主宰其生活问题的人，只有那些在奋斗过程中，也能表现出利人倾向的人，他们超越前进的方式，使别人也能受益。如果我们依这种正确的方向来对待人，我们便会发现：要他们悔悟并不困难。人类所有对价值和成功的判断，最后总是以合作为基础的，这是人类种族最伟大的共同之点。我们对行为、理想、目标、行动、和性格特征的各种要求，都是它们应该有助于人类的合作。我们绝不可能发现一个完全缺乏社会感觉的人。神经病患者和罪犯也都知道这个公开的秘密，这一点，可以从他们拼命想替他们的生活样式找出合适的理由，或把责任往别处推的行动中看出来。可是，他们已经丧失了向生活中有用的一面前进的勇气。自卑情结告诉他们："在合作中获取成功是没你份的。"他们已经避开了真正的生活问题，而和虚无的阴影作战，用以向他们自己重新肯定自己的力量。

在人类的分工中，有许多可供安置不同具体目标的空间存在。我们说过，每种目标都可能含有少许的错误在里头，而我们也总能找出某些东西来吹毛求疵。对一个儿童而言，优越的地位可能在于数学知识，对另一个，可能在于艺术，对第三个，则可能是健壮的体格。消化不良的孩子可能以为他所面临的问题，主要是营养问题。他的兴趣可能转向食物，因为他觉得这样做便能改变他的状况。结果他可能变成专门的厨师，或营养学家。在各种特殊的目标里，我们都能看到：和真正的补偿作用在一起的，还有对某些可能性的排斥，和对某种自我限制的训练。例如，一个哲学家事实上必须时时离开社会，才能思考，才能著作。但是假使其优越感目标中包含有高度的社会感觉，那么它所犯的错误便不会太大。我们的合作需要许多不同的特点。

4. 人格的记忆

由于企图达到优越地位的努力，是整个人格的关键，所以我们在个人心灵生活中的每一点，都能看到它的影子。认清这一点，在我们了解个人生活样式的工作上，就有了两个很大的助益。首先，我们可以任选一种行为表现开始我们的研究。不管我们选的是哪一种，结果都殊途同归——它们都能显现出可作为人格核心的动机。其次，可供我们研究的材料会变得非常丰富。每个字、每个思想、感觉或每个姿势都能有助于我们的了解。在考虑某种表现时，由于过分轻率所犯的任何错误，都可以用其他千万种表现来检查或纠正。除非我们把一种表现视为是整体的一部分来加以了解，我们便无法对其意义做最后的决定。然而，每种表现都述说着同样的事情，每种表现都迫使我们趋向一致的答案。我们就像一群考古学家：搜寻着陶器的碎片，古代的工具，建筑物的继垣残瓦，破败的纪念碑，古本书籍的简叶，然后从这些残余物中推知业已毁灭的整个城市的生活。只是我们研究的并不是已经毁灭之物，而是人类内部结构的层面。换句话说，就是能够将其本身的意义，以连继的新表现，展示于我们眼前的活动人格。

了解一个人并不是简单的事。所有的心理学中，个体心理学可能是最难学习和最难应用的。我们必须全神贯注，找出其人格的整体。我们必须心存怀疑，直至其关键要点已经昭然若揭。我们必须从细微小节中搜集灵感——例如从一个人进入房间的方式，他祝贺我们和我们握手的方式，他微笑的样子，他走路的姿态等等。在某一点上，我们也许会陷入迷阵，但是其他部分必定会马上纠正我们，或肯定我们。心理治疗本身就是一种合作的练习和合作的试验。只有我们真正对别人有兴趣，我们才能获得成功。我们必须设身处地的替他设想。他也必须尽他的力量，来增加我们对他的一般了解。我们必须把他的态度和他的困难两个问题一起解决。即使我们觉得我们已经了解他了，我们也还不足以证明我们是对的，除非他也了解了自己。不能放之四海而皆准的真理，一定不是全部的真理，它显示出我们的了解还不够。也许是因为不知道这一点，所以其他学派才会提出个体心理治疗从不谈“负转移和正转移”（negative and positive transference）等概念。骄纵一个放任成性的病人，可能是赢取他好感的一种简单方法，但是这很明显地会加深他想驾驭别人的欲望。如果我们轻蔑地忽视他，我们可能很容易惹起他的敌意：他可能中止接受治疗，也可能希望我们道歉来证明他的正确，而继续接受治疗。事实上，用骄纵或是用轻视都是不能够帮助他的，我们应该向他表示的，是一个人对其同类应有的兴趣。没有哪一种兴趣会比这更真实、更客观。为了他自己的幸福，也是为了别人的利益，我们必须和他合作，来寻出他的困难。记住了这个目标，我们便不会冒险等待令人兴奋的“转移”现象出现，或是摆出权威的姿态，或是将他置于依赖和不负责任的地位中。

①生活故事的秘密

在所有心灵现象中，最能显露其中秘密的，是个人的记忆。他的记忆是他随身携带，而能使他想起自己本身的各种限度和环境的意义之物。记忆绝不会出自偶然：个人从他接受到的，多得无可计数的印象中，选出来记忆的，只有那些他觉得对他的处境有重要性的事物。因此，他的记忆代表了他的“生活故事”；他反复地用这个故事来警告自己或安慰自己，使自己集中心力于自己的目标，并按照过去的经验，准备用已经试验过的行为方式来应付未来。在每天的行为中，都很容易可以看到人们如何利用记忆，来平衡情绪。如果一个人遭遇挫折，而感到沮丧，他会回想起过去失败的例子。假如他忧郁成性，他的所有记忆都是会带有忧郁的色彩。假使他是愉悦而富有勇气的，他会选择完全不同的记忆：他回想起的意外都是愉快的，它们能使他的乐观主义更为坚定。同样的，如果他觉得自己面临了问题，他会唤起各种记忆，来帮助他摆出准备应付问题的心境。因此，记忆也能达到如梦一样的目的。有许多人在面临决定时，会梦见他们曾经顺利通过的考验。他们把他们的决定看作是一种考验，而想要重新造出曾经使他们成功过的心境。在个人生活样式中心境的变化，和一般心境的结构与平衡，都遵守着同样原则。患有忧郁症的人假使回想起他的成功和他的得意时光，他便不会再忧郁。他必须告诉自己："我的整个生命都是不幸的。"并只选择能被他解释为他不幸命运之例子的事件来回忆。记忆绝不会和生活的样式背道而驰。假使一个人的优越感目标要求他感到："别人总是在侮辱我。"他便会选择能被他解释为侮辱的意外事件，来供他记忆之用。只要他的生活样式改变，他的记忆也会随之改变。他会记住不同的事情，否则他便会对他记得的事件给予不同的解释。

早期的人格记忆是特别重要的。首先，他们显示出生活样式的根源，及其最简单的表现方式。从其中，我们可以判断：一个孩子是被宠惯的还是被忽视的，他学习和别人合作到何种程度，他愿意和什么人合作，他曾经面临过什么问题，以及他如何对付它们。在患有视力困难，而曾经训练自己要看得更真确的儿童的早期记忆中，我们会看到许多和视觉有关的印象。他的回忆可能一开始就说："我环顾四周……"，他也可能描述各种颜色和形状。而行动困难，希望自己能跑能跳的儿童，也会把这些兴趣表露在他的回忆中。从儿童时代起便记下的许多事情，必定和个人的主要兴趣非常相近，假使我们知道了他的主要兴趣，我们也能知道他的目标和生活样式。这件事使早期的记忆在职业性的辅导中，有非常重要的价值。此外，我们在其中还能看出儿童和父母，以及家庭中其他成员之间的关系。

至于记忆的正确与否，倒是没有什么多大关系的。他们最大的价值在于他们代表了个人的判断；“即使是在儿童时代，我就是这样的一个人了。”或：“在儿童时代，我便已经发现世界是这个样子了。”

各种记忆中最富有启发性的，是他开始述说其故事的方式，他能够记起的最早事件。第一件记忆能表现出个人的基本人生观；他的态度的雏形。它给我们一个机会，让我们一见之下，便能看出：他是以什么东西作为其发展的起始点。我在探讨人格时，是绝不会不问其最初记忆的。有时候人们会回答不出，或宣称他们记不清哪件事情发生在先，但是这种表现本身就很富于启发性。我们可以推测：他们是不愿意讨论他们的基本意义，或是不想合作。一般而言，人们都是很喜欢谈他们的最初记忆的。他们把它当作是单纯的事实，而不会想到隐藏在它后面的意义。很少有人了解最早的记忆；大部分的人都会从他们的最初记忆中，坦然无隐地透露出他们生活的目的，他要能使我们利用它做大量的探讨。我们可以要求一班学生写下他们的最早回忆，如果我们知道如何解释它们，我们对每个儿童便有了一份非常有价值的资料。

②六个典型案例

为了便于说明，下面我举了几个最早记忆的例子，并试图加以解释。除了他们的记忆外，我对这些人都一无所知——甚至他们是成人或是儿童，我也不知道。我们在其最早记忆中所发现的意义，应该是可以用他们人格的其他表现来检查的，但是现在我们只用它们作为训练之用，以加强我们推测的能力。我们必须知道那些事情可能是真的，我们也必须能够拿一种记忆和另一种互相比较。尤其是我们应该能够看出：一个人所受过的训练是使他趋向合作，或是反对合作；他是勇气十足，还是胆小沮丧；他是希望受人支持和被人照顾，还是充满自信而能够独立；他是准备施予，还是只想收受。

（1）“因为我的妹妹……”环境中的那一个人在最早记忆中出现，是件必须加以注意的重要之事。当妹妹出现时，我们可以断定：这个人曾经在她的影响之下感受良深。这位妹妹在他的发展上曾经投下一层阴影。通常在这两者之间，我们会发现一种敌对状态，就像他们是在比赛中互相竞争一样。我们也不难了解：这种敌对状态会使其发展增加许多困难。当一个儿童心中充满对别人的敌意时，他绝不会像在想以友谊关系和别人合作时，一样地扩展出对别人的兴趣。然而，我们的结论也不能下得太早，也许这两个人是好朋友也说不定。

“因为我的妹妹和我是家庭中年纪最小的，所以在她长大到可以去上学以前，也不准我去。”现在，敌对状态变得很明显了。我的妹妹妨碍了我！她年纪比我小，但我却不得不等待她。她限制了我的机会！如果这是这个记忆的真正意义，我们能够想象到：这个男孩或女孩会觉得：“我生活中最大的危险，就是有某个人限制我，妨害了我的自由发展。”这个作者可能是一个女孩子。男孩子似乎很少受到这种要等待妹妹大到可以上学的限制。

"结果我们是在同一天开始的。"站在她的立场，我们不认为这是对女孩子最合适的一种教育。它可能给她一个印象认为：因为她年纪较大，所以他必须等待他人。在任何情况下，我们都能看到这个女孩运用着这种解释。她觉得她是为了要顾全妹妹的利益，而被忽视的。她会把这种忽视归罪于某一个人，很可能是她的母亲。假使他因此而更依恋她的父亲，想使自己成为他的宠儿，我们也不必感到讶异。

"我很清楚地记得：妈妈告诉每一个人说当我们第一天上学时，她是感到多么的寂寞。她说：'那天下午，我跑到大门口好几次，盼望着女儿们。我一直怕她们不会回来了。'"这是对她母亲的描述，这个描述显示她的行为并不是非常理智的。这是这个女孩子对她母亲的看法。"怕我们不会回来"——很明显地，这母亲是很慈爱的，她的女儿们也都知道她的慈爱。但是，她同时也是紧张和焦虑的。如果我们能和这个女孩子谈谈，她可能会说出她母亲偏爱妹妹的更多事情。这种偏爱并不值得大惊小怪，因为最小的孩子总是较受宠的。从他的整个最初记忆，我可以做出结论道：这两姊妹中年纪较长的一个，因为妹妹的敌对，而觉得受到妨害。在她以后的生活中，我们可能会看到嫉妒和害怕竞争的讯号。假使她不喜欢比她年纪轻的妇女，也不是件什么奇怪的事。有些人在其一生中总觉得自己太老了，有许多善妒的妇女，对比她们年轻的同性也总是自觉不如。

（2）"我最早的记忆是我祖父的葬礼。那是在我三岁时。”这是一个女孩子写的。她对死亡这件事存有很深刻的印象。这意味些什么呢？她把死亡看作是生活中最大的不安全，最大的危险。她从儿童时期发生在她身上的各种事件中，抽出了一条定则：“祖父会死。”我们还可能发现：她是祖父的宠儿，他一直很疼爱她。祖父母几乎都是很疼爱孙儿们的。他们对孩子比孩子父母亲有较少的教养之责，而且他们经常希望孩子们能依附他们，以表示他们仍然能够获得温情。我们的文化很不容易让老人家们感到自己有价值，有时，他们会有一些简单的方法来肯定自己的重要性——例如喜欢动怒等。在此，我们不难相信：当这个女孩幼小的时候，他的祖父非常疼爱她，他的宠爱使她对他产生深刻的记忆。而他死时，她觉得受到严重的打击。一个亲属兼益友丧失掉了！

“我很清楚地记得看他躺在棺材里。脸色苍白，全身僵硬。”我不认为让一个三岁的小孩看尸体是件明智之举。至少也应该让孩子先有心理上的准备。孩子们经常告诉我：他们对看到死人的印象非常深刻，永远无法忘怀。

这个女孩子也没有忘掉。这样的小孩会努力设法消除或克服死亡的恐怖。这些孩子的志向经常是要成为医师。他们觉得：医师所受的训练比其他人更能对抗死亡。如果要求医师说出他的最初记忆，经常包含有关于死亡的记忆。“躺在棺材里，脸色苍白，全身僵硬。”——这是对可见之物的记忆。也许这个女孩子是属于视觉型的，对观看世界特别感兴趣。

“然后到了坟墓。当棺材放进墓穴后，我记得那些绳子从那粗糙的盒子下面拉了出来。”她又告诉我们她所看到之物。我们更坚信：她是属于视觉型的猜测了。“这次经验留给我很深的恐惧，以后每当提起我的任何亲戚、朋友或熟人到另一个世界去了，我总会吓得全身发抖。”

我们又再次注意到死亡留给她的深刻印象。如果我有和她谈话的机会，我会问：“以后你想从事什么职业？”她可能回答：“医师。”假如他回答不出或避开这个问题，那么我会给她暗示：“你不想当医师或当护士吗？”她之所以说：到另一个世界去，即是对死亡恐惧的一种补偿作用。从她的整个记忆中，我们得知：她的祖父对她非常好，她是属于视觉型的，而死亡在她的心灵中扮演了重要的角色。她从生活中获得的意义是：“我们都会死。”这当然是件事实，但是绝不会每个人的主要兴趣都在于此。其他还有许多事情能够吸引我们的注意力。

（3）“当我三岁的时候，我的父亲……”一开始，她的父亲便出现了。我们可以假设：这个女孩子对她父亲的兴趣远过于对她母亲。对父亲的兴趣是属于发展的第二阶段。孩子最先总是对母亲比较感兴趣，因为在最初的一、二年间，和母亲的合作是非常密切的。孩子需要母亲，他依附着她；他的整个心灵活动都牵系在母亲身上。如果他转向父亲，母亲便失败了。因为孩子对他的处境已有所不满。通常这是更小的娃娃诞生的结果。假使我们在这篇回忆中，看到有新娃娃出现，我们的猜测就对了。

“我的父亲买给我们一对矮种马。”孩子不止一个。我们必须注意另一个孩子。“他牵着马的缰绳把它们带来。

比我大三岁的姐姐……”我们必须修正我们的解释了。我们以为这个女孩子是姐姐，事实上她的年纪却较小。也许她的姐姐是母亲的宠儿，所以这个女孩才会先提起她的父亲和两只矮种马的礼物。

“我的姐姐拿过一条缰索，牵着她的马，得意洋洋地在街上走着。”这是她姐姐的胜利姿势。“我的马紧跟着另一匹跑，跑得太快了，我总是赶不上。”——这是她姐姐走在前头的结果！——“我绊到了，它拖着我在地下跑。这次经验兴高采烈的开始，却落得凄惨不堪的收场。”姐姐胜利了，她占尽了上风。我们可以断定，这个女孩子的意思是：“如果我不小心，我的姐姐会老是占上风。我会被击败，我会绊倒在地。安全的唯一方法就是在前面领先。”我们也能了解，她的姐姐因此而赢取了母亲，这就是她之所以转向父亲的原因。

“以后，我的骑术虽然远超过我的姐姐，但是这丝毫弥补不了那次遗憾。”现在，我们的所有假设都已得到证实。在这两姊妹之间，我们可以看到有一种竞争存在。妹妹觉得：“我一直掉在后头，我必须设法赶上。我必须超过其他人。”我曾经说过；次子或年纪较小的孩子，经常有一个竞争的对手，而他们又一直想要击败他们的对手。这个例子就是这种类型。这个女孩子的记忆加强了她的态度。它对她说：“如果有人在我前面，我便很危险。我必须永远保持第一。”

（4）“我最早的记忆是被我的姐姐带到宴会和各种社交场合。在我出生时，她大约是十八岁。”这个女孩子记得她自己是社会的一部分。也许我们在这份记忆中会发现：她的合作程度比别人来得高。大她十八岁的姐姐，对她似乎是占着母亲的地位。她是家里最宠爱她的人；但是她却好像曾经用很聪明的方式，使这孩子的兴趣扩展到别人身上。

"因为在我诞生以前，我的姐姐是家中五个孩子中的唯一女孩，她当然喜欢拿我到处炫耀。"这看来并不如我们想象的那么好。当一个孩子被拿来炫耀时，她所感兴趣的可能会变成"受人欣赏"，而不是奉献自己所能。"因此，在我还相当小的时候，她便带着我到处跑。对于那些宴会，我记得的唯一事情是：姐姐老是喜欢强迫我说些话，例如'跟这位小姐说说你的名字'等等。"——这是一种错误的教育方法。假使这位女孩子因此而患上口吃或言语上的困难，也不值得我们讶异。口吃的孩子通常是因为别人对他的说话过分注意。他不但无法没有压力、自自然然的和别人交谈，反倒要过分关心自己，并设法使人了解自己。

"我还记得，我说不出话来的时候，回到家总会挨一顿骂，因此我变得很讨厌出门和别人交往。"我们最先的解释必须完全修正了。现在，我们可以看出：她最早记忆后面的意义是："我被带去和别人接触，但是我发现那是很不愉快的。由于这些经验，从此之后，我便讨厌这一类的合作。"因此，我们可以想象，即使到现在，她仍然不喜欢与人交往。我们可能发现：她对这些事情会很不自在而且过分注意自己，她也必须炫耀出自己，并觉得这种要求过分沉重。她被训练得要与众不同，却难以平易近人。

（5）“我的童年时期中，有件大事情是最显著的。当我大约四岁时，我们曾祖母来看我们。”我们说过：祖父母通常都宠爱着他们的孙儿，至于曾祖母如何对待他们，则是我们尚未讨论之事。“当她来看我们时，我们要拍一张四代同堂的照片。”这个女孩子对她的门第非常感兴趣。由于她这么清楚地记着她曾祖母的来访，和他们合拍的照片，我们很可以推论出：她对家庭的依恋非常之深。如果我们说对了，我们会发现：她合作的能力很难超出她家庭圈子的范围之外。

“我很清楚的记得：我们开车到另一个镇上去，当我们抵达照相馆后，我换了一件白色绣花的衣服。”也许这个女孩子也是属于视觉型的。“在我们拍四代同堂的照片以前，我和弟弟先合照了一张。”我们又看到她对家庭的兴趣了。她的弟弟是家庭中的一部分，我们很可能听到她和他之间更多的关系。“他坐在我身旁一把椅子的扶手上，手里握着一个亮亮的红球。”她又再次记起可见之物。“我站在椅子旁边，手里什么东西都没有。”现在我们看到这个女孩的主要努力目标了。她告诉自己：她的弟弟比她受人宠爱。我们猜测：当她的弟弟出生，并取代她最小和最受人宠爱的地位后，她可能觉得非常不高兴。“他们叫我们笑。”他的意思是：“他们想要使我笑。但是有什么值得我笑的？他们把我的弟弟摆上宝座，还给他一个亮亮的红球，可是他们给了我什么？”

“然后拍四代同堂的照片。除了我，每个人都想摆出最好看的样子。我一点都没有笑。”她对她的家庭表示抗议，因为她的家庭待她不够好。在这个最早记忆中，她并没有忘记告诉我们：她的家庭是怎么对待她的。“当要他笑的时候，他笑得好甜。他好聪明。以后我便一直讨厌再拍照片。”她的回忆让我们领悟到我们大多数人应付生活的方式。我们得到一种印象后，总是喜欢用它来解释同样的事物。很清楚地，她在拍那张照片时觉得非常不愉快，以后便讨厌再拍照片。我们经常发现：当一个人讨厌某件事物，而要找出这种厌恶的理由时，他通常会从他的经验中挑选出某些东西来承担这种解释的责任。这篇最早记忆给予我们关于作者人格的两个主要暗示。第一、她是属于视觉型的，第二、这一点比较重要，他对家庭依附很深。她最初记忆的全部情节都发生在家庭圈子里面。她很可能不适于社会生活。

（6）“我最早的记忆之一是在我大约三岁半时，发生的一件意外事故。帮我父母工作的一个女孩子，把我们带到地窖里，让我们尝苹果酒。我们都很喜欢喝。”发现地窖里面有苹果酒一定是件很有趣味的经验。那是一种探险的历程。如果我们现在就要先下结论的话，我们可以在两种猜测中选择其一。也许这个女孩子很喜欢体验新环境，在处理生活问题时，充满了勇气。反过来说，她的意思也许是：有许多意志较强的人会引诱我们，将我们导向堕落之途。这个记忆的其余部分会帮我们做一种决定。“一会儿以后，我们决心要再多尝一点酒，所以我们就自己动手了。”这是个有勇气的女孩。她想要独立自主。“过了不久，我的腿开始不听使唤，它们失去了走动的能力。因此我们把苹果酒都弄倒在地，所以地窖也变得潮湿不堪。”在此，我们看到了一个禁酒主义者的形成！

“我不知道是否这次意外使我不喜欢苹果酒和含酒精饮料的。”一件小的意外又变成了整个生活态度的成因。如果我们只凭常识想象，我们无法看出：这种意外的分量何以导致此种结果。然而，这个女孩却自认为是她以后不喜欢酒类饮料的原因。我们很可能发现：她是个懂得如何从错误中学习的人。她可能富有独立性，犯了错也勇于改过。这个特征可以描绘出她的整个生活。她仿佛说道：“我犯了过错。但是当我发现过错时，我便改正了它。”假使确是如此，她将是一种良好的典型：主动，在奋斗中充满勇气，改进自己的处境，并一直找寻着更好的生活方式。

③人格的表现

在这些例子中，我们只是在训练我们一种推测的艺术；在我们断定我们的结论正确无误以前，我们必须多看人格的许多其他表现。现在，让我们再举几个实际的例子，来说明人格的各种表现的一贯性。

一个患有焦虑性神经病的三十五岁男人跑来找我。他只有在离开家时才觉得焦虑。他曾经数次勉勉强强地找到职业，但是，只要一进办公室，他便呻吟终日，直到晚上回家和她母亲坐在一起时才停止。当要求他说出最早记忆时，他说：“我记得四岁时，坐在家里靠近窗子边，看街上有许多人在工作，觉得很好玩。”他要看别人工作。他自己只想坐在窗子边看他们。假使改变他的情况，我们必须改变他不能和别人一起工作的想法。他一直以为：生活的唯一方法就是受别人资助。我们必须改变他的整个人生观。责备他是毫无用处的。我们也无法用医药或切除分泌腺来使他悔悟。然而，他的最初记忆却使我们较容易向他建议能使他感到兴趣的工作。我们发现：他患有重度近视，由于这种缺陷，他要非常注意才能看清东西。当他开始遭遇到职业问题时，他总是继续在“看”，而不是在“工作”。但是这两件事情并不是互相对立的。当他痊愈后，他开了一间书廊。以此方式，他在我们分工的社会中，也能奉献出自己的力量。

一个患有歇斯底里亚性失语症的三十二岁男人，也来请求治疗。他除了嗫嚅作声外，就说不出话来。这种情形已经有两年之久了，开始时是有一天他踩到香蕉皮，跌跤撞在计程车的玻璃窗上，他呕吐了两天，以后即患上偏头痛。无疑他是脑震荡，但并不足以成为他不能说话的原因。他完全说不出话达八天之久。他的意外事件告进了法院，现在仍然缠讼不休。他把整个事件归咎于计程车司机，并要求汽车公司赔偿。我们不难了解：假如他丧失了某种能力，他在诉讼中所占的地位将有利得多。我们不必说他意图欺骗，因为这只是他没有大声说话的必要。也许他在意外事件的震惊之后，真正发现自己说话困难，以后他即看不出有什么必须改变的原因。

这个病人曾经找过一位喉科专家，但是这位专家却找不出什么毛病。要求他说出最早记忆时，他告诉我们：“我躺在摇篮里，来回晃荡。我记得看到挂钩脱掉了，摇篮掉下来，我也受了重伤。”没有人会喜欢跌跤的，这个人却过分强调摔跤。他的注意力都集中在跌跤的危险上，这是他的主要兴趣。“当我摔下来时，门打开了，妈妈惊慌失措地跑进来。”他曾用跌跤吸引了母亲的注意力，此外，这个记忆还是一种谴责——“她没有好好照顾我”。同样的，计程车司机和汽车公司也都犯了类似错误。他们都对他照顾不周。这是一种被宠惯孩子的生活样式：他们总想让别人担负责任。“五岁时，我头上顶着一块木板，从二十英尺高的楼梯上摔下来。我有五分多钟说不出话来。”这个人对丧失语言能力是相当拿手的。他训练有素地把跌跤当作是拒绝说话的原因。我们无法把它看作是失语的原因，可是他却能够如此。他对这种方法经验丰富，现在只要一摔跤，他便自然而然地说不出话来。如果要治愈他，必须要让他知道他犯了错误：在跌跤和丧失语言能力之间是没有关联的。同时，要让他看出：在一次意外之后，他并不需要继续嗫嚅作声达两年之久。然而，在这个记忆中，还显现出他为什么难以了解这些事情的原因。

“我的妈妈又冲了出去，”他继续说道：“看起来非常激动的样子。”在两次意外事件中，他的跌跤都吓坏了他的母亲，并吸引了她对他的注意。他是个想要被宠爱，想要成为别人注意中心的孩子。我们能够了解：他要别人为他的不幸付出代价。其他被宠惯的孩子，如果发生了同样的意外，也会这样做的。只是他们可能不会拿语言失常作为工具而已。这是我们病人的特殊商标，它是他从经验中建立起来的生活样式的一部分。

一个抱怨着找不到满意职业的廿六岁男人，曾经来找过我。八年前，他的父亲把他安插入经纪行业中。但他一直不喜欢干这一行，最近他终于辞职了。他想另外再找个工作，但却一直没有成功。他还抱怨他难以入眠，而经常有自杀的念头。当他改弃经纪行业的工作后，他曾经离家在另一个城镇中，找到了一份工作。但是不久他听到母亲病重的消息，结果又回家和家人一起生活。

从他的经历中，我们很怀疑：他的母亲是否对他非常溺爱，而他的父亲却对他滥施权威。我们很可能发现：他的生活就是对他父亲威严的一种反抗。当我们问他在家庭中的排行时，他说他是老么，而且是唯一的男孩。他有两个姐姐，最大的老是想管他，另一个也相差无几。他的父亲对他总是不断地吹毛求疵，因此，他深刻地感到：他的整个家庭都在压迫着他。只有母亲是他唯一的朋友。

他直到十四岁才开始上学。以后，他的父亲把他送进农业学校，因为这样他才能在他计划要购买的农场上，帮他的忙。这个孩子在学校里的表现相当优越，可是却下定决心：不当农人。因此，他的父亲把他安插入经纪行业中。奇怪的是：他竟然在这工作上熬了八年。但是他说：他能够这样做，完全是为了母亲的缘故。

童年时，他是懒散而胆小的，怕黑暗，怕孤单。当我们听到懒散的孩子时，我们总可以找到有某个人习惯于帮他收拾东西。当我们听到怕黑暗和怕孤单的孩子时，我们总可以找到某一个经常在注意他、抚慰他的人。对这个青年而言，这个人就是他的母亲。他不以为和人交友是简单的事，但是当他周旋于陌生人之间时，却也觉得相当自在。他没有恋爱过，对恋爱不感兴趣，而且也不想结婚。他认为他父母的婚姻是不美满的，这一点能够帮助我们了解他自己为什么不想结婚。

他的父亲仍然逼着他，要他继续从事经纪行业。他自己很想进入广告界工作，但是他知道：他的家庭不会给他钱，让他开拓自己的事业。在每一点，我们都能看到他行动的目的是在反抗他的父亲。当他从事经纪工作时，他已经能够自立，可是他却没有想要用自己的钱来学习广告工作。他只有现在才想起要以它作为对他父亲的新要求。

他的最初记忆很明显地显露出一个被宠惯的孩子对严格父亲的反抗。他记得他如何在他父亲的餐馆中工作。他喜欢擦洗碟子，并把它们从一张桌子上搬到另一张上去。他玩弄碟子的做法惹火了他的父亲，他当着顾客的面，打了他一记耳光。他用这个记忆作为对他父亲敌意的证明，而他的整个生活也变成反抗父亲的一场战争。他并没有工作的诚意。如果他能伤害父亲，他就完全满足了。

他自杀的念头也很容易解释。每个自杀案件都是一种谴责。想要自杀时，他的意思是说：“我父亲的所作所为都是罪恶的。”他对职业的不满也都归咎于他的父亲。父亲每提出一项计划，做儿子的便表示反对，但是娇生惯养的他，却又无法独立开创自己的事业。他并不是真的想工作，他只想嬉游，可是他对母亲又存有合作之意，所以又像是想找工作一样。然而，他对父亲的抗争又如何解释他的失眠呢？

如果他睡不着觉，第二天他就没有精神工作。他的父亲等他去做事，可是他却疲倦得无法动弹。当然，他可以说："我不要做事，我也不要受压迫，"但是，他必须考虑他的母亲，和他经济状况欠佳的家庭。假使他干脆拒绝工作，他的家庭会认为他无可救药，而拒绝再资助他。他必须要找个理由下台，结果他找到了这种表面看来，似乎是无懈可击的毛病——失眠。

最先，他说他从未做过梦，可是后来他想起了一个经常发生的梦。他梦见有个人往墙上掷球，而球总是跳开了。这似乎是个平凡无奇的梦。在这个梦和他的生活样式之间，我们能找到关联吗？我们问他："以后呢？当球跳开时，你觉得如何？"他告诉他们："每当它跳开时，我便醒了。"现在他已经揭开他失眠的整个结构了。他利用这个梦作为吵醒他的闹钟。他想象每一个人都要推他向前，强迫他做他不喜欢做的事情。他梦见某个人向墙上掷球，这时，他便醒过来了。结果第二天他便疲累不堪，而当他觉得疲劳，他便无法工作了。他的父亲急着要他工作，他用这种曲折的方法，便击败了他的父亲。假如我们只看他和他父亲之间的争战，我们应该认为：他发明这种武器是相当聪明的。然而，他的生活样式不论对他自己或对别人都不是十分完美的，因此，我们必须帮他加以改变。

在我解释过他的梦后，他便不再做这个梦了，但是他告诉我！他仍然常常在半夜里醒来。他已经没有勇气再做这个梦，因为他知道人家会揭穿他的目的，但是他仍旧要使自己在第二天疲倦不堪。我们要怎么帮助他呢？唯一的可能方法是使他和他的父亲和解。只要他的兴趣仍然是在于惹怒并击垮他的父亲，他的问题便不可能好转。开始时，我依旧是惯例式地赞同病人的态度：“你的父亲似乎是完全错了，”我说道：“他想要用他的权威，时时刻刻地支配着你，这种做法确实不太聪明。也许是他自己也有问题，也应该接受治疗。可是你能怎么做呢？你不可能改变他。假如下雨了，你该怎么办？你只能打把雨伞或坐计程车，想要和雨反抗或压过它都是没有用的。现在你正像竭尽所能在反抗雨一样。你相信你有力量。你相信你已经压过他了，但是你的胜利伤害最深的却是你自己。”我指出他各种表现之间的一贯性——他对事业的犹疑不决，他的自杀念头，他的离家出走，以及他的失眠；我还告诉他：在这些表现之间，他如何用惩罚自己的方法来报复父亲。

我还给他一个劝告：“今天晚上要睡觉的时候，你要想你随时都会醒过来，这样你明天就会很疲劳。你要想：明天你累得不能工作时，你父亲怒火冲天的情形。”我要他面对事实。他的主要兴趣在于激怒并伤害他的父亲。如果我们无法制止这种争战，治疗便无效。他是个被宠坏的孩子，我们都能够看出这一点，现在他自己也明白了。

这种情形非常类似于所谓的“俄狄甫斯情结”。这个青年一心一意地想要伤害他的父亲，而又非常依附于他的母亲，这却与性无关。他的母亲宠爱他，而他的父亲却毫无怜悯之意。他受过错误的训练，并对他所处的地位解释错误。遗传在他的烦恼中并未占有丝毫地位。他的烦恼并不是由杀死部落酋长的野蛮人的本能中导衍出来，而是从他的经验中自己创造出来的。每一个孩子都可能培养出这种态度。我们只要给他一个像本个案一样宠孩子的母亲，和一个凶恶的父亲，就可以了。如果这个孩子也反抗他的父亲，而无法独立地解决自己的遭遇的问题，我们便可以了解：要采取这种生活样式是件多么简单的事。

5. 家庭的影响

①母亲的角色

从降生之时起，婴孩就想要把自己和母亲联系在一起。这是他各种动作的目标。在最初几个月中，母亲在他的生活里扮演了最重要的角色，他几乎是完全依赖在她身上。他合作的能力就是在这种情境下最先发展出来的。母亲是婴孩第一个接触到的人类，也是除了他自身外，最先使他感到兴趣的人。她是他通往社会生活的第一座桥梁，一个完全不能和母亲（或另外某一个代替母亲地位的人类）发生联系的婴孩，必定会走上灭亡之途。

这种联系不仅非常密切，而且影响深远，如果忽视它，在以后的岁月里，我们就无法指出他的哪些特征纯粹是出自遗传的结果。每一种可能是得自遗传的倾向，都已经被她的母亲修正、训练、教育，而改头换面过了。她的技巧是否优良，影响了孩子的所有潜能。所谓母亲的技巧，我们指的是她和孩子合作的能力，以及她使孩子和她合作的能力。这种能力是无法用教条来传授的。每天都会产生新的情境，其中有千万点都需要她应用她对孩子的领悟和了解。她只有真正对孩子有兴趣，而且一心一意要赢取他的情感，并保护他的利益时，才会有这种技巧。

在她的各种活动之中，我们都能看出她的态度。每当她抱起她的娃娃，四处走动，对他喃喃做语，替他洗浴，或喂他食物时，她都有使他和自己发生联系的机会。如果她对自己的工作训练不够，或对他们缺乏兴趣，她势必会动作粗野，引起孩子的反感。如果她没有学会怎样帮孩子洗浴，他会感到洗澡是件不愉快的事情，不但不与她产生亲密的联系，反倒会设法逃避她。她安置孩子上床的方式，她的一举一动，她的一颦一笑，都必须非常巧妙，她照顾他或让他独处的技巧，也必须恰到好处。她必须顾虑到他的整个环境——新鲜的空气，房间的温度，营养的状况，睡眠的时间，身体的习惯，以及整洁等等。在每个小地方，她都供给了孩子一个喜欢她或讨厌她、愿意合作或拒绝合作的机会。

在母道的技巧之中，并没有什么神秘的力量。所有的技巧都是长期训练和兴趣的结果。母道的准备在生命的早期便已经开始了。从一个女孩子对比她年幼孩子的态度，以及她对婴儿和她未来工作的兴趣，便可以看出母道的第一步。对男孩子和女孩子都施予同样教育，让他们以为将来他们要从事完全相同的工作的教育方法并不可取。假如我们希望培养出很有技巧的母亲，我们必须教女孩子以母道，让她们喜欢当母亲，把母亲的工作视为是一种创造性的工作，而且在以后的生活里，当面临自己所要扮演的角色时，不会感到失望。

很不幸的，在我们的文化中，女性母道部分的价值却被视为是微不足道的。假使人们重男轻女，假使男性的角色占有较优越的地位，自然而然地女孩子会不喜欢她们未来的工作。没有人会居于臣属的地位，而感到满足的。这样的女孩子结了婚，面临即将拥有自己子女的时候，她们会以各式各样的方式来表现出她们的抗拒。她们不愿意、也不准备养孩子，她们不期望孩子的到来，也不觉得养育孩子是件有趣的创造性活动。这可能是我们最大的社会问题，可是却很少有人正视它。人类的整个社会都维系于女性对母道的态度。然而，几乎在每一个地方，女性在生活中的地位都被低估，而且被认为是次要的。即使在童年时期，男孩子们也常常把家务事看作是仆役的工作，似乎他们的尊严不容许他们插手帮助家务。经常人们都不把整理家务当作是女性的一大贡献，而视之为贬抑女性的一种苦役。如果女人真正能够把家事看作是一种艺术，从其中能获得乐趣，并能充裕光耀她家属的生活，她就能够使它成为在此世界上任何其他职业都不能与之相比的工作。反过来说，假使人们把它当作是男人不做的下贱工作，那么女人必定会抗拒她们的工作，反抗它们，并设法证明（其实这是很明显的事实，根本无需证明）：男女是平等的，她们应该被赋予发展她们潜能的机会。潜能必须经由社会感觉才能够发展出来，社会感觉会将它们导向光明之途，使它们在发展时，不会受到外来的限制。

只要女性的地位受到歧视，整个婚姻生活的和谐必然会受到毁坏。认为对孩子的兴趣是一种低下女人的事，就绝对无法学会给予孩子一个好的开始所需要的技巧、开心、了解和同情。对自己的女性角色不满意的女人，她生活的目标会阻止她和自己的孩子做亲密的联系，她的目标和孩子们的目标并不一致，她经常念念不忘要证明她个人的优越，为要达成这个目标，孩子们便成了碍手碍脚的累赘。如果我们追究在生活中失败的许多个案，我们几乎都会发现：它们是由于母亲没有适当地尽到责任。她没有给孩子好的开始。假使母亲们都失败了，假使她们都不满意她们的工作，对孩子也毫无兴趣，那么人类全体都将陷入何等的危险境地。

然而，我们却不能认为母亲是失败的罪魁。她们没有罪。也许母亲本身就没有人会教以合作之道。也许她在她的婚姻生活中是抑郁不快的。良好家庭生活的发展，有形形色色的各种阻碍。假如母亲病了，她可能希望和孩子们合作，但是却心有余而力不足。假如她到外面上班，回家时，可能已经精疲力尽。假如经济状况欠佳，供给孩子们的食物、衣着、居处，都可能因陋就简。还有，决定孩子行为的，并不是他的经验，而是他从经验中获得的结论。当我们在研究问题少年的自述时，我们能够看到他和母亲间的关系中有困难存在，但是在素行良好的儿童之间，我们也能够看到同样的困难。在此，我们应该回顾个体心理学的基本观点。特征的发展并没有什么理由，可是儿童为了自己的目的，却会利用他们的经验，来作为理由。例如，我们无法断言：营养不良的儿童一定会变成罪犯，我们必须看他从他自己的经验中，获得了什么样的人生观。

我们很容易了解：假使一个女人对她身为女性的角色感到不满，她会招致许多困难和紧张。我们都知道母道的奋斗力量。许多研究都指出：母亲保护儿子的倾向，比其他的各种倾向都要来得强烈。在动物之间，（例如在老鼠和猿猴之间）母道的驱力已经被证实较性或饥饿的驱力还要强。如果它必须在上述几种驱力之中选择一种，占最优势的必定是母道的驱力。这种力量的基础并不是性，它出自合作的目标。母亲常常觉得她的儿子是她自身的一部分。由于她的儿子，她才和生活的整体紧密联系；她才觉得自己是生与死的主宰。在每位母亲的身上，我们多多少少都可以发现到一种感觉，认为：经由她的儿子，她已经完成了一件创造的作品。我们几乎可以说：她觉得她是像上帝一样的——从一无所有中创造出一个活着的生命。事实上，对母道的追求就是人类对优越地位——成为神圣的目标——追求的一种表现。这是一个最清楚的例子，它让我们明了：为了人类的缘故，我们如何以最深刻的社会感觉，把优越感目标应用于对别人的兴趣上。

母亲当然可能把儿子是她自身一部分的感觉加以夸大，并强迫性地利用他来达成她的优越感目标。她可能设法让孩子完全依赖在她身上，并控制他，使他永远逗留在她的身边。让我举一个七十岁农妇的个案为例。她的儿子在五十岁之龄，仍然和她住在一起；而且他们两人都同时患了急性肺炎。母亲安然度过危险期，儿子送到医院后，却死掉了。当母亲知道儿子的死讯后，她说道：“我早就知道我没法把这个孩子带大的。”她觉得她应该负责她孩子的一辈子。她从来没打算要使他成为社会生活的一部分。我们可以开始明了：当一个母亲没有设法扩展她孩子和别人的联系，并教导他和环境中的其他人平等地合作时，她是犯了多么严重的错误!

母亲和外界的种种关系并不是很简单的，她和孩子的联系不应该被过分强调。不管是为了母亲，或是为了孩子，这一点都必须特别加以注意。过分强调一个问题，其他的问题都会受到忽视。即使我们遇到的是一个简单的问题，如果我们稍稍加以重视，也会应付得比完全漫不经心来得好。和母亲发生关系的，有她的孩子，她的丈夫，以及围绕着她的整个社会生活。这三种联系必须给予相等的注意：她必须凭着常识，冷静地面对这三者。假使母亲只考虑她和孩子们的联系，她难免要宠坏他们。她会使他们很难发出独立性以及和别人合作的能力。在她使孩子和她自己成功地联系上后，她的第二个工作是把他的兴趣扩展到他父亲身上。但是，如果她自己对这位父亲缺乏兴趣，这项工作几乎就不可能完成。以后，她还要使孩子的兴趣转向环绕着他的社会生活，转向家里其他的孩子，转向朋友，亲戚和平常的人类。因此，她的工作是双重的：她自己必须给予孩子一个可信赖人物的最初经验，然后她必须准备将这种信任和友谊扩展开，直到它包括整个人类社会为上。

如果这位母亲只专心要使孩子对她自己有兴趣，以后，他会憎恶所有想使他对别人发生兴趣的企图。他总是寻求母亲给他的支持，对于他认为能分享母亲关怀的竞争者，则满怀敌意。母亲对她的丈夫或家庭中其他孩子表现的出的关切，都会被孩子认为是对自己权益的剥夺。这个孩子会发展出一种观点：“我的母亲属于我，不属于其他任何人。”现代的心理学家大多误解了这种情况。例如，在弗洛伊德学派的俄狄甫斯理论中，孩子有一种倾向，要爱恋母亲，并希望和她结婚，憎恨父亲，并希望要杀死他。如果我们了解了孩子的发展，这种错误就不可能发生。俄狄甫斯情结只产生了希望占有母亲全部注意力，并逃避其他人的孩子身上。这种欲望与性无关。它是一种支配母亲的欲望，它要完全控制她，使她成为奴仆。只有被母亲骄纵惯了，并且对世界上的其他人没有同胞感的孩子，才会有这种欲望。在非常少数的例子里，始终只和母亲联系在一起的男孩子，会把她当作解决自己爱情和婚姻问题的对象，但是这种态度的意义是：他除了母亲之外，就无法想出有任何人肯和他合作。他不相信有其他的女人能够成为和母亲一样的臣仆。因此，俄狄甫斯情结是由于教育错误所造成的人工产品。我们不需假设由遗传得来的乱伦本能，也不必想象：这种变态的本源和性有什么关联。

一个被母亲束缚在她自己身边的孩子，一旦进入一个不再和她联系在一起的情境，麻烦就开始发生了。例如，当他到学校去，或在公园里和其他孩子一起玩时，他的目标仍然是要和他的母亲联系在一起。不管是什么时候，他都不愿和她分离。他希望永远把妈妈拖在身边，占住她的思想，并使她关心自己。他能够用的，有许多种方法。他可能变成妈妈的心肝宝贝，永远软弱，撒娇，以博取同情。他可能动不动就哭泣或害病，来表示他是多么需要被照顾。在另一方面，他也可能时常动怒；他可能不服从母亲或和她争执，来赢取注意。在问题儿童之中，我们发现了各式各样被宠坏的儿童，他们挣扎着要获取他们母亲的注意，并抗拒由环境而来的每一种要求。

孩子很快就会熟练地找出那种方法最能够有效地吸引母亲的注意力。被宠坏的儿子通常都害怕单独一个人被留下，尤其是单独留在黑暗中。他们害怕的并不是黑暗本身，他们是利用害怕来使母亲跟他们更接近。有一个这种被宠坏的孩子，在黑暗中，总是哭闹不休。一天晚上，当他的妈妈应他的哭声而来时，她问他："你为什么害怕呢？""因为很暗，"他回答道。但是他的妈妈现在可看破了他行为的目的："难道我来了后，"她说道："就不暗了么？"黑暗本身并不重要。他对黑暗的害怕意思只是他不喜欢和母亲分开。假使这样的孩子和母亲分开了，他会运用他所有的情绪，所有的力量，所有的心智能力，来造成一种她的母亲必须和他接近，并且再和他联系在一起的情境。他可能用尖叫，用呼喊，用无法睡眠，或用故意和自己过不去的其他方法，来叫她过来。教育家和心理学家最常注意到的一种方法是害怕。在个体心理学中，我们不再关心着要找出害怕的原因，而是要分辨出它的目的。所有被宠坏的孩子都会害怕某些东西：他们利用他们的害怕来吸引注意，结果就把这种情绪注入他们生活样式的一部分。他们利用它来获得和母亲重新紧密联系的目标。胆小的孩子一定是被宠惯的孩子，而且他还想继续受宠。

有时，这些被宠坏的孩子会害梦魇，并且在睡眠中大哭出声。这是一种众所皆知的病症，但是有人把睡眠认为是和清醒互相对立的状态，所以不可能被了解。然而，这是错误的，睡眠和清醒并不互相对立，他们是同一种东西的变异，在他的梦里，孩子行为的方式和他清醒时大致是相同的。他想改变情境使之符合自己利益的目标，影响了他的整个身体和心灵；在经过训练和经验之后，他会找出达到其目标最有效的方法。即使在他睡眠的思想中，和他目标符合一致的印象和记忆也会进入他的心灵。一个被宠坏的孩子，在几次经验之后发现：如果他想再和母亲在一起，那么吓坏自己的大脑是非常有用的。即使他们长大了，被宠坏的孩子仍然会保存他们那充满焦虑的梦。在梦中被吓坏是获取注意力百试百中的工具，现在它已经成了机械的习惯。

这种焦虑的利用是很普遍的，假使我们听到哪个被宠坏的孩子在睡觉中从来不惹麻烦，那才是奇怪的事。吸引注意的把戏种类非常繁多的。有些孩子发现他们的睡衣很不舒服，或吵着要喝水。另一些则会怕强盗或野兽。有的孩子除非他们的父母坐在床边，否则他们就无法入睡。有的会做噩梦，有的会跌下床，有的会尿床。我治疗过一个在夜间似乎从来不惹麻烦的被宠坏的孩子。她的母亲说她睡得很甜，不做噩梦，也不半夜醒来，完全没有出过乱子。她只有在白天时才惹出种种问题。这真令人感到惊奇。我提出了许多能吸引母亲注意，并使之靠近的病症，但是这个女孩子却一样也没有患上。最后，我终于恍然大悟。“她睡在那里？”我问她的母亲。“在我的床上。”她回答道。

对被宠惯的孩子而言，疾病是求之不得的事。因为当他们害病时，他们会比往常更受到关照。这样的孩子经常在患过一场疾病之后不久，才显出问题儿童的行径，乍看之下，仿佛是这场病把他造成问题儿童的。其实这是因为他在痊愈之后，还记得自己患病时受到的特别恩宠之故。母亲不再像当时那么恩宠他了。因此，他便以制造问题来作为报复。有时候，一个孩子会注意到：另一个孩子是如何经由患病而成为众人注意的中心，他也希望自己害病，他甚至会亲吻病童，希望能感染到他的病。

有一个女孩子曾经住过四年医院，并且非常受医生和护士们的宠爱。当她回家后，起初她的双亲也很宠爱她，但是经过几个礼拜后，他们的关怀程度降低了。假使她要求某件东西，而不能如愿时，她会把指头放进嘴里，说：“我还住在医院里呢！”她提醒别人：她曾经害过病，并且想要再回复到能让他随心所欲的情境。在成人中，我们也能看到同样的行为，他们常常喜欢谈他们的疾病或动过的手术。在另一方面，有时候，曾经让父母大伤脑筋的孩子在一场疾病之后，曾恢复正常，不再搔扰他们。我们已经说过：身体的缺陷是孩子们的一种额外负担，但是我们也说过：它们并不足以解释性格上的不良特征。因此，我们不免要怀疑：身体障碍的消失是否对这种改变有所影响呢？有一个在家中排行第二的男孩子，他说谎，偷窃，逃学，残忍，不服从，惹出了许多麻烦，他的老师对他束手无策，因此主张应该送他进教管所。正在这时，这个孩子病倒了。他的臂部患了结核症，结果在病床上睡了半年。当他病愈后，变成了家中最乖的孩子。我们无法相信：这场疾病会对他造成这样的效果，很清楚地，这种改变是由于他认清了以往的错误之故。以前，他一直认为父母偏爱他的哥哥，并觉得自己受到忽视。在患病期间，他发现自己是众人注意的中心，每一个人都照顾他，帮助他，从此，他便大彻大悟地放弃了别人总是忽视他的观念。

如果以为：要补救母亲们经常造成的错误，最好的方法就是不要让她们照顾孩子，并把孩子送进育幼院，让护士看管。这种想法实在太可笑了。如果我们要找一个代理母亲的人，我们要找的就是能够扮演母亲角色的人——她自己本身一定要像母亲一样地对孩子们感到兴趣。这样还不如训练孩子自己的母亲来得容易些。在孤儿院长大的儿童经常对别人缺乏兴趣，因为没有人能在这些孩子和其他人之间，架起人际关系的桥梁。以前，有人曾经对一些在孤儿院长大而发展不十分良好的儿童做过一项实验。他们找了许多护士和修女给予这些儿童个别照顾，或把他们安置在私人家里，让家庭中的母亲像对待自己孩子一般地对待他们。结果显示：只要保姆选择恰当，他们的情况都曾有显著进步。养育这种孩子的最好方法，是帮他们找出代替母亲或父亲的人，过平常的家庭生活。因此，假使我们把孩子从父母身旁带开，我们的当务之急也是帮他找寻能够执行父母工作的人。有许多失败者都出身自孤儿、私生子、被遗弃的孩子，以及婚姻破裂留下的孩子，由这件事实可以看出母亲的温暖和照顾是多么重要。大家都知道；继母是非常难当的，因为前妻留下的孩子常常会反抗她们。然而这个问题并非无法解决，我曾经看过很多人成功地应付了它，但是大多数的妇女都不了解这种情境。在母亲死掉之后，孩子可能会转向父亲，并受到他的宠爱。现在，他觉得父亲的关怀给剥夺掉了，因此而攻击他的继母。假如她觉得她必须反击，那么孩子可就真的惨了。她可能转而向他们挑战，而孩子的反抗会更甚于往常。和孩子的争执必然是场持久战，他绝不曾因为在争执中得胜或失败而妥协。在这些争执中，最软弱的方法才是最有效的。如果硬向他要求某些东西，他必定会拒绝给予。假使我们都能体会到：合作和爱情是绝对无法用武力获得的，那么在这世界中，一定可以避免掉没有必要的紧张和没有用处的努力。

②父亲的角色

在家庭生活中，父亲的地位和母亲的地位同等重要。最初，他和孩子的关系不那么亲密，他的影响也较晚才发生作用。我们已经说过：假使母亲不能把孩子的兴趣扩展到父亲身上可能造成的危险。这种孩子在社会感觉的发展上，可能遭受到严重的阻挠。父母婚姻不美满的情境，对孩子而言，也是充满危险的。他的母亲可能觉得自己的力量不足以把父亲留在家庭里，因此她希望完完全全地保存她的孩子。也许父母双方都会为他们私人的利益，而把孩子当作争执的焦点。他们都希望孩子依附在自己身上，爱自己，更甚于爱对方。如果孩子们发现了双亲之间的冲突，他们可能很技巧地让双亲来争夺他们。结果在父、母之间便产生了一种竞争，来看谁最善于管理孩子，或者较宠爱他们。在这种气氛包围下的儿童，是不可能训练出合作之道的。他最先感受到其他人之间的合作，就是父亲和母亲的合作不良，他们也无法希望能教会他如何合作。而且，儿童对婚姻和异性伴侣最初的概念，也是从他们父母的婚姻中得来的。在不美满的婚姻下长大的儿童，除非他们最初的印象被纠正过来，否则他们对婚姻都会有悲观的看法。即使是在成年之后，他们也会觉得婚姻是注定要成为不幸的。他们设法避开异性，要不然就认定他们对异性的追求不可能获得成功。因此假如双亲的婚姻不是和谐的，就不是良好的社会生活的产品，也就不能作为孩子的社会生活的准备，那么孩子的成长一定会遭受重大的障碍。婚姻的意义是两个人共同结合以谋求他们相互间的幸福，他们孩子的幸福，以及社会的幸福；如果它在任何一方面失败了，它就无法和生活的要求协调一致。

因为婚姻是伴侣式的结合，所以两个人不应该想统驭对方。这一点值得详加讨论，不能只当作老生常谈。在家庭生活的全部行为之中，并不需要应用权威；假使其中有一个成员特别突出，或比别人更受重视，那一定非常不幸。如果父亲脾气非常暴躁，而且想驾驭家庭的其他分子，则男孩子们对男性应有的作风就会培养出错误的观点。女孩子会更受其害。在以后的生活中，她们会把男人想象成暴君，婚姻则会被看作是一种奴役关系或臣属关系。有时候，她们会以性欲倒错的方式，企图避开异性。假使母亲较富于权威性，整天对家里的其他人唠叨，这种情势会倒转过来。女孩子们可能模仿她，变得刻薄而好挑剔。男孩子则始终站在防御的地位，怕受批评，尽量寻找机会表现他们的恭顺拘谨。有时候，不仅母亲是暴君，姐姐，姑姑都会加入管束他的阵营。结果，他会变得保守，畏缩不前，不敢参加社交活动。他怕所有的女性都有这种唠唠叨叨、吹毛求疵的作风，因此他希望对全体女性一律敬而远之。没有人喜欢受批评，但是假使一个人把逃避批评作为生活的中心点，那他跟社会的各种关系都会受到干扰。他看每件事情的时候，都会遵照他的感觉来加以推断:“我是征服者，还是被征服者?”这些人把和别人的关系当作是决定胜负的场所，他们自然不可能知道友情为何物。

父亲的任务可以用几句话来做一总结。他必须证明他自己对妻子、对儿子，以及对社会都是一个好搭档。他必须以良好的方式应付生活的三个问题——职业、友谊，和爱情。他必须以平等的立场和妻子合作，照顾并保护他们的家庭。他不可忘记：妇女在家庭生活中所占的创造性地位是不容贬抑的。他的责任不是贬低母亲，而是和她一起工作。尤其在金钱方面，我们应该特别强调：即使经济来源是由他供给的，它仍然是件共有的东西。他绝不应表现得好像他在施舍，其他人则在收受。在理想的婚姻中，男主人供给金钱只不过是家庭中分工合作的结果而已。有许多父亲利用他们的经济地位作为统治家政的方法。在家庭中不应有统治者，每一个能结成不平等感觉的机会都应该设法避免。每一位父亲都应觉察到：我们的文化过分强调了男性的优越地位，结果，他的妻子在和他结婚之后，便深怕自己会受到贬仰，而被置于低下的地位。他应该知道：不能只因为他的妻子是女性，不会像他一样的赚钱养家，便以为妻子不如自己。无论妻子对支持家庭的经济是否出过一臂之力，如果家庭生活是真正和谐的，那么谁赚钱或谁应该负担家庭，都不应成为问题。

父亲对孩子的影响非常重大。许多儿童在一生之中都把他们的父亲当作偶像崇拜，另外有些则视之为最大仇敌。处罚，尤其是体罚，对孩子是最有害的。不能以友善的方式进行的教育便是错误的教育。非常不幸的，在家庭中惩罚儿童的责任经常落在父亲头上。我们说它不幸，有几个原因。第一，它使母亲产生一种信念，以为妇女不能真正地教育她们的子女；以为她们是需要强有力的臂膀来帮忙的弱者。如果母亲告诉她的孩子：“等你爸爸回来教训你！”她等于是暗示他们：把父亲当作最后的权威以及生活中的实力人物。第二、它破坏了父子之间的关系，让孩子们怕父亲，而不觉得他是可亲的朋友。也许有些妇女怕一旦她们自己掌握惩罚之责，她们就会失掉孩子们的情感；但是要解决这个问题并不能把惩罚之责推卸给父亲。孩子们并不会因为她召来一名惩罚的执行者，而对她不心怀怨怒。有许多妇女仍然利用“告诉爸爸”作为强迫孩子们服从的手段。这些孩子对男性在生活中的地位。又会作何感想呢？

假使父亲是以积极的方式应付生活的三个问题，他曾成为家庭的中坚，他是好丈夫，也是好爸爸。他容易与人相处，能够结交朋友。如果他结交了朋友，他已经使他的家庭成为他四周社会生活的一部分。他不离群索居，也不受传统观念的束缚。家庭之外的影响力能够进入家庭中，而他也会以身作则地教给孩子社会感觉和合作之道。即使丈夫和妻子各有不同的朋友，也没有什么关系。但是他们都应该有相同的社交生活，并避免因友谊问题而闹得貌合神离。当然，我的意思并不是说，他们应该朝夕相守，寸步不离，而是他们在彼此共处之际，应该不感到有所困难。例如，假使丈夫不愿意把妻子介绍给他的朋友圈子，这种困难便发生了。在这种情况下，他社会生活的中心便是在家庭之外。在孩子们发展的过程之中，有一件非常有价值的事，就是让他们学会：家庭是大社会的一个单位，在家庭之外，还有许多值得信赖的人类和朋友。

如果父亲和他自己的父母、兄弟、姐妹都相处得非常良好，他的合作能力便有了很有利的前兆。当然，他终需离开家庭，独自成家立业，但是这并不是说：他要不喜欢家庭，或和他们决裂。有时候，两个仍旧依赖在父母身上的人结了婚，他们会过分重视他们和原来家庭之间的联系，当他们提到“家”时，他们指的是他们双亲的家。假使他们以为：他们的父母仍旧是家庭的中心，他们就不能建立真正属于他们自己的家庭生活。这个问题和每一个牵涉到的人的合作能力都有关系。有时候，男方的双亲善妒，想要知道他们儿子生活的每一细节，并给亲家添加种种麻烦。他的妻子觉得自己不受尊重，并对公公婆婆的多管闲事感到恼怒万分。这种情况尤其在男方不顾双亲的反对而结婚时，最容易发生。他的双亲可能错了，也可能是对的。假使他们对儿子的婚事不满意，在结婚之前，他们可以表示反对，但是既然结婚了，那就只有一条路可以走——他们应该尽其所能，促成婚姻的美满。倘若门户不相当的情形无法避免，丈夫应该了解其中困难，不必因而感到烦恼。他应该把父母的反对看作是属于他们的错误，而尽力证明自己看法的正确。夫妻并不必把他们的愿望呈请他们的父母核准，但是假使大家能彼此合作，而妻子也觉得公公婆婆确实能为他们的幸福和利益着想，那么事情的进行显然会顺利得多。

每个人最明确地期待父亲完成的行为，是他能解决职业问题。他必须接受职业训练，必须支持他自己和家庭。在这方面，他可能受到妻子的帮助，以后孩子们可能也会帮助他；但是在我们现代的文化情况下，经济的责任主要还是落在男人肩上。要解决这个问题，他必须工作，必须勇敢，必须了解他的职业并知道它的利弊，必须在他的行业中和别人合作，让别人对他有好感。不仅如此，他的态度还影响了他的孩子准备用何种方式面对职业问题。因此，他必须找出成功地解决这个问题的方法——找出能对全体人类有所贡献的职业。然而，他是否认为自己的职业有用，倒无关紧要，重要的是工作本身必须有用。我们不必听他的一面之词。如果他以为自己是利己主义者，那固然是可悲之事，但是，如果他做的工作对人类共同幸福有所助益，也就无甚大碍了。

③关注、冷落与教育

然后，我们要谈的是爱情问题的解决——即是婚姻和幸福家庭的建造。为人丈夫有一个重要条件：他必须对他的配偶深感兴趣。要看出一个人是否对另一个人有兴趣，是很容易的事。如果他对她有兴趣，他对她喜好之物也会感到兴趣，同时会把她的幸福当作是自己必须兼顾的目标。情感不仅能够证明彼此之间有兴趣；有许多种情感还能作为夫妻之间事事和谐的明证。他必须作为他妻子的良伴；他必须努力奋发，以使她的生活更舒适、更富裕；他必须乐观进取，以取悦于她。只有夫妻双方都认为他们的共同幸福高于个人利益时，才可能有真正的合作。他们两人对另一方的兴趣都应该比对自己的兴趣更浓。

在孩子们面前，丈夫不应该将他对妻子的情感表现得太露骨。夫妻之爱不能和他们对孩子的爱相互比拟，它们是完全不同的东西，彼此也不能抵消对方。但是，如果夫妻彼此过分亲密，有时候孩子们就会觉得自己的地位降低了。他们会产生嫉妒之心，并希望能和父亲或母亲一争长短。配偶之间的关系不应该看得太不严肃。此外，父亲对儿子、母亲对女儿解释与性有关的事情时，除了孩子希望知道、而且在其发展阶段也能了解的事物外，就不必一相情愿地告诉他们太多的知识。我知道：在我们的时代有一种倾向，想告诉孩子许多他们远无法适当掌握的性知识，结果引起了不恰当的兴趣和好奇，甚至把性不当一回事。这样并不见得比以往隐瞒孩子或绝口不谈与性有关事物的态度来得高明。所以，最好是先了解孩子希望知道什么，并只回答他们正在思考的问题，而不要从我们自己的标准，强迫他们接受我们认为每个人都应该知道的事情。我们必须取得他的信任，让他觉得我们会和他合作，并帮他找出这个问题的解决方法；如果我们这样做了，便绝不会错得太离谱。还有，有些父母深怕他们的孩子会从同伴处听来有害的性故事，这也是杞人之忧。在合作和独立方面训练良好的孩子，是绝不会受到朋友谈论之害的，而且孩子们在这些事情上经常比他们的长辈还要细心。一个不准备接受错误观点的孩子，自然不会受到“道听途说”的害处。

在我们现代的社会中，男人有较多的机会可以经验社会生活；可以知道社会制度的利弊，以及他们自己国家甚至全世界的道德关系。他们活动的范围仍然比女性的活动范围大。因此，在这类问题方面，父亲应该作为妻子和孩子们的顾问。他不能利用他较多的经验，而过分夸大其词。他不是家庭教师，他应该像朋友互相劝告一样地劝导他们，并且要避免惹起反感，假使他们同意了他的看法，也不必得意忘形。如果他的妻子未曾受过良好的合作训练，而反对他的主张，他也不必坚持自己的观点，或想要运用权威来压制对方，他应该另找可以清除此种抗拒的方法。争执是无法使人心悦诚服的。

金钱不应该被过分强调，或拿来当作争执的题材。女人通常多不外出挣钱，因此她们对金钱大多比丈夫敏感。如果批评她们浪费，她们会感到深刻的伤害。金钱的事情应该在家庭的经济能力之内，以合作的方式，妥善安排。

妻子或孩子们不应运用压力来迫使父亲付出非其所能负担的金额。从一开始，大家对家中的开支就应取得妥协，以免有人觉得自己受到虐待。父亲不应该以为：他可以只凭金钱来保证儿子的前途。我曾经读过一本美国人写得有趣的小书，其中描述一个白手成为巨富的人，希望自己子系世代都能免于贫窃和匮乏之苦。他去找一位律师，请教应该怎么做才能达成此愿。律师问他：要连续几代富裕才能满足他的愿望？他告诉律师：他的能力足以使十代子系生活优裕。“当然，你能够做到这一点，”律师说道：“但是，你可知道，你的第十代子系每一个身上的血统都来自五百名以上的祖先？有五百个其他的家庭都能说他是他们的后代。这样，他们还算不算是你的子系？”在这里，我们看到了另一个例子说明：不管我们为我们的子系做些什么事，其实我们都是为整个社会而做的。我们无法脱开这种和同类之间的联系。

如果在家庭中没有权威的存在，那么其中必定会有真正的合作。父亲和母亲必须合力协商关于他们孩子教育的每件事情。他们任何一人都不应表示他与孩子们之间的那一个有特殊偏爱。这是最重要的。偏爱的危险性绝非夸大其词。孩子们的丧气，几乎都是因为他觉得另一个孩子较受偏爱所引起的。有时候，这种感觉并不见得完全正确；但是，假使父母对孩子一视同仁，这种感觉便不会有滋长的可能。如果父母重男轻女，在女孩子们之间，自卑情结发生的可能性就无法避免。孩子是很敏感的，假如他们疑心别人较受喜爱，即使是好孩子也可能走上错误之途。有时候，孩子之一天资较为聪颖或长得较为可爱，结果父母便很难不表示对这个孩子的偏爱。父母应该有足够的经验，或有足够的技巧避免表示这一类的偏爱。否则天资较为优越的孩子会使其他所有的孩子蒙受阴影。并感到沮丧；他们会嫉妒，怀疑自己的各种才能，他们的合作能力也会受到挫折。光嘴上说没有这种偏爱是不够的。父母应该观察到：在他们任何一个孩子的心中，是否存有认为父母偏心的疑虑。

④在孩子们之间

现在我们开始讨论家庭合作另一个同等重要的部分，即是孩子们之间的合作。如果孩子们觉得彼此是不平等的，那么，他们对人类的社会兴趣便会有良好的准备。如果男孩子们和女孩子们觉得彼此不平等，那么，两性之间的关系即会不断造成重大的困难。有许多人问：“同一个家庭中长大的孩子，差异怎么会这么大？”有些科学家把它解释为遗传不同的结果，但是我们却认为这是一种迷信。我们可以把儿童的成长比喻为树木幼苗的成长。假使一丛树木种植在一起，事实上它们每一株都各占有不同的情境。如果其中有一株因更多地受到阳光及土壤的惠泽，而长得比较快，它的发展便会影响到其他各株的成长。它遮去了它们的阳光，它的根四处伸张，吸走了它们的营养。它们却营养不良，发育受阻了。一个家庭中，假使有一个成员过分跋扈，结果也是一样的。我们说过，父亲和母亲都不应在家中占有太杰出的地位。如果父亲非常成功或才能出众，孩子们会觉得自己的成就不可能和他等量齐观。他们泄气了，他们对生活的兴趣也受到了妨碍。因此，名门子女常常会使父母或社会大失所望。假使父亲在他的行业中很有成就，他也不应在家庭中过分强调他的成功，否则孩子们的发展便会受到阻碍。

在孩子们之间，也应该注意同样的事情。假使有个孩子一枝独秀，他很可能夺走了大部分的注意的宠爱。对他而言，这是个踌躇满志的得意情境，但其他的孩子却会憎恨这种差别待遇。要让一个人屈居于他人之下，而不心存怨懑，是不可能的事。这种杰出的孩子会损及其他所有的人，如果说他们是在心灵缺乏润泽的状况下成长的，也并非言过其实。他们不会停止对优越地位的追求。因为这种追求是不可能停止的。然而，他们的追求却会转到其他的方向，它们可能变得不实际，或在社会上没有用处。

个体心理学在探讨孩子们出生顺序的利弊方面，开拓了一片非常广阔的研究天地。为求简化，我们假设父母之间合作良好，并尽心尽力在教养其子女。可是每个孩子在家庭中的排行仍然会造成很大的差异，而且每个孩子也因此在完全不同的情境下成长。我们必须再强调：即使在同一家庭中，两个孩子也不会处于完全相同的情境，因此，每个孩子都会在他的生活样式中，表现出他想适应自己特殊情境所造成的结果。

每个长子都会经验过一段独生子唯我独尊的时光，当第二个孩子降生时，他便骤然要强迫自己适应另一个新的情境。长子通常都先受到大量的关怀和宠爱，他习惯于成为家庭的中心。突然，在毫无准备，措手不及的状况下，他发现自己被逐下了王位。另一个孩子出生了，他不再唯我独尊了。现在，他必须和另一个对手分享父母亲的关怀。这种改变会产生重大的影响，我们经常发现：问题儿童，神经病患，罪犯，酗酒者，堕落者，这些人的问题多是在这种环境之下开始的。他们大多是对另一个孩子的降临感到深刻困扰铸成了他们的整个生活样式。

其他的孩子也可能在同样情况下丧失其地位，但是他们的感受都可能不会如此强烈。他们已经有过和其他孩子合作的经验；他们未曾独占照顾和关怀。但对长子而言，这却是截然不同的转变。如果他确实因为新娃娃的到来而遭受冷落，我们便无法期望他会心平气和地接受这种情境。如果他愤恨不平，我们也不能怪罪他。当然，假使他的双亲会让他对他们的关爱怀有信心，假使他知道他的地位稳如泰山，仍是最重要的，假使他已经准备要迎接新娃娃的降临，并学会怎样帮助照顾他，那么，这场危机便会不留痕迹地消失殆尽。通常，他都没有做好这种准备。新娃娃真的夺走了他原来享有的照顾、爱情和赞赏。他开始想把母亲拉回自己身边，并考虑要怎么做才能重新获得别人的注意。有时候，我们会看到母亲在两个孩子之间游移不定，他们两个都想比对方更占有她的注意力。年纪较长的一个比较会豪夺强取，并想出新策略。我们可以推测他在这种环境之下，会做出什么事来。如果我们处在他的环境中，追求着他的目标，我们所做的事是和他毫无两样的。我们会找母亲的麻烦，和她对抗，并表现出一些她无法忽视的恶行劣迹。他也会这样做的。结果他把母亲弄得不厌其烦。他以最粗野的方式，运用各种可能的方法，拼命挣扎。他的母亲却因为他惹出的麻烦，而对他心灰意冷。现在，他可真正尝到不再受人爱的滋味了。他为要得到母亲的爱而争战，结果却是真的失去了它。他觉得自己被冷落一旁，他的行为却真的使他被冷落一旁。他觉得自己理由充足得很，“我知道的，”他想：“别人都错了，只有我是对的。”他像是掉在陷阱时，愈挣扎，陷进的错误愈深。他对自己所处地位的观点，时时都能获得支持。在他看来，每件事实都证明他的想法正确，他怎么肯放弃这种争战呢？

假使看到这种争战的个案，我们必须研究其个别的环境。如果母亲也对他反击，孩子会变得脾气暴躁，动作粗野，好吹毛求疵，和不服从。当他背离母亲时，经常是父亲会给他一个恢复旧日受宠地位的机会，他会变得对父亲感兴趣，想要赢取他的情感和注意。年纪最大的孩子通常都比较喜欢父亲，和他一起站在一方。只要看到孩子较喜爱父亲，我们便能断定：这已经是次一级的阶段了：最先，他依附在母亲身上，现在他已经失掉了对她的情感，他将之转移给父亲，以作为谴责她的一种手段。如果孩子偏爱父亲，我们便知道他以前曾遭受过一场悲剧。他觉得自己被弃置不顾；对这件事，他无法忘怀，而他的整个生活样式也建造在这种感觉之上。

这种争战相当持久，有时它能持续一生。孩子学会了争战和坚持，他在各种情境中都会继续争战下去。也许他找不到趣味相投的人，结果他会感到绝望，以为再也无法赢得别人的情感。在他身上，我们会发现，脾气乖张，保守畏缩，不能和人坦诚合作等特征。这种孩子把自己训练得离世孤立。他的所有动作和表现都指向过去他是众人注意中心的那段业已消逝的时光。因此，年纪最大的孩子经常会在不知不觉之中表现出他对过去的兴趣。他喜欢回顾过去，谈论过去。他们是过去的眷恋者，对未来却心存悲观。有时候，这种丧失了自己一度统治过的小王国的孩子，会比其他孩子更了解权力和威势的重要。当他们长大后，他会喜欢搬弄权势，并过分夸张规则和纪律的重要性。每件事情都应依法而行，而法律也不准随便更改。权力应该掌握在那些被赋予权力者的手上。我们不难了解：在儿童时期，像这一类的经验会造成强烈的保守主义倾向。如果这种人为自己建了良好的地位，他总会疑心：别人要赶上他，把他拉下王座，并取代他的地位。

长子的地位虽然会造成特殊问题，但是如果妥善应付，也能化险为夷。假使在次子出生之前，他已经学会合作之道，那么他使不会遭受伤害。在长子中，我们还发现有些人会发展出喜欢保护人或帮助人的性格。他们模仿着父亲或母亲，他们经常对年幼的弟妹扮演父亲或母亲的角色，照顾他们，教导他们，并觉得自己对他们的幸福负有责任。有时候，他们还会发展出善于组织的才能。这些都是有利的例子。然而，想要保护别人的努力也可能扩展成希望别人仰赖自己或想统治别人的欲望。依据我自己在欧洲和美洲研究的经验，我发现：问题儿童的绝大部分都是长子，紧接其后的是最小的孩子。极端的地位造成了极端的问题！这真是有趣的现象！我们的教育方法还不能成功地解决长子的这种困难。

次子处于一个完全不同的地位，这种情境是不能和其他任何孩子互相比较的。从他出生之日起，他便和另一个孩子分享父母的关怀，因此他比长子更容易和别人合作。

在他的环境中，有很多的人如果不被长子敌视或想把他压下去，他的境遇是相当舒适的。关于他的地位，最显著的事实就是某些和长子的不同之处——在他的童年期间，始终都有一个竞争者存在。在他前面，有一个年龄和发展都遥遥领先的哥哥，他必须使出浑身解数，设法迎头赶上。典型的次子是很容易辨认的。他表现的行为好像他是在参加一项比赛，好像有人比他领先一、两步，他必须加紧脚步来超过他。他时时刻刻都在剑拔弩张的状态中。他发奋要压过他的兄长并征服他。《圣经》曾给了我们许多神妙的心理学暗示，在贾可布（Jecob）的故事中，便很高明地描写了典型的次子。他希望成为第一，想取代伊骚（Esau）的地位，想打败伊骚并超越他。次子总是不甘屈居人后，他努力奋斗想要超越别人。他经常是成功的。次子通常都比长子较有才能，并较为成功。此处，我们无法承认遗传在这种发展中的任何影响。假使他很快地超越前进了，那只是因为他对自己要求较高。即使在他长大之后，出了家庭圈子，他也经常会找一个竞争对手；他会常常拿自己和这个他认为占有较优越地位的人互相比较，并想尽各种办法要超越他。

我们不仅在清醒时的生活里可以看到这些人格的各种

表现，在梦里也很容易发现它们。例如，长子常常会做从高处跌下的梦。他们站在巅峰的地位，但是却不能保持他们的优越地位。另一方面，次子经常会梦见自己在参加比赛。他们或许跟在火车后面跑，或许骑着脚踏车和人赛跑。有时候，一个人在梦中的这种紧张和匆忙，能够让我们猜测到：他是次子。

然而，我们必须强调，事实上，这些规则并不是这么呆板的。作风像长子的，并不一定仅限于长子。我们需要考虑的是整个生活情境，而不只是出生的顺序。在大家庭里，较晚生的孩子有时也会处于长子的地位。例如：连续生了两个孩子之后，隔了很长的一段时间才生下老三，以后又紧跟着来了两个孩子，这样，老三就可能具有长子的全部特性。次子亦复如是；第四或第五个孩子降生后，也可能显得像典型的次子。两个一起长大的孩子，只要年龄相距很近，而跟其他的孩子又相差很远，那么他们便会发展出长子和次子的各种特征。

有时候，长子在这场比赛中被击败了，那么你会看到长子发生了问题。有时候，他能够保持住他的地位，并压抑下弟弟或妹妹，那么惹出麻烦的是次子。假使长子是男孩，次子是女孩，长子的处境会非常困难。他承受了被女孩击败的危险，这在我们目前的情况下，很可能被他视为一种严重的羞辱。在一个男孩和一个女孩之间的紧张比两个男孩或两个女孩之间的紧张更高。在这种争执中，女孩子较有天赋。到了十六岁，她在身体和心灵方面都发展得比男孩子快。结果她的哥哥放弃了争执，变得心灰意冷。

他会运用恶作剧或甚至不择手段来攻击对方，例如吹牛或撒谎。我们几乎可以保证：在这种情况下，赢的总是女孩子。我们会看到男孩子采用了各种错误的手段，可是女孩子却轻而易举地解决了问题，并一帆风顺地向前迈进。这种困难也是可以避免的，但是要事先知道其危险所在，并采取防范措施。在家庭里，各成员都应该平等、合作、团结一致；家中没有敌对的感觉，也不会让孩子觉得他有敌人并花费时间与之抗争，这样，才能避免各种不良的后果。

许多孩子都有弟弟或妹妹，许多孩子的地位都可能受到威胁，只有最末一个孩子是例外。他没有弟妹，却有许多竞争者。他一直是家里的宝贝，一直是最受宠爱者。他面临的是被宠坏孩子特有的困难，但是，由于他所受的刺激很多，由于他有许多竞争的机会，他经常会以异乎寻常的方式发展，他跑得此其他的孩子快，并超过了他们全体。在人类的历史中，最末孩子的地位一直未曾改变。在人类最古老的故事里，便已经有最小的孩子如何超过兄姐的记载。在《圣经》里，征服者总是最小的孩子。约瑟夫（Joseph）被当作最小的孩子抚养大。约瑟夫出生之后十七年，班哲明（Benjamin）出世了；但是班哲明对他的发展却没有任何影响。约瑟夫的生活样式完全是最小儿子的生活样式。他始终肯定着自己的优越，甚至在梦中亦是如此。别人必须向他低头，他的光耀淹没了他们。他的兄弟们都很了解他的梦。对他们而言，这件事并不难，因为他们跟约瑟夫朝夕相处，对他的态度也都一清二楚。约瑟夫在梦中所引起的感觉，他们也都感受到了。他们怕他，并且要避开他。然而，约瑟夫还是从最后变成了第一。在以后的日子里，他成了家里的栋梁，支持着整个家庭。最小的孩子经常是整个家庭的栋梁，这件事并非偶然。人们都知道这一点，并编了许多有关最小儿子的力量的故事。事实上，他是处在一个相当有利的情境中：父亲、母亲、兄姊，都会帮助他；还有许多事物可以激发他的野心和努力，同时又没有人从后面攻击他或分散他的注意力。

可是我们说过：在问题儿童的比例中占第二位的是来自最末的儿子。这种现象的原因通常都在于整个家庭宠惯他们的方式。被宠坏的孩子绝对无法自立。他丧失了凭自己力量获取成功的勇气。最小的孩子总是野心勃勃的，但是大多数富有野心的孩子都是懒惰的孩子。懒惰是野心加上勇气丧失所得的结果；野心高得使人看不出有实现的希望时，自然会令人心灰意冷。有时候，最小的孩子不肯承认他有任何一种野心，但这是因为他希望在每一方面都超过别人，他希望不受拘束、唯我独尊。从最小孩子可能感受到的自卑感看来，这一点也很容易了解。环境中的每一个人都比他年长，比他强壮，此他经验丰富，他当然会常常自叹不如。

⑤独生子

独生子也有属于他自己的问题。他也有一个敌手，但是他的敌手并不是哥哥或姐姐。他竞争的感觉针对着他的父亲。母亲总是特别宠爱独生子的，她怕失掉他，想要将他置于自己的翼护之下。结果，他养成了所谓的“母亲情结”，终日系在母亲的围裙带上，并想把父亲逐出家庭的圈子之外。假使父亲和母亲协力合作，让孩子对他们两人都感到兴趣，这种情形是可以避免的，可是大部分的父亲对孩子的关怀总是不及母亲。独生子和长子常常是非常相像的：他们想要征服父亲，他们喜欢年纪比自己大的人。独生子经常深怕自己会有弟弟或妹妹。家庭的朋友常常会说：“你该有个小弟弟或小妹妹了！”他对这种预言却深恶痛绝。他要永久作为众人注意的中心，他真的觉得这是他的权利，假使他的地位受到挑战，他会认为那是大不公平的事。在以后的生活中，只要他不再是众人注意的中心，他便会发生种种问题。另一种可能妨碍其发展的危险是他诞生在小心翼翼的环境中。如果他的父母由于身体上的原因不能够再生育了，那么我们该做的唯一事情就是尽力帮他解决独生子可能遭遇的问题。但是，在可能生育更多孩子的家庭中，我们也经常可以发现独生子。这种父母过分胆小和悲观，他们觉得他们无法解决孩子太多所造成的经济负担。家庭中的气氛充满了焦虑，孩子也感受到不良影响。

如果孩子们出生的时间相隔太远，每个孩子都会有某些独生子的性格。这种情形并不是很理想的。经常有人问我：“你认为家庭中孩子的年龄最好应相差多少？”“孩子们是应该紧接着出生，还是应该间隔较长的时间？”依据我的经验，我认为最理想的间隔是大约三年。在三岁之龄，若是较小的孩子出生了，他也能表现出合作行为。他的智力已经足以了解；在家庭中可以不止有一个孩子。假如他只有一岁半或两岁，我们无法和他讨论，他也无法了解我们的道理。因此我们也不能让他准备即将到来的事情。

在全部是女孩子的家庭中长大的独生男孩，也会面临一段艰苦的时光。他处在全部女性的环境中。父亲大部分的时间都不在家，他举目所见，只有母亲、姊妹和女仆。由于觉得自己与众不同，他会在孤独中成长。尤其是“女生们”一起联合起来对付他时，更是如此。她们觉得她们必须一起教育他，或者她们想要证明他没什么值得骄傲的。因此便造成了大量的抗拒和敌意。如果他正好排行中间，他可能是站在最糟糕的位置——他会腹背受敌。如果他是长子，他便有一个很厉害的女性竞争对手紧跟不放。如果他是最小的孩子，他可能被当成一个玩物。在女孩子之间长大的男孩，都是属于不太讨人喜欢的类型。如果他能参加社交活动，和其他的孩子们交往，那么这个问题便能获得解决。否则，在女孩子的环绕下，他的作风也会带上女孩味道。纯粹女性的环境和男女混合的环境是完全不同的。倘若有家公寓，其中没有硬性的规定，可以让居住的人听凭自己口味任意布置，你可以断定；如果住的人是女性，这家公寓一定整整齐齐，有条不紊，它的色彩经过特别选择，各处细微小节也都受到慎重注意。假如男性住在里面，它大概就不会这么整洁了，其中可能充满紊乱，喧闹和破旧的家具。在女孩群中长大的男孩会带有诸如此类的女性口味，并对生活有女性化的看法。

反过来说，他也可能强烈地反抗这种气氛，而非常重视自己的男性气息。若是如此，他会时时防卫自己，免得受到女性的驾驭。他会觉得：他必须肯定自己的不凡和优越；因此他会时时感到紧张。他会往极端的方向发展，若不是变得非常强壮，就是非常软弱。这是一种值得研究和探讨的情况；它不是时时都有的，在我们做进一步的讨论之前，我们必须研究更多的个案。同样的，在男孩子中长大的女孩子，也很容易发展出非常女性化或非常男性化的气质。在生活中，她经常会觉得受到不安全感和孤立无助的威胁。

每当我研究成人的时候，我总会发现：他们在儿童早期留下的印象是永远不可磨灭的，它会在他的生活样式上留下了无法拭去的印记。发展的每种困难都是由家庭中的敌意和缺乏合作所引起的。如果我们环顾我们的社会生活，并问为什么敌对和竞争是它最显著的一面——事实上，不仅我们的社会生活，我们的整个世界都是如此——那么我们便会认识到：人类都是在追求着想要成为征服者，想要超越并压垮别人的目标。这种目标是早年训练的结果，也是觉得自己在家庭中未曾受到平等待遇的儿童努力奋斗，拼命竞争的结果。我们要避免这一类的害处，唯一的方法就是给予儿童更多的合作训练。

6. 学校的影响

学校是家庭的延长。假使父母能够负起对孩子们教育的全部责任，让他们能够适当地解决生活中的各种问题，那么便没有学校教育的必要了。在某些国家的文化里，经常有儿童完全在家中受教育的情形。工匠会教他的儿子各种生活能力，他会把他从父亲处传授下来的技巧，和从自己实际经验中悟得的本领，传授给他们。然而，我们现代的文化却对我们做出更为复杂的要求，因此，我们需要学校来减轻双亲的负担，并继续他们未完成的工作。社会的生活需要它的成员接受比他们在家庭中所能受到的更高的教育。

①老师的角色

当孩子初次上学时，他面临着社会生活的一种新试验。这场试验会显现出他发展中的任何错误。现在，他必须在一个比以前更为广阔的场合里与人合作，如果他在家中受宠惯了，他很可能不愿意离开他那种受人保护的生活，而和别的孩子打成一片。因此，在被宠坏孩子的学校生活的第一天里，我们便能看出其社会感觉的限制。他可能大哭大闹，吵着要回家。他对学校的工作和他的老师都不感兴趣。老师说的话，他也听不进，因为他始终都在想着自己。我们不难想象：如果他继续只对自己有兴趣的话，他在学校中会落后于人。常常有父母向我们述说：某个问题儿童在家中一点都不惹麻烦，可是一到学校，问题便来了。我们会怀疑：这个孩子在家里可能觉得自己所处的情境特别舒适。在这里，他不必接受考验，他个性发展中的错误也不会表现出来。可是，一到学校之后，他不再受到恩宠，他觉得这个情境对他是一种打击。

有一个孩子，从他上学第一天起，便什么功课也不愿学，只是在嘲笑老师说的每一句话。他对学校的任何工作都丝毫不感兴趣，大家都以为他可能是低能儿童。当我看到他时，我对他说："大家都奇怪你为什么老是讥笑学校。"他回答道："学校是父母们搞出来的一场笑话。他们把孩子送进学校，教成傻瓜。"因为他在家里时常受人嘲弄，他相信：每一个新环境都是要寻他开心的诡计。我向他指明：他太过分强调维护自己的尊严了，并不是每个人都想愚弄他的。结果，他使自己对学校工作开始发生兴趣，并有了显著的进步。

注意儿童的问题，纠正父母的错误；是学校教师的工作。他们会发现：有些儿童已经准备好要接受更广阔的社会生活；他们在家里已经受过训练要对别人有兴趣。有些则未做好这种准备；当一个人对某一问题没有准备时，他会举棋不定，或畏惧退缩。落后于人而又不是心智低能的儿童，多是在社会生活的种种问题面前犹疑不决；教师的地位最适于帮助他应付他眼前的新情境。

但是，他要怎么帮助他呢？他要做的事情必须和母亲应该做的事一样——和学生联系在一起，并对他发生兴趣。他绝不能只用严厉和惩罚。假使一个孩子到学校后，发现自己很难和老师或同学沟通来往，最坏的对待方法就是批评他或责备他。这种方法只是让他有充分的借口来讨厌学校。我承认：如果我是个在学校里经常受到冷嘲热讽的孩子，我对老师们也会敬而远之的。我会避开学校，设法向新的环境另谋发展。顽劣而难以管教的坏学生，大多数是把学校视为令人不快的场所，而时时想逃学的孩子。他们并不是真的愚笨，在编造不去上学的理由或模仿家长的签字时，他们经常表现出很高的天分。在学校之外，他们会找到志同道合的逃学孩子。从这些同伴处，他们获得了在学校里无法得到的赞赏。这样，能够让他们感到兴趣，并让他们觉得自己有价值的圈子，不是学校，而是问题少年的组织。在这种情境里，我们可以看到不能被班上同学视为自己团体一分子的儿童，如何使自己踏入犯罪之途。

如果老师想要吸引儿童的注意，他必须先了解这个儿童以前的兴趣是什么，并设法使他相信：他的这种兴趣以及其他兴趣上都能获得成功。当儿童对某一点有自信时，要在其他各点上刺激他，便容易得多了。因此，从开始时，我们便应该发现孩子对世界是抱有何种看法，最吸引其注意力而且训练程度最高的感官，又是那一种。有些孩子对观看东西最感兴趣，有些喜欢聆听，有些则好运动。视觉型的儿童对必须运用眼睛的学科，例如地理或绘画等，比较容易产生兴趣。老师讲课时，他们可能不听，因为他们不习惯于听觉的注意。这种孩子如果没有用眼睛学习的机会，他们便会赶不上别人。大家可能认为他们是能力不足或缺乏才智，而归罪于遗传。其实，老师和家长也难逃过错，因为他们没有找出使孩子发生兴趣的正确方法。我的意思并不是要对这些儿童施以特殊教育，但是我们却应该利用他某种高度发展的兴趣，鼓励他在其他方面也培养兴趣。现在已经有些学校施行视听教学，把教材可以由各种感官同时接受的方式，教给学童。例如，把绘画和塑像和课程合并在一起等等。这是一种值得鼓励并应进一步推广的办法。教授课程最好的方式就是和生活的其他部分紧密连接，使孩子们能够看出这种教导的目的和他们所学之物的实用价值。也许有人会问：直接把教材传授给孩子，和教他们自己思考，两种方法何者为佳？依照我的看法，这个问题中的对立观念？是太刻板了。这两种方法是可以联合运用的。例如，教孩子把建造房子和数学联系在一起，让他算出需要多少木材，里面可以住多少人等等，对他掌握知识一定有很大帮助。有些课程很容易放在一起教，而我们也可以请到许多专家来把生活的一部分和其他部分联系起来。例如，老师可以和学生们一起散步，找出他们最感兴趣的东西是什么。同时，他还可以教他们了解动物和植物的构造，植物的进化和利用，湿度的影响，国家的地理形状，人类的历史等，涉及生活的每一方面。当然，我们必须先要求这位老师对他所教的学生真正感到兴趣，如果不能达到这个先决条件，我们便无法期望他会以此方式教育孩子。

②人格的训练

在我们现行的教育制度下，通常我们都会发现：当孩子开始上学时，他们对竞争的准备远较对合作的准备充分。在学校生活中，恰恰又是对竞争的训练持续不断。就孩子而言，这是一种不幸。假如他击败了别的孩子，遥遥领先于别人，他的不幸并不见得比屈居人后而万念俱灰者少。在这两种情况下，他都会变得只对自己感兴趣。他们的目标将不会是奉献和施舍，而是夺取能供自己享用的一切。正如家庭应该团结一致，各成员都是团体中平等的一分子一样，班级也应该如此。只有依此方向施予教育，孩子们才会真正彼此感到有兴趣，并享受到合作的快乐。我看过许多有问题的儿童，在经过和同伴合作并分享乐趣之后，态度便完全改变了。我可以特别提出一个儿童为例。他出身自一个他觉得每个人都与他为敌的家庭，他以为在学校里大家也会和他作对。他在学校的功课很差，当他父母听到这个消息后，便在家里“修理”他。这种情况是经常发生的：孩子在学校里拿了一张坏成绩单，挨了一顿骂；把它带回家后，又受到惩罚。这种经验一次便已经叫人很丧气了，连续两次惩罚简直是恐怖之事。这个孩子因此而在班上调皮捣蛋，成绩也始终不见起色。最后，他遇见了一位善解人意的老师，他向其他的同学们解释这孩子为什么觉得人人与他为敌，他要求大家帮助他，让他相信他们是他的朋友。结果这个孩子的行为有了出人意料的改善。

有时候，人们会怀疑我们是否真正能用此方式来教导孩子了解别人并帮助别人，但是根据我的经验，孩子经常是比他们的长辈更善解人意的。有一次，有位母亲带了她的两个孩子，一个两岁的女儿和一个三岁的男孩，到我的房间来。在母亲不注意时，小女孩爬上了一张桌子。母亲吓了一大跳，她怕得动也不敢动，只是大声叫道：“下来！下来”小女孩理都不理她。那个三岁的小男孩说道：“不准动！”女孩子马上就爬下来了。他比母亲更了解她，也更知道该怎么办。

经常有一种说法，主张要增加班级的团结与合作，最好的方法是让孩子们自治。但我认为：这种尝试必须在老师的指导之下，小心进行，并且必须先肯定他们已经具备了这种能力。否则，我们会发现：孩子们对他们的自治并不十分严肃，他们只把它当作一种游戏。结果他们可能比老师更严厉、更苛刻；他们可能利用班会来争权夺利，攻击别人，排斥异己，或争取优越的地位。因此，从开始时，教师就应该给予注意和劝告。

③智商，一种错误的判决

如果我们想看出一个儿童当前心智发展、性格、及社会行为等各方面的状况，便无法避免使用各式各样的测验。事实上，有时候如智力测验之类的测验，也能作为救助孩子的工具。例如，有个孩子在学校中的成绩很差，老师希望能让他留级。经过智力测验后却发现他其实是可以升级的。然而，我们应该了解：一个孩子未来发展的限度是绝对无法预测的。智商只能够用来帮我们认清一个孩子的智力困难，让我们找出克服它们的方法。在我自己的经验里，当智商显现出某人并不是真正的心智低下时，只要我们找出正确的方法，我们便能使他的智商再发生变化。我发现：让孩子们玩智力测验，熟习它们，发现其中奥妙，并增加实际考试的经验，他们的智商便会有所增进。因此，智商不应该被当作是由命运或遗传决定的对儿童未来成就的限制。

而且，儿童本身或他的双亲也都不应该知道他的智商。他们并不知道这类测验的目的，他们以为这是一种最后的判决。在教育中引起最大困难的，并不是儿童本身的各种限制，而是他认为他具有的各种限制。假使一个儿童知道他的智商很低，他可能变得没有希望，相信成功已与他无缘。在教育里，我们应该全力设法增加儿童的勇气和信心，并帮他清除由于他对生活的解释，而为自己的能力订下的各种限制。

对于学校的成绩单也应该如此处理。当老师给某个学生一个很坏的成绩时，他相信他是在刺激他发奋向上。然而，假使学生的家里对他要求很严，他可能就不敢把成绩单带回家。他可能涂改成绩单或不敢回家。在这种情况下，有时候孩子们甚至会自杀。因此，教师应该考虑到这些可能的后果。他们虽然不必负责孩子的家庭生活以及对孩子的影响，但是他们却应该将之列入考虑范围之内。如果父母亲望子成龙之心甚切，当他把坏成绩带回家时，可能就会受到痛责。假如老师分数打得稍微宽松一点，儿童可能会受到激励，继续努力，而获得成功。当孩子成绩老是不理想，其他的同学也都认为他是班上最糟糕的学生时，他自己可能也这么想，觉得自己是无可救药了。然而，即使是最坏的学生也会有所进步的；在许多名人之中，就有足够的例子显示出：在学校中屈居人后的孩子，是可能恢复其勇气和信心，并达成伟大成就的。

有件很有趣的现象，就是孩子们自己即使不凭成绩单的分数，对彼此之间的能力也会有相当精确的了解。他们知道：在数学，书法，绘画，体育各门科目里，那一个人是最拿手的，他们也能够区分出自己的高下。他们最常犯的错误就是相信他们再也无法进步了。他们看着别人遥遥领先，认为自己永远无法追上。如果一个孩子对这种看法非常固执，他会把它移转到以后的生活环境中。即使是在成年后的生活里，他也会算计着他的地位和别人之间的距离，以为自己必须永远停留在这一点上。大部分的儿童在不同的学期间，大致会保持班上相同的名次。有的总是名列第一，有的排于中间，或居于人后。它显示出他们为自己订下的限制，他们的乐观程度，以及他们的活动范围。大家绝不是不知道：在班上名列后盾的人也能改变他的地位，并做出惊人的进步。儿童们应该了解这种自我限制所犯的错误；老师和学生也都应该放弃“一个儿童的进步取决其天赋能力”的迷信。

④遗传，不可信的限制

在教育中所犯的各种错误里，相信遗传可限制发展，是最糟糕的一种。它让老师和家长们对他们子女的管教无方有了逃脱的遁词。他们可以不必为他们对儿童的影响负任何责任。像这类想逃避责任的企图，其实都应加以批驳。从事教育的人如果能够把性格和智力的发展全部归之于遗传，那么我们便看不出他在他的职业领域还能有什么可干的事。反过来说，如果他看出他自己的态度和措施能够影响孩子，他就不能以遗传的观点来逃避责任。

在这里，我谈的并不是身体上的遗传。那些器官缺陷的遗传是毫无问题的。我相信，只有在个体心理学里，才真正了解这种由遗传而来的缺陷对心灵发展的影响。孩子们在心里会体验到他器官功能作用的程度；他会依照对自己能力的判断，来限制自己的发展。因此，假使一个孩子蒙受了器官缺陷之害，他便特别需要理解：他并没理由认为自己在智力或性格方面也会受到限制。在前面，我们已经说过：同样的身体缺陷，可能被拿来作为更大努力及求取更高成就的刺激，也可能被当作是注定要妨害其一生发展的一种阻碍。

最初，当我发表这个结论时，有很多人都批评我是不科学的，他们指责我主张的只是和事实完全不符的私人信念而已。然而，我的结论却是从我的经验中提炼出来的，有利于它的证据也愈累积愈多。现在，许多精神病学家和心理学家也都殊途同归地获得了同样的看法，认为性格中有遗传成分的信念只能称为迷信而已。这种迷信已经存在数千年了。当人们想要逃避责任，并对人类行为采取宿命论的观点时，性格特征是来自遗传的理论便自然而然地出现。它最简单的形式就是“人之初，性本善”或“性本恶”的说法。这种说法显然是站不住脚的，只有逃避责任的欲望很强的人才会坚持它。“善”“恶”，像其他各种性格的表现一样，只有在社会环境中才有意义。它们是在社会环境中和同类相互交往所得的结果，它们蕴含了一种判断，“顾全他人的利益”，或“违反他人的利益”。在孩子降生之前，他并没有这一类的社会环境。出生之后，他的潜能使他往任何一个方向发展。他所选择的途径决定于他从环境和从自己身体所接受到的感觉和印象，以及他对这些感觉和印象的解释。此外，它还特别受教育的影响。

其他心理功能的遗传性也都是如此，虽然它们的证据没有这么明显。心理功能发展中的最大因素是兴趣；我们已经说过，能够妨碍兴趣的，并不是遗传，而是灰心或对失败的畏惧。不用说，大脑的结构是由遗传得来的；但是大脑只是心灵的工具，而非其根源，而且，假使大脑的损伤尚未严重到我们目前的知识无法挽回的地步，它也能够接受训练，补偿其缺陷。在每种异乎凡庸的能力后面，我们所看到的，并不是异乎寻常的遗传，而是长期的兴趣和训练。

即使我们发现有许多家庭，一连几代都产生出天赋甚高的人才献身于社会，我们也不认为它是出自遗传的缘故。我们宁可假设：这个家庭中某一分子的成功，可以刺激其他人奋发向上，而且家庭的传统也使得孩子们在耳濡目染中，能承继先人的志趣。因此，比方说，当我们发现大化学家莱此西（Leibig）是药房老板的儿子时，我们也不必想象他在化学方面的能力是得自遗传。我们只要知道：他的环境允许他发挥自己的兴趣：在其他孩子对化学仍然一无所知的年龄，他对这门学问的许多部分就已经相当熟悉，这样便已经够了。莫扎特的双亲对音乐很感兴趣，但是莫扎特的才能也不是由遗传得来的。他的父母希望他对音乐产生兴趣，因此特别鼓励他往此方向发展。从他幼年时代起，他的整个环境便充满了音乐。在杰出文学艺术家之中，我们经常可以发现这种“早期的开始”：他们或者在四岁之年便开始弹钢琴，或者在很小的时候就为家里的其他人写故事。这种兴趣是延续而持久的。他们所受的训练是自然而广泛的。他们为自己的兴趣一往无前，不犹疑，也不退缩。

倘若教师自己就相信发展有固定的限制，那么他便无法成功地消除儿童为他自己的发展所订下的限制。如果他能对孩子说："你没有数学才能，"那他的处境便轻松多了，可是，这样做法除了使孩子泄气外，便毫无他用了。我自己也有类似的经验。我在念书时，有好几年都是班上的数学低能儿，我也十分相信我是完全缺乏数学才能。很幸运地，有一天，我竟然出乎意料地发现自己会做一道难题了！这次成功改变了我对数学的整个态度。以往，我的兴趣完全没放在这门功课上。那次之后，我开始能以它为乐，并利用每个机会来增加我的能力。结果，我在学校里成了少数数学佼佼者之一。我想，这次经验在帮我看出特殊才能或天生能力理论的错误时，也是很有助益的。

7. 青春期

讨论青春期的书籍可称是汗牛充栋，它们在处理这个题材时，几乎都把它当作是可以使个人的性格整个发生改变的危险时期。在青春期中固然有许多危险，但是它并不能真正的改变人格。它把正在成长中的孩子带入新的情境，接受新的考验。他会觉得他已经接近生活的前线了，在他生活样式中一直未被发现的错误开始显现出来。当它们出现时。饱经世故的人总可以洞察到它们。它们现在已经变得很明显，不容再加以忽视了。

①青春的证明

几乎对每个孩子而言，青春期中最重要的一件事情就是：他必须证明他已经不再是个孩子了。我们也许可以设法让他相信：这是件理所当然的事情。假使我们做到了这一点，这个情境中的紧张气氛便能消除掉许多，假使他觉得他一定要证明它，当然他会过分强调他的立场。青春期有许多种行为都是出自表现欲：独立性、和成人平等、男子气概或女人作风等等的欲望。这些表现的方向决定于儿童对“成长”的意义持何种看法。如果“成长”的意思是指不受控制，孩子就会开始反抗各种拘束。有些孩子在这段时间里开始学抽烟，用脏话骂人，或深夜不归。有些会出人意料地反抗他们的父母，他们的双亲对这个一向听话的孩子为什么突然变得如此桀骜不驯，也深感大惑不解。听话的孩子也许一直对父母抱有反感，但是只有现在，他有了较多的自由和力量时，他才敢将他的敌意宣布出来。有一个经常被父亲责骂的孩子，在表面上显得安静而顺从，可是私下却在等待若报复的机会。当他觉得自己羽翼丰满后，便借机向父亲寻衅，殴打了父亲，再离家出走。

大部分的孩子到了青春期都会享有较多的自由和独立。父母亲不再觉得他们有监护他的权利。假使父母亲想再继续监督他，他必定会更努力的设法摆脱开他们的控制。双亲愈是想证明他还是个小孩子，他愈是反其道而行。从这些争斗中，会发展出一种反抗的态度，结果便构成“青年反抗主义”的典型个案。

我们无法给青春期的阶段订下严格的界限。它通常是由十四岁左右到二十岁，但是有些孩子在十一、二岁时，便已经进入青春期了。身体的各部分器官在这段时间都加速发展，有时候，它们的功能之间便很不容易顺利协调。孩子们身高增长，手足加大；但却可能变得不灵活。他们需要再训练这类器官的协调，但在这过程中，如果受到别人的讥笑或批评，他们会相信自己真的是笨手笨脚的。孩子的动作如果被人讥笑，他就会变得愈发笨拙。内分泌腺对儿童的发展也有影响，它们会促进其功能。然而这并不是由有到无的全然改变，内分泌腺在出生之前便已经开始作用，但是现在它们的分泌增多，第二性征也更为明显。男孩会开始长胡子，声音也变得粗哑。女孩的体形逐渐丰满，变得更女性化。而这些正是常常使青年人感到惶惑的事情。

②走向成人的挑战

有时候，对成年期生活准备不足的孩子，在职业、社交、爱情、和婚姻等各种问题一起迫近时，会觉得恐慌异常。对于职业，他找不到能够吸引他的工作，而认为自己终将一事无成。对于爱情和婚姻，他对异性总是忸怩不安，遇见他们时，会慌乱不知所措。假使异性和他说话，他会面红耳赤，无言以对。他会一天比一天地感到绝望，最后，他对生活的所有问题都觉得厌烦，也没有人能再了解他。他不注意别人，不跟他们说话，也不听他们的话。他不工作，也不读书，只终日幻想，和进行一些粗鄙的性活动。

这是称为“早发性痴呆”（dementia praecox）的精神错乱。但是，这种病症其实只是一种错误而已。如果能够鼓励这种儿童，证明他走的道路不对，并指点出正确之途，他便能霍然而愈。但是，这个工作并不简单，因为他的整个生活以及过去生活中所学到的都必须被纠正过来。过去、现在、和未来的意义都必须以科学的眼光重新检讨，不能只凭私人的想法妄加臆测。

青春期的所有危险，都是由于对生活的三大问题缺乏适当的训练和准备所造成的。如果孩子们对未来心怀畏惧，他们自然会以最不费力气的方法来应付它。然而，这种简单的方法却是没有用的方法。孩子们愈被命令、告诫、批评，他们愈觉得彷徨不知所从。我们愈推他向前，他会愈往后退缩。除非我们能够鼓励他，否则想帮助他的努力都会徒劳无功，甚至更伤害到他。由于他是如此的悲观和胆小，我们无法期望他会自发自动的激励奋发。

有些孩子在这段期间会希望自己留在儿童时代，永远不要长大。他们甚至以儿语说话，和比他们小的孩子们一起玩，装得像婴孩般的忸怩作态。但是，绝大多数的人都会竭尽所能仿效成人的一举一动。他们也许没有真正的勇气，但是却要扮出一副类似成人的怪相：他们模仿大人的姿态，满不在乎的花钱，调戏异性并做爱。在某些棘手的个案中，孩子们还没有看清该用什么途径来应付生活的问题，便迫不及待地胡作非为，于是就从此开始了犯罪生涯。这种情况尤其是在他少年时曾犯过罪，而又未被发现，因此自以为聪明得可以避尽天下耳目时，最容易发生。犯罪是在生活问题面前逃避的简捷方法之一，特别是在经济问题面前。因此，在十四岁至二十岁之间的少年犯罪，便有急遽增加的趋势。在此，我们面临的并不是一种新的情境，而是较大的社会和家庭压力把儿童时期便已经存在的暗流激发出来。

如果个人的活动程度较小，他逃避生活问题的简捷方式便是神经病。在这些年龄之间，有许多孩子开始患上官能性疾患和神经失常。每一种神经病的病症，都是不必降低个人的优越感，便能找到拒绝生活的借口。神经病症出现在个人面临社会性的问题；而又不准备以符合社会要求的方式来解决它的时候。这种困难会造成高度的紧张。青春期身体的情况对这种紧张特别敏感，所有的器官都会被它激动，全部的神经系统也都会受其影响。器官的不舒适也可以作为犹疑和失败的脱身之词。在这类个案中，个人不管是私下还是在他人面前，都会因为他的病痛，而认为自己可以不必负担任何责任。这样便构成了神经病。每一个神经病患都表现了最诚挚的意愿，他十分了解社会感觉和应付生活问题所需要的是什么，只有在他的病症里，他才能逃开这种普遍的要求。而能够使他释下重负的，只是神经病本身。他的整个态度似乎在说："我也急着要解决我的问题，但是我的病却叫我无能为力。"这一点就是他和罪犯的不同之处。后者经常是毫无顾忌地表现出他的不良意愿，他对他的社会感觉已麻木不仁了。我们很难决定它们那一个对人类利益的损害较大。神经病患的动机虽很善良，但是撇开他的动机不谈，他的行动却是讨人厌、自私，而有意要妨害别人的。罪犯虽然不掩饰他的敌意，可是却要咬紧牙根压抑下他剩余的社会感觉。

有许多青春期的失败者在小时候都是被宠坏的孩子；由这一点不难看出：对习惯于事事都要别人服侍的儿童，成人的责任是一种特殊的重担。他们仍然希望受人宠爱，但是当他们年岁渐长，他们发现他们已经不再是众人注意的中心了。他们是在人造的温暖气氛中长大的，现在他们却发觉外界的空气冷酷刺骨。因此，他们责怪生活欺骗了他们，害得他们失败。此时，我们便能发现他在进步的路上的开倒车。这一类的孩子大多数会在读书和工作方面开始失败，以前看起来天资没有他们高的儿童，会超过他们并表现出出人意料的能力。这和他们以前的历史并不相冲突。也许一直非常受人重视的孩子，现在会开始害怕辜负别人对他的期望，只要他继续受到帮助和赞赏，他便能鼓足勇气前进，但是当环境需要他做独立的奋斗时，他就勇气全失，向后退却。别人则会被这种新的自由所激励。在自己面前清楚地看到达成其雄心之路。他们心中充满了新的构想和新的计划。他们的创造性生活开始弓上弦，剑出鞘，他们对人类活动各方面的兴趣也变得鲜明而热烈。这些都是能勇毅不坠的孩子，对他们而言，独立的意义并不是困难或失败的危险，而是获取成就和奉献别人的更广阔机会。

以前一直觉得受人轻视的儿童，现在可能因为和同伴的接触增加，而开始孕育出他们也能被人欣赏的希望。他们有许多人非常醉心于争取别人的赞赏。男孩子假使只想寻求别人的夸奖，那是相当危险的；不过女孩子通常都比较缺少自信，她们把别人的欣赏当作是证明他们价值的唯一方法。这种女孩子很容易落入男人的圈套。我常常发现：有些女孩子觉得自己在家中不受欣赏，便开始和男人发生性关系，这不仅是要证明她们已经长大了，而且还因为她们希望用这种方法来获得一种能够被欣赏和被注意的地位。

且让我举一例：有一个出身贫寒的十五岁女孩子，她有一个哥哥，从幼年时代起，便一直体弱多病。她的母亲不得不对他额外注意。当她出生时，她母亲也没能好好照顾她。不仅如此。在她的幼年时代，她的父亲也卧病在床，他的病更占去了母亲原应照顾她的许多时间。

因此，这个女孩子从小就了解被人照顾的意义是什么。她很注意这件事，一直盼望着能够多受人照顾，但是她在家中却总是无法达成所愿。后来，母亲又生了一个妹妹，这时父亲虽然也痊愈了，母亲却又将全副心力转移到妹妹身上。结果，这个女孩子觉得自己是唯一没有受到宠爱和温情的人。她继续拼命奋斗；在家中，她是好孩子，在学校，她是好学生。由于她的成功，父母决定让她继续她的学业，把她送到一所新学校去读高中。最初，她不了解这所新学校的教导方法，她的功课开始赶不上别人，老师因此批评了她几句，她却觉得万念俱灰了。她急着要得到别人的激赏。本来家里没人宠爱她，学校如今又如此，她该怎么办才好？

她环顾四周，想找一个了解她的人。几经尝试后，她离家出走，和一个男人一起生活了十四天。她的家里对她的行为忧虑万分，而到处找寻她。结果发生的事，是我们所能料及的。她很快就发现自己仍然不能为人所欣赏，而开始后悔自己做出的荒唐事。自杀是她的第二个念头，她送了一张便条回家："不要为我担心。我已经服了毒药。我很快乐。"事实上，她根本没有服毒，她之所以这样做，原因也不难了解。她的父母事实上是对她很慈爱的，她觉得她还能博得他们的同情。结果她不自杀，只是等着母亲来找到她，把她带回家。如果这个女孩子也像我们一样：知道她所追求的其实只是受人欣赏而已，那么这场风波就不会发生了。如果她高中的老师也了解这一点，他必定能事先予以防范。以往这个女孩子的学校成绩好，甚至一直是非常杰出的，使她对这一点相当敏感，新学校老师只要对她稍微加以注意，那么她的情况就不会令她走入歧途。

在另一个案中，一个女孩子出生在一个父、母亲性格都很柔弱的家庭里。她的母亲一直想要个男孩，对这个女孩子的降生自然是大失所望。她一直很瞧不起女性的地位，她的女儿也难免受其影响。她不止一次地听见母亲对父亲说："这个女孩子一点都不讨人喜欢，她长大后，也一定没人会喜欢她的。"或"她长大后，我们该拿她怎么办呢？"在这种不良的气氛下度过十几年之后，她看到了母亲的一个朋友写给母亲的一封信，信中为了她只有一个女儿而安慰她，并说：她还年轻，将来总会有男孩子的。

我们可以想象这个女孩子会有什么感觉。几个月以后，她到乡下去访问她的一位叔叔。在那里，她遇见了一个智力很低的乡下男孩，并且变成了他的情人。后来，他，甩掉了她，但是她依旧对他一往情深。当我看到她时，她已经拥有一大群的男朋友，可是却没有那一个人能令她称心如意。她来找我。是因为她现在患有焦虑性神经病，不敢单独一个人出门。当她对获取别人欣赏的某种方法觉得不满意时，她就会试用另一种，现在，她是以身体的病痛来叫她的家庭为她感到烦恼。除非她放弃她的悲观，否则别人便对她束手无策。她哭泣，以自杀作为威胁，把家中闹得鸡犬不宁。我们很难让这个女孩子认清她的处境，也很难让她相信：她的青春期，把设法脱离被轻视的感觉这件事看得太重了！

③性的吸引

在青春期，男孩子和女孩子都会过分重视性关系，并加以渲染。他们希望证明他们已经长大了，结果却矫枉过正。例如，假使一个女孩子相信自己一直受着母亲的压迫，而意图反抗，她就很可能任意和她遇上的男人发生性关系，作为反抗的手段。她根本不在乎母亲知不知道，其实，假使她能叫母亲为她担心的话，她才高兴呢！因此，我经常发现：有些女孩子在和父、母亲争吵过后，便跑到街上，和她遇见的第一个男人发生关系。这些女孩子以前一直都被认为是很乖的，教养较好的，根本没有人料想到她们会做出这种行为。我们能够了解：这些女孩子并不是真的罪恶深重。她们只是想法错误；她们觉得自己是处于卑下的地位，而这行为又是她们所能想象到的获取较优越地位的唯一方法。

有许多被宠惯的女孩子发现自己很难于适应女性的角色。在我们的文化中，有一种根深蒂固的想法，认为男性总比女性优越，结果她们便不喜欢身为女性，而表现出我所谓的“男性的钦羡”。对男性的钦羡可以表现在许多种不同的行为里。有时候，我们看到她们讨厌男人并回避男人。有时候，她们虽然喜欢男人，可是和他们在一起时却忸怩不安，说不出话来。她们不愿意参加有男人的集会，面临性的问题时，也不能十分自在。当她们年岁渐增时，她们口里说自己也急着想结婚，但是却完全没有行动表现，她们不接近异性，也不和他们为友。有时，我们发现在青春期对女性角色的厌恶会表现得更为激烈。女孩子的举止比以往更带有男孩子的气息。她们希望模仿男孩子，对于他们的恶行劣迹，如抽烟、喝酒、说脏话，成群结党，放肆滥交等方面模仿起来，实在是轻而易举。

她们对自己行为的解释经常是：如果她们不这样做的话，男孩子们就不会对她们感兴趣了。在对女性角色的厌恶更进一步发展的场合，我们会发现同性恋，卖淫，或其他种性欲倒错。所有的妓女从生活的早年起，就有一种根深蒂固的想法，认为没有人喜欢她们。她们相信自己是天生要扮演低贱角色的，她们永远无法赢得任何男人的真情和兴趣。我们不难了解：在这种环境下，她们是多么容易自暴自弃，并轻视自己的性别角色，认为它只不过是一种赚钱的工具而已。对女性角色的厌恶并不是在青春期才产生出来的，我们发现：这种女孩子从她儿童时代起，便讨厌自己身为女孩子；只是在儿童时代，她们没有表现出这种厌恶的需要和机会罢了！

并不是只有女孩子才会有对男性的钦羡。所有把身为男性的重要性过分高估的孩子，都能把男性化当作是一个理想，而怀疑自己是否强壮得足以达到这种强壮。因此，在我们的文化中对男性化的强调也会使男孩子发生和女孩子同样的困难，尤其是他们对自己的性别角色不十分肯定的时候。有些小孩子长到相当大的时候，对自己的性别可能发生改变一事，还半信半疑；因此，从两岁起，我们就应该让孩子们很清楚地知道他们是男孩子，还是女孩子。有时候，外表长得像女孩子的小男孩，也会有一段特别困难的时光。陌生人常常会看错他的性别，即使是家里的朋友也可能对他说："你实在应该是个女孩子的。"这种孩子很可能把自己的外表当作是一大缺憾，并且认为爱情和婚姻的问题是对自己的严重考验。对扮演自己的性别角色没有信心的男孩子，在青春期间，会有模仿女孩子的倾向，他会变得带有脂粉气，并拥有被宠坏女孩子的恶习，如搔首弄姿，装腔作势，乱发小姐脾气等等。

即使是对异性的态度，也是在生活最初的四五年之间奠下基础的。性的驱力在襁褓时代的最初几个星期便已经相当明显，但是在它能作出适当的表现之前，却没有哪种东西能激发它。假使它没有受到刺激，它的出现必定是自然之事，我们不必大惊小怪。例如，当我们在婴孩一岁之时，看到他有区域的性激动征象，也不用害怕，我们应该用我们的影响力和这个孩子合作，让他不要只对自身发生兴趣，而要多注意环境。假如这种自渎无法阻止的话，那又是另一种情况了。此时，我们可以断定这个孩子别有用意：他不是性驱力的牺牲品，而是有意利用它来达成自己的目的。通常，这类小孩子的目标是吸引别人的注意。他们能够感到父母的惊讶和害怕。他们也知道如何捉弄父母。如果他们的习惯不能再达成吸引别人注意的目的，他们就会将之放弃。

我曾经强调：孩子们不应给予身体上刺激。父母们经常非常疼爱他们的孩子、他们的孩子也很喜欢他们。为了增加孩子们的情爱，他们总是搂抱他们，或亲吻他们。他们应该知道这不是正当的方法。他们不应该如此残忍。孩子们在心灵上也不应该受刺激。孩子们和成年人在回忆童年时，都经常告诉我：当他们在父亲的书房中看到某些春宫图书或观看到这类影片时，所引起的感觉。他们实是不宜观看这种图书或影片的。如果我们避免刺激他们，便不会发生问题了。

另外一种形式的刺激，是我们已经在前面说过的，供给孩子们不必要和不合时宜的性知识。有许多成年人似乎有一种散播性知识的狂热，他们深怕任何人长大后，对这方面仍然有一无所知的危险。其实，我们回顾自己的过去或研讨别人的历史，我们并看不到像他们预期的那种灾难。我们宁可等待孩子开始好奇而想知道这方面的事时，才告诉他们。如果父亲对孩子相当留意的话，即使他不开口，他们也会了解他的好奇心。倘若他把他们当作密友，他就会向他们发问，此时，他们应该以他能够吸收、了解这类知识的方式回答他。

还有，父母亲在孩子面前，最好也应该避免有过分亲密的表现。如果可能的话，孩子应该不要和父母亲睡在同一个房间里，或同一张床上。更理想的，是他也不要和哥哥或姐姐同一个房间。父母亲对其子女的发展应该密切注意，不要掉以轻心。如果他们对孩子的性格和目标没有认识，不知孩子日后能否负担起生活和工作的问题。我们就该训练所有的父母么？不是的，这个方案并不能带给我们多大的希望。父母们是很难掌握住的，最需要训练的父母都是最不愿意和我们见面的父母。我们无法接近他们，因此我们必须另觅他途。那么，我们是否应该把所有的儿童都集中起来，看着他们成长，并终日监视着他们？这个方案似乎也好不了多少。然而，我们却有一个实际可行的，而且又能真正解决问题的方法。我们可以利用教师作为推进社会进步的动力：我们可以训练教师来纠正儿童们在家庭养成的错误，并发展他们的社会兴趣，使之扩展到别人身上。这是学校自然的发展方向。由于家庭不能教导孩子应付日后生活的所有问题，人类才设立了学校，作为家庭的延伸。我们为什么不该利用学校来使人类更富社交性，更合作，对人类幸福更感兴趣呢？

你将会看到：我们所有的活动都必须以下列的理想为基础。简而言之：我们在现代文化中所享受的各种利益，都是许多人奉献出自己力量的结果。假使个人不合作，对别人不感兴趣，而且也不想对团体有所贡献，他们的整个生活必然是一片荒芜，他们身后也留不下一丝踪痕。只有奉献过的人，他们的成就才会保留下来。他们的精神会持续下去，他们的精神万古长存。如果我们以此作为教导儿童的基础，他们自然会喜欢合作。如果他们面临了困难，他们也不会示弱；他们有足够的力量来面对最艰难的问题，并以符合众人利益的方式来解决它们。

8. 职业问题

①人类的合作与分工

由于人类学会了合作，所以我们才形成了分工的方法；这是人类幸福的主要保障。假使每一个人都不愿意合作，也不愿继承过去人类的成果，而只想凭一己之力在地球上谋生，那么人类的生命必然没有再延续下去的可能。经由分工，我们可以利用许多种不同训练的结果，并将许多不同的能力组合起来，以使它们对人类共同的幸福有所贡献，保证人类的安全，增加社会上所有成员的机会。当然，我们不能夸口说我们已经达到尽善尽美的地步，也不能装得好像分工制度已经抵达其发展的最高峰。我们只能说，如果人们想解决就业问题，就可以或必须在人类分工合作的架构中占一席之地，并且为别人的利益奉献出我们的力量。

有些人试图要逃避这种职业的问题，他们不愿意工作，对人类共同的兴趣也漠不关心。然而，我们会发现：他们虽然不愿面对这种问题，但他们却总是恳求着别人的资助。他们依赖别人的劳力为生，自己本身却一无贡献。这是被宠坏孩子的典型生活样式：当他面临问题时，总是要求别人出力帮他解决困难。破坏人类的合作，并且把不公平的负担加在那些热心于帮助别人解决生活问题的人肩上的，主要也是这批被宠坏的孩子。

在此，我们愿意再重述一次：以尽母亲天职而对人类生活有所贡献的妇女，也像任何其他人一样，在人类的分工制度中占有崇高地位。如果她对其子女的生活抱有浓厚的兴趣，而努力要使其成为健全的公民，如果她致力于扩展他们的兴趣，并教之以合作之道，那么她对人类的贡献便是无可估计的。在我们的文化中，母亲工作的价值经常被过分低估，并且被视为不是很吸引人或很有尊严的工作。它只能获得间接的报偿，而以家庭作为主要工作的女性们通常在经济上也不得不依赖别人。然而，一个家庭的成功与否，母亲的工作和父亲的工作是同等重要的。不管母亲是在家主持家务或出外独立做事，她作为母亲的职业地位是绝不比她丈夫的工作低。

母亲是第一个影响其子女职业兴趣发展的人。在生命最初四五年间所受到的训练和努力，对孩子在成年后生活中的活动有决定性的影响。每当有人要求我做职业辅导时，我总会问他开始时情形如何，以及他在第一年时对什么东西最感兴趣。他对这段期间的记忆展示出他一直是在用什么思想来训练自己；它们表现出他的原形以及他的统觉。对于最初记忆的重要性，以后我还会回头再谈。

训练的第二步骤是由学校执行的；我相信我们的学校现在正逐渐增加对儿童未来职业的注意，并训练他们眼、耳、手等官能的技巧。这种训练和一般学科的教学是同样重要的。然而，我们不可忘记：一般学科的教学对儿童的职业发展也有不可磨灭的重要性。我们经常听到人们在以后的生活中诉说：他们已经把在学校中所学的拉丁文或法文完全忘光了，但是，这些科目仍然是应该教授的。由过去经验的综合，我们发现：在研究这些科目时，使得心灵的各种功能都有受到训练的机会。有些新式的学校特别注意职业训练和工艺训练，这种方式也能增加儿童的体验并提高他们的自信心。

②孩子最初的志愿

假使孩子从儿童时代便已经决定他将来喜欢从事那一种职业，那么他的发展便会简单得多。如果我们问孩子：他们以后想做什么事，他们大多会有一个回答。这种回答都不是经过详细考虑过的，当他们说以后要当飞机驾驶员或汽车司机时，他们也不知道自己为什么要选择这门行业。我们的工作就是要找出其潜在动机，以发现他们应该努力的方向，推动他们前进的力量，他们的优越感目标，以及他们要使其具体实现的方案。他们的回答只能让我们知道在他们心目中哪种职业是最优越的；可是从这个职业，我们还可以看出能帮助他们抵达其目标的其他机会。

十二岁至十四岁的孩子大致都应该清楚他们以后所要从事的职业，假使一个孩子到这个年纪还不知道自己将来要做些什么，那我真要为他们感到悲哀了。他在表面上的缺乏雄心并不意味着他对什么事情都不感兴趣。他可能野心勃勃，可是却没有足够的勇气来说出他的野心是些什么。在这种情况下，我们必须耐住性子来寻出他的主要兴趣并加以训练。有些孩子，在十六岁结束高中学业之时，对自己未来的职业仍然拿不定主意。他们虽然是品学兼优的学生，但是对以后的生活却一点主意也没有。如果详加注意，我们会发现：这些孩子大多野心勃勃，不过却不肯真正与人合作。他们没有找到他们在分工制度中所该走的途径，也无法及时寻出实现其野心的具体方法。因此，早一点问孩子们希望从事哪种职业，是很有必要的；我时常在学校里提出这个问题，来引导孩子思考这一点，以免他们将之忘却或隐藏其答案。我还问他们为什么要选择这种职业，他们通常都会很仔细地告诉我。在孩子们对某种职业的选择里，我们可以看出其全部的生活方式。他会告诉我们：他努力的主要方向和他认为生活中最有价值的东西是什么。我们必须任他选择他认为最有价值的职业，我们也无从判断哪种职业较高尚，哪种较低下。如果他脚踏实地地在做自己的工作，而且也专心致力于别人奉献出自己，那么他便是和任何其他人一样有用的。他的唯一职责就是训练自己，设法支持自己，并在分工缺席的架构中安置下自己的兴趣。

还有些人不管选择了那一种职业都不会感到满意。他们想要的不是一个职业，而是保证其优越地位的方法。他们不希望应付任何的生活问题，因为他们觉得生活根本就不应该向他们提出问题。这些人也是被宠坏的孩子，他们只盼望能获得别人的资助。对于大部分的人来说，也许有一天他们对最初四五年间所摸索出来的职业方向真正感到兴趣了，可是由于经济的因素或父母的压力，他们却不得不采取另一个方向，去从事一个他们不感兴趣的职业。这件事情更能证明儿童时期训练的重要性。如果我们在一个孩子的最初记忆中，发现他对视觉的事物有兴趣，我们便能推测他可能适合于必须运用到眼睛的职业。在职业辅导中，最初记忆是绝不可忽视的。有些孩子也许会提起某人对他说话的印象，或是描述风吹、铃响的声音，我们便知道他是属于听觉型的，而且可能适于从事和音乐有关的职业。在其他的回忆里，我们还会发现动作的印象。这些人比较偏好于活动，他们也许对需要户外工作或旅行的职业比较感兴趣。

人类最常见的努力之一是超越家庭中的其他分子，尤其是比父亲或母亲更进一步。这是一种很有价值的努力；我们非常乐于看到孩子们青出于蓝，而胜于蓝。而且，假使一个孩子希望在他父亲的行业中胜过其父亲，他父亲的经验便能供给他一个很好的开始。一个孩子的父亲如果服务于警界，他通常都会有成为律师或法官的野心。假使他的父亲受雇于医师的诊所，这个孩子很可能希望将来自己能当医师。假如父亲是教师，儿子会希望成为大学的教授。

在观察儿童时，我们经常可以看到他们在训练自己从事某种成年生活中的行业。比方说，有时候，一个孩子会希望成为教师，他喜欢带领着一群孩子，在玩学校上课的游戏。孩子们的游戏能让我们看出他的兴趣所在。希望要成为妈妈的女孩子，会喜欢玩洋娃娃，并培养自己对婴孩的兴趣。有些人以为：假使我们给她们洋娃娃，我们会使他们脱离现实，其实她们是在训练自己认同母亲，并从事母亲的工作。她们是应该这么早就开始练习的，如果太晚了，她们的兴趣会固定而不易变更。有些孩子还会表现出浓厚的机械或技术兴趣，如果他们能达成其心愿，将成为以后生活中良好职业的基础。

还有些孩子一向不愿意指挥别人。却很有兴趣找一个领袖来跟随。这个领袖就是肯收留他作为下属的儿童或成人。这并不是一种良好的发展，假使我们能降低这种卑顺倾向的话，我一定会非常高兴。如果我们不能使之消止，这种儿童在以后的生活中将不能居于领导的地位，依照他们的意愿，他们会选择小职员的职位，从事一些每一件事都已经被人预先安排好的例行工作。

在无意中遇见生病或死亡等问题的儿童，对这些遭遇会保留浓厚的兴趣。他们会希望成为医师、护士、或药剂师。我认为：他们的努力是应该加以鼓励的。拥有这种兴趣而成为医师的人，大都是很早就开始训练自己，并且非常喜欢他们的行业。有时候，死亡的经验还可能以另外一种方式来加以补偿。有些孩子可能希望以艺术或文学的创作来求取永生，有些则可能献身于宗教事业。

游手好闲，好吃懒做等逃避就业的错误训练，也是从生命早期便开始的。当我们看到这样的孩子在以后的生活中闪避着困难时，我们必须以科学的方式找出其错误的成因，并以科学的方法来纠正他。假如我们居住在一个四体不勤、五谷不分便能随心所欲获得任何东西的星球上，那么懒惰可能成为美德，而勤劳则为人所不齿。然而，从我们和我们所居住的地球之间的关系来看，我们对职业问题合乎逻辑的解答，和符合常识的解答，就是我们必须工作、合作、和奉献。以往，人类一直是凭直觉感到这一点的，现在我们则是以科学的态度来看到它的重要性。

③天才与兴趣培养

从儿童早期便开始的训练，在天才的身上最为明显。我认为：天才的问题能使我们对这个题目更为了解。只有对人类的共同福利有杰出贡献的个人，人们才称之为天才。我们无法想象身后对人类没有留下丝毫利益的天才究竟是什么样子。艺术都是人类才华的伟大结晶，伟大的天才也提高了我们人类的整个文化水准。荷马（Homer）在他的史诗中只提到三种色彩，并用这三种色彩来描述所有颜色的区别。无疑，人们在那个时代已经注意到更多的色彩差异，但是这种差异对一般人来说似乎是微不足道的，所以也没有为它们命名的必要。是谁教我们分辨出各种色彩，让我们能称呼它们的名字呢？我们必须说：这是画家和艺术家的功劳。作曲家们也曾经将我们听觉的精密性提高至相当水准。现在我们之所以能够用谐和的音调代替原始人单调的声乐，都是音乐家们所赐，他们润泽了我们的心灵，并且教我们如何训练我们的功能。是谁增加了我们心灵的深度，让我们谈吐幽雅，思想深睿？那是诗人。他们润饰了我们的语言，使之更富于弹性，并适用于生活的各种用途。天才是人类中最合作的人，这应该是没有什么问题的。

在他们行为和态度的某些方面，我们或许看不出其合作能力，但是我们却能从其生命的整个历程中看出它来。他们并不像其他人那样的易于合作。他们的道路崎岖难行，路上险阻甚多。他们经常是以有重大缺陷的器官作为起始点的。几乎在所有杰出者的身上，我们都能看到某种器官上的缺陷，因此，我们都能得到一种印象，认为他们在生命开始时便命运多难，可是他们却挣扎着克服了这种种困难。我们尤其能注意到他们是多么早便固定下那些兴趣，以及他们在儿童时期是如何刻苦耐劳地训练自己。他们磨炼着他们的理性，使之能够接触世界上的各种问题，并加以理解。从这种早期的训练，我们可以断言：他们的成就和他们的天才是他们自己创造出来的，而不是遗传或上苍的赐予。他们努力奋斗，使得后世能分享其成就。

早期的努力是以后成功的最佳基础。假设我们让一个三四岁的小女孩单独玩耍。她开始为她的洋娃娃缝制一顶帽子。当我们看到她在工作时，赞扬她几句，并告诉她怎样才可以把它缝得更好。她受到激励后，会更加努力改进其技术。但是，假设我们叫道："把针放下去！你要刺到手了，你根本不要自己做帽子，我们出去买一顶更漂亮的！"她便会马上放弃掉她的努力。如果我们有机会在日后的生活中比较这两个女孩子，我们会发现：第一个已经发展出制作技术的爱好；第二个却不知道自己能做些什么事，她会以为她买来的东西一定比她自己做得好。

如果在家庭生活中过分强调了金钱的价值，孩子们会只凭收入的多寡来看职业的问题。这是一种很大的错误，因为这种孩子所遵循的不是他能贡献于人类的某种兴趣。当然每个人都应该谋求自己所需的金钱，而且，忽略了这一点的人也真的会使自己成为别人的负担。但是，只对赚钱有兴趣的人必定会与合作之途背道而驰，而只追求着他自己的利益。如果“赚钱”是他的唯一目标，其社会兴趣将付之阙如，那么他就不会没有可能用抢劫或诈欺来获得钱财。即使情况不这么极端，他赚钱的目标中还包含有少量的社会兴趣，那么，即使他已经腰缠万贯，他的所作所为对于别人仍然毫无益处。在我们这个光怪陆离的时代，致富之道万万千，即使是旁门左道，有时候也会为人带来巨富。对此，我们不必感到惊讶。虽然我们绝不敢说：刚正不阿，有所不为的人一定能得到立即的成功，但是我们却敢断言：他能使其勇气保持不坠，并不失其自尊。

职业有时候可以用来作为逃脱爱情和社会问题的借口。在我们的社会里，经常有许多人利用事业忙碌作为逃避爱情和婚姻问题的方法。有时候，我们也发现它被用做失败的脱身之词。一个狂热地献身于事业的男人，可能会想：“我没有时间花在我的婚姻上，因此我不应对它的不美满负责。”尤其是在神经病人之间，爱情和社会这两个问题，是他们竭力要设法逃避的。他们若不是回避异性，就是用错误的方法来接近他们。他们没有朋友，他们自己对别人也不感兴趣。他们只是夜以继日地忙着自己的事业，白天想，晚上做梦时也在想。他们使自己长期地处于紧张状态中，结果诸如胃溃疡之类的神经病出现了。现在，他们更能以胃部疾患作为推辞爱情和社会问题的借口了。还有些人老是喜欢变换职业，他们一直以为他们能够找到更适合于自己的职业。他们到处游移不定，结果总是一事无成。

对于问题儿童，我们应该做的第一步就是找出他们的主要兴趣。由这一点，要给他们做整体性的鼓励便容易得多。如果是未曾找到合适职业的年轻人，或是在职业上失败的中年人，我们应该找出他们的真正兴趣，一面利用它对他们做职业辅导，一面帮他们寻找就业机会。这并不是很容易的事情。在我们的时代，失业问题是相当严重的。如果是在一个每个人都致力于合作的时代，这种现象是不应该存在的。因此，我相信：每一个了解合作之重要性的人，都应该努力消除失业的现象，使每个愿意工作的人都有工作做。我们可以用增设职业学校，技术学校，和成人教育等方法来帮助这件事的推行。有许多失业者都是无一技之长的人。他们有些也许对社会生活从未感到兴趣过。

社会上有许多不学无术的分子和对共同利益不感兴趣的分子，这是人类的一个负担。这些人觉得自己屈居人下，不如别人，因此，我们不难了解：为什么罪犯，神经病患，和自杀者大多数是知识程度较低的人。由于他们的缺乏训练，他们总是落在别人后面。父母、教师，以及所有对人类未来的进步和发展感兴趣的人，都应该努力让孩子们接受更好的训练，以使他们进入成年人的生活时，不至于在分工制度中无法占有一席之地。

9. 个体与社会

①人，及其同伴

人类最古老的努力之一，是和其同类缔结友谊。我们的种族是由于我们对我们的同类有兴趣，才日渐进步的。在家庭的组织中，对别人的兴趣是不可或缺的；当我们往回追溯我们的历史时，不管在那一时代，我们都能发现人类在家庭中团结一体的倾向。原始部落以共同的符号把自己团结在一起，这种符号的目的是使人们和其同胞团结合作。最简单的原始宗教是崇拜图腾。一个部落可能崇拜蜥蜴，另一个则可能崇拜水牛或蛇。崇拜同样图腾的人会居住在一起，彼此互相合作，而情同手足。这些原始习惯是人类使合作固定化的重大步骤之一。在原始宗教的祭祀日，每一个崇拜蜥蜴的人都会和同伴聚集在一起，讨论农作物的收获问题，以及如何防卫自己，以免遭到天灾人祸，洪水猛兽的分割。这就是祭祀的意义。

婚姻通常都被认为是一件牵涉及团体利益的事情。每一个崇拜相同的弟兄都必须遵照社会的规定，在自己团体之外找寻配偶。我们应该体会到：婚姻并不是私人的事情，而是全体人类在心灵上和精神上都必须参与的共同事务。结婚之后，双方都必须负起某些责任，这是整个社会对他们的期待。社会希望他们生育健全的子女，并以合作的精神将之抚育成人。因此，在每一对婚姻中，每一个人都应当乐于合作。原始社会用图腾和其复杂的制度来控制婚姻的方法，在今日看来，也许相当可笑，但是它们在当时的重要性则是不容忽视的。它们的真正目的在于增加人类的合作。

宗教中最重要的教诲之一是“爱你的邻居”。在此，我们又看到另一种想要使人类增加对同类兴趣的努力。有趣的是：现在从科学的立场，我们也能够证实此种努力的价值。被宠坏的孩子问我们：“为什么我应该爱我的邻居？他们为什么不先来爱我？”这句话显露出他对合作的缺乏训练和他的自私自利。在生活中经常遭遇困难，并做出损人利己之事的人，大都是对其同胞不感兴趣的人。人类之中所有的失败者都是从这批人孕育出来的。各种不同的宗教都以自己的方式在鼓吹着合作；站在我的观点，任何人类的努力，只要是以合作为最高目标的，我便完全赞同他。争执、批评、和贬抑对方都是不必要的。我们还不知道什么是绝对的真理，因此，通往合作的最终目标也有许多不同的途径。

在政治上，我们知道：有许多种政治制度都是可行的，但是，其中如果缺少了合作精神，那不管是谁来执政，都必将一事无成。每一个政治家都必须以人类的进步作为其最后目标，而人类的进步总是意味着更高程度的合作。我们经常很不容易判断哪位政治家或哪个政党能够真正将群众带上进步之途，因为每一个人都是以他自己的生活样式来做判断的。但是，假使一个政党能使其党内成员彼此水乳交融，我们对他们便无可非议。同样的，在国家动向上，如果当政者的目标是在将儿童培育成良好的公民并增加其社会感觉，使他们尊重自己的传统，热爱自己的国家，并能依照他们认为最理想的方式来改变或制定法律：那么我们对其努力也不应表示异议。

班级的活动也是团体的合作运动，由于其目标亦在于促进人类的进步，所以在班上应该避免造成偏见。因此，所有的活动都只应以它们能否增加我们对同类的兴趣来判断其价值；我们将会发现：有助于增加合作的方法是非常之多的。这些方法或许有高下之分，但是，只要能够增进合作，我们就不必因为某种方法不是最好的，而去非议它。

②团体最大的障碍

我们所不同意的是只问收获，不事耕耘，只求个人利益，不讲奉献的人生观。这对于个人和团体的利益都是最大的阻碍。只有经由我们对同类的兴趣，人类的各种能力才得以发展出来。说、读、写，都是和别人沟通往来的先决条件。语言本身就是人类的共同创作，也是社会兴趣的产品。了解对方也是共同的事情，不是私人之事。了解就是知道别人心中的想法，它使我们能以共同的意义和别人发生联系，并受人类共同求得发展。

有一些人终日在追求着个人的利益和优越感。他们给予生活一种私人的意义，认为生活应该是为自己而存在的。然而，这不是了解，这是世界上任何一个人都无法同意的看法。我们发现：这种人会因此而无法和其同类发生联系。当我们看到只学会对自己有兴趣的人时，我们经常会发现他的脸上有一种卑鄙或虚无的表情；在罪犯或疯子的脸上，我们也会看到同样的表情。他们不用他们的眼睛来和别人发生联系，他们各人有各人的自私看法。有时候，这种儿童或成人对他们的同伴甚至不屑一顾，他们和别人交谈时，常常将视线移开，旁若无人。在许多神经病病症中，都可以看到这种和别人交往上的失败。

最高程度的孤立可以用疯狂来代表。如果能引起他们对别人的兴趣，即使是疯狂也不是无药可治的。他和别人之间的距离比任何其他人都要遥远，或许只有自杀可与比拟。因此，要治疗这类个案是一种艺术，而且是一种相当困难的艺术。我们必须设法赢得病人的合作，这一点只有耐心以最仁慈和最友善的态度才做得到。以前，曾经有人哀求我尽力去治疗一个患有早发性痴呆症的女孩子。她罹患此疾已达八年之久，最后这两年是在一家收容所中度过的。她像狗一般的狂叫，到处吐口水，撕扯自己的衣服，并且想要吞下她的手帕。我们可以看出：她对于身为人类的兴趣是多么缺乏。她想要扮演狗的角色，我们也能了解其动机：她觉得她的母亲把她像狗一般的看待；她的行为或许是在说："我愈看你们这批人类，我愈希望自己是一只狗！"我连续对她说了八天的话，她却一个字也不回答。我继续和她说话，三十天之后，她才开始以含糊不清的语言做答。我对她友善，她也因此受到了鼓励。

如果这一类型的病人受到鼓励而产生勇气，他也不知何去何从。他对于其同伴的抗拒力是非常强的。当他的勇气回复至某种程度，而他又不希望和人合作时，我们也能够预测出他的行为。他的举止大概就如问题儿童那样：会做出种种恶作剧，打破任何能够拿到手的东西，或攻击监护人。当我第二次和这个女孩子见面时，她便动手打我。我不得不考虑要如何应付她。唯一能使她平静的办法，就是置之不理。你可以想象出这个女孩子的外形——她并不是体格非常强壮的人。我让她打我，仍然装得很和善的样子。她觉得非常意外，因此而敌意全消。可是她仍然不知道如何处理其苏醒过来的勇气。她打破了我的玻璃窗，手在玻璃上划破了，我不但不责备她，反倒帮她包扎。通常应付这种暴力的方法，是监禁或把她锁在房子里，但都是错误的方法。如果我们要赢取这个女孩子的合作，我们必须辟蹊径。期望疯子做出像正常人一般的行为，是最大的错误。几乎每个人都会因为疯子不会像平常人一般地做出反应而感到恼怒。他们不吃不喝，他们撕扯他们的衣服，等等。让他们随心所欲吧！除此之外，我们就没有帮助他们的方法了。

后来，这个女孩子痊愈了。经过了一年，她仍然健康如初。有一天，当我到她以前被监禁的收容所时，我在路上遇见了她。“你到哪儿去？”她问我。“跟我一道走吧，”我说：“我要到你住过两年的那家收容所，”我们一起到了收容所，我找到以前曾经在这儿治疗过她的那位医师，请他在我诊治另一个病人时，和她谈谈话。当我回来后，这位医师怒火冲天地说：“她是完全好了，可是她却有根本不喜欢我！”此后，我还断断续续和这个女孩子见面达十年之久。她的健康情形一直非常良好，她自己赚钱谋生，和友伴们相处融洽，看过她的人没人相信她曾经发过疯。

妄想狂和忧郁症这两种情况能够特别清楚地显现出他和别人之间的距离。在妄想狂的场合，病人埋怨着所有的人类，他认为他四周的人都沆瀣一气，想来陷害他。在忧郁症的情况，病人会自怨自艾，比方说，他会想："我破坏了我自己的家庭"或"我的钱都被我赔光了，我的孩子一定要挨饿了，"然而，一个人在责备自己时，只是他表现出来的外貌，其实他是在责怪别人的。例如：一位交际广阔，风头甚健的女士，在遭遇到一次意外之后，再也无法继续参加社会活动了。她的三个女儿都已结婚成家，因此她觉得非常寂寞。几乎在同一时间，她又失去了丈夫。她以前一向是受人尊崇惯了的，她想要找回她所失去的一切。她开始周游欧洲。可是她再也不能觉得自己像以往那么重要了，在欧洲时，她开始患了忧郁症。忧郁症对于处在这种环境下的人，是一种很大的危险。她打电报要她的女儿们来看她，但是她们每个人都有借口，结果一个人也没来。当她回家后，她最常说的话是："我的女儿们都待我非常好的，"她的女儿们让她一个人生活，请了一位护士来照顾她，她们，也只隔一段时间才来看看她。我们不能光从表面上来看她的话。她的话是一种控诉，每一个了解其环境的人都知道她的话是一种控诉。忧郁症是对别人长期的愤怒和责备，由于想要获得别人的照顾，同情，和支持，病人只好为他自己的罪过表现得垂头丧气，痛心疾首。忧郁症患者的最初记忆通常都是属于这种样子的："我记得我要躺到长椅上，但是我的哥哥已经先躺在那儿了。

我大哭大闹，结果他只好让位给我。”

忧郁患者还有以自杀作为报复手段的倾向，因此医师第一件应注意的事，就是避免给他们自杀的机会。我自己解除这种紧张的方法是向他们建议治疗中最重要的规则：“不要做你不喜欢做的任何事情。”这似乎是微不足道的小事，但是我相信它牵涉到整个问题的基础。如果忧郁症患者能够随心所欲地做任何事情，他还会控诉吗？他还会做出什么事情来报复别人吗？我告诉他：“你如果想上戏院，或者想去度假，那么就去吧！如果你在路上发现你不想去了，那么你就不去好了，”这是任何人都能做到的最佳情境。它能使他对优越感的追求获得满足。他像上帝一样，能够做他喜欢做的事情。在另一方面，它却很不容易适合于他的生活样式。他想要指使别人，控诉别人，假使他们都同意他的看法，他就没有指使他人的必要了。这条规则是一种很大的解脱，在我的病人中也从未发生过自杀事件。当然，我们也知道，最好是让一个人来看住这种病人，不过，我的很多病人都没有如我所期待地被紧密地跟随着。只要有人在旁边看着，危险就不会发生。

有时病人会回答：“可是我什么事情都不想做！”对这种回答我已经胸有成竹，因为我听到它的次数太多了，“那么你就先不要做你喜欢做的事情好了。”我会这样告诉他。然而，有时候如果我阻止他，他一定会坚持到底。因此，我永远表示同意。

这是规则之一。另外一种对他们生活样式的攻击是更为直接的。我告诉他们：“如果你照着我的话做，你在两个礼拜内就会痊愈。记住：每天你要设法取悦别人！”请注意这件事对他们的意义。他们原先心里只有一个念头：“我要怎样才能使那个人烦恼？”他们的答应是相当有趣的。有些人说：“对我而言，这是轻而易举的事。我一辈子不都在做这种事么！”其实他们并没有做这种事。我要求他们考虑我说的话，他们却想都不想。我告诉他们：“当你睡不着觉的时候，你可以利用时间去想：你要怎么做才能使某一个人高兴？这样，你的健康一定会有很大进步。”当我第二天看到他们的时候，我问他们：“你有没有照我的话做？”他们回答道：“昨天我一上床就睡着了。”当然，这些都是在诚挚、友善的态度下进行的，我一点也没有表示出优越的气味。

其他人会回答：“我做不到。我太烦了。”我告诉他们：“烦恼就烦恼吧，没什么关系的。你只要同时偶尔想想别人就得了！”我要他们把兴趣指向别人。许多人说：“我为什么要讨好别人？他们都不来讨好我！”“你要为你的健康着想，”我回答道：“不为别人设想的人，以后也会吃亏的。”在我的经验里，马上就回答：“我已经照你说的话想过了”的病人，是绝无仅有的。我的种种努力都是想要增加病人的社会兴趣。我知道他们疾病的真正原因是缺乏合作精神，我要他们也看出这一点。只要他能站在平等合作的立场上，和他的同伴发生联系，他便可以痊愈。

另外一种明显地缺乏社会兴趣的例子，是所谓的“犯罪性的疏忽”。例如，有一个人把点着的火柴乱扔，引起了一场森林大火。又如，在最近的一个案件里，有个工人结束了一天工作，却把一条电缆横张在马路上，忘记收拾，结果一辆摩托车撞上了电缆，骑士也摔死了。在这两个案子里，肇事者都无害人之意。对于这些不幸，他们在道德上似乎不必负什么责任。然而，他并未受过要替别人着想的训练，他不知道要采取预防措施来保障别人的安全。这是较为严重的缺乏合作精神，我们经常见到的有衣履不整的儿童，踩在别人脚上，摔破杯碗，弄坏公共物品，以及做出种种损人不利己举动的人。

对于同伴的兴趣是在学校和家庭中训练出来的。我们已经谈过哪些事物可能妨害孩子的发展。社会兴趣或许不是由遗传得来的本能，但是社会兴趣的潜能则是由遗传得来的。能够影响这种潜能发展的因素有：母亲的技巧，她对孩子的兴趣，以及孩子自己对环境的判断。如果他觉得别人都充满敌意，如果他觉得四周都是敌人，自己不得不采取防卫手段，那么我们就无法期待他会以别人为友，而且他自己也不会成为别人的朋友。如果他觉得别人都应该当他的奴隶，他就不会希望对别人有所贡献，而只想统驭他们。如果他只关心自己的感觉以及自己身体的舒适与否，他就会使自己退出社会。

我们已经说过：为什么最好要让孩子觉得自己是家庭中平等的一分子，并且要关心其他的所有成员。我们也说过：父母本身彼此应该是很要好的朋友，和外界也应该保持良好而亲密的友谊关系。如此，他们的孩子才会觉得在他们的家庭之外，也有值得信赖的人。我们也提过：在学校里，为什么应该使孩子觉得自己是班上的一部分，也是其他同学的朋友，并能够信任他们的友谊关系。在家庭中的生活，和在学校中的生活只是为达成人生更大目标的准备。它们的目标是教育孩子成为良好的公民，成为全体人类平等的一分子。只有在这情况下，他才能积蓄起勇气，不慌不忙地应付各种社会问题，并为它们找出能增进他人幸福的答案。

如果他能成为所有人的好朋友，并以美满的婚姻和有用的工作对他们有所贡献，他就不会觉得自己不如别人，或被别人所击败。他会觉得这个世界是个友善的地方，处处都能处之泰然，他会遇见他喜欢的人，应付困难时也会得心应手。他觉得："这个世界是我的世界，我必须积极进取，不能退缩观望。"他非常清楚：现在只是人类历史中的一段，他只是整个人类过程——过去，现在，未来——的一部分。但是，他同时也会感到：这个时代正是他能够完成其创造工作，并且对人类发展贡献一己之力的时代。在这个世界上真的有许多邪恶、困难、偏见、和悲哀；但它是我们自己的世界，他的优点和缺点也是我们自己的。这是我们必须加以改造和增进的世界。我们可以断言：如果每个人都能以正确的途径担负起他的工作，他在改进世界的大事业中，便已经尽了责任。

担负起他的工作，意思就是要以合作的方式负起解决生活中三大问题的责任。我们对于一个"人"的所有要求，以及我们能够给他的最高荣誉，就是他必须身为良好的工作者，所有其他人的朋友，和爱情与婚姻中的真正伴侣。一言以蔽之：他必须证明他是人类的一个良好的同伴。

四、人性的理解

1. 灵　魂

①心理生命

我们只认定会动的、活生生的有机体才有灵魂。灵魂生来与自由的移动关联，凡是根部稳扎于地中的有机体，都不需要灵魂；若把情感和思想附加在深根的植物身上，那是多么不自然啊！假设有一棵植物能感受无法逃避的痛苦，能预感后来无从避免的痛苦，同时我们又赋予它理性和自由意志，但这株植物仍然不能使用它的意志。既然如此，这植物的意志和理性就必然保持在萎弱不健的状态中。

由此可见，行动与心理生命之间有密切的因果关系，这个关系构成植物和动物的区别，因此，对于心理生命的演化，我们必须留意，其中每件事都与行动有关。一切因位置变换而产生的困难，都需要灵魂的预测、收集经验、累积记忆，好使它所寄托的有机体更适合生活。因此我们一开始就可以确定，心理生命的发展与行动有关，而所有由灵魂完成的演化与进步，都仰赖有机体自由行动的能力，这个行动能力会刺激及提高心理生命的强度，而行动能力同时也须依靠较强大的心理生命。假如有个人，他的一举一动都不出我们所料，那么我们可以说，他的心理生命是静止的。**“惟自由孕育巨人；强制只会扼杀并造就毁灭。”**

如果我们以上述这个角度来看心理的功能，我们就会渐渐察觉，我们正在思考的，是一项遗传能力的进化，这能力就是攻击与防卫的机制，由生活的有机体根据它所处的状况来反应。心理生命是“侵犯”与“寻求安全”两种活动的合成，它最终目标是要保护属于尘世的有机体继续在人间活着，并使他们能安然完成自己的发展。

假如我们承认这个前提，那么，进一步的思考即由此产生——我们认为，要获得灵魂的真正概念，必须要有这进一步的思考。我们无从想象一个孤绝的心理生命，我们只能想象一个与环境密切相连的心理生命，它从外界接受刺激，然后据以回应。它或者会去掉不适合保护有机体免于外界伤害的能力或力量，它或者会为了保障生命而设法遵从那些力量。

由上面这一点所揭示的关系有很多个，它们（指心理生命）与有机体本身有关、与人类的特质有关、与形体的天性有关、与它们的优点有关，这些全都是相关的概念。因为，不管一股力量或一个机制被解释成优点或缺点，都是关系中的一项，它们的价值只有视个体本身的处境而定。例如人类的脚在某方面来说，被当作退化的手，这是大家熟知的，对于需要攀爬的动物而言，这样的退化无疑是不利的，但对于必须行走于平地的人来说，它却是一项便利，所以没有人会喜欢一只“正常”的手胜于一只“退化”的脚。

事实上，在我们个人生活当中，一如在所有人的生活当中，自卑感都不该被大家当作万恶之源，只有“处境”才能决定它们是优点还是缺点。我们如果回想一下宇宙间各种关系的差异，日与夜、太阳的主宰、原子的动能还有人类的心理生命等，我们就会明白，凡此种种影响，左右我们心理生命的地方何其多。

我们在心理趋势中可以发现的第一件事是，它的行动朝向一个目标，因此我们不能想象人类灵魂是一种静止的体系，我们只能将它想成是诸种活动力量的合成。可是，这些力量却只是一个原因的结果——它们一直奋力要求某一目标的完成，这个奋勉奔赴目标的目的论，是“适应”的观念中固有的。我们只能想象心理生命有一个目标，而存在于这个心理生命中的行动，都一一指向它。

人类的心理生命由他的灵魂决定。倘若这些朝向**常在目标**的活动没有经过决定、持续、修正及导引，就没有人能够思考、感觉、盼望、梦想，这个结果是起于有机体适应环境、反应环境的需要。人类生命的生理及心理现象，会以我们前面呈现过的那些根本为基础，如果不局限于常在目标的模式中，我们就无法想象由生命动力在做决定时的那个心理演化：至于那个目标，我们可以当它是变动的，也可以当它是静止的。

从这个基础去看，灵魂生命的一切现象便可以当作是为未来情境所做的准备。然而，承认心理机制中的灵魂只是一般朝向目标的力量，似乎不太可能，但个人心理学确实只从“一概朝向一个目标”这个方向去思考人类灵魂的全部表现。

要知道个人的种种目标，我们必须了解他生活的行动及所表达的意义，并且要了解，作为目标的准备，这些行动及表达有什么价值。此外我们还要明白，这个人要达到他的目标应采取什么样的行动。这就好比我们如果让石头落地，会知道石头的路径一样，虽然灵魂并不晓得自然的法则——因为常在目标经常在变动——可是，如果某人有了一个常在目标，那么，他的每一个心理倾向都必然宛如遵守一个自然法则般的，追循着某一个驱迫力量。

灵魂生命确实有一个统御的法则存在，但那是人造的法则，如果有人觉得，谈论心理法则的证据已经足够，那他是被表象欺骗了，因为，他一旦相信自己已经展露了不移的天性，也确定了周围的环境，他就是走偏了。好像一名画家很想画一幅画，有人把怀有这样一个目标应具的态度都给他，他就会仿佛有一个自然法则在作用一样，依序进行所有必须进行的活动，但是，他所以画这幅画，是真的受了某种驱使吗？

②目标透视

自然界的活动和人类灵魂生命中的活动不同，所有关于自由意志的疑问，都以这一点为关键。今天大家都相信，人类意志并非自由的——真的，人类意志一旦本身纠缠起来，或者与某一目标联结，就变得有所束缚，再加上人的宇宙关系、动物关系、社会关系的环境常常决定其目标，所以心理生命常常显得仿佛受到不变法则的统理也就不足为怪了。可是，假设有个人拒绝社会关系，并且与之相对抗，或者不肯去适应生活中的事实，所有这些仿佛存在的法则将遭排斥，改由新目标决定的法则取代。因此我们应该断定，只有在确定了适当的目标以后，心理生命内的行动才会基于需要而产生。

另一方面，从一个人实际的活动中，我们也很少能推衍出他的目标，因为，确切知道自己目标的人实在很少。但在实际练习中，为了获得有关人类的知识，这也正是我们必须遵循的程序。由于活动可能有很多意义，所以推衍的过程实在不简单，但是我们可以择取某人的许多活动加以比较，然后以文字表达，如此即可由此推知某两点（它们是心理生命确定态度的表达，彼此的差异有明显的曲线显示）的关联而了解这个人，这个机制可在为获得某整体生命之统一印象时使用。下面有个例子，可以说明我们如何才能在异常相似当中，重新发现一个成人的幼年模式。

一名具有极度攻击性格，在发展上虽有困难却还能获得成功与荣誉的三十岁男子，由于感到极端沮丧所以来找医生。他抱怨自己了无工作或生活的欲望，他说，他行将订婚，但对未来非常没信心，他受了强烈嫉妒的毒害，使他面临一个大危机：这次订婚势将破裂。这个个案拿来证明其结论的理由，不太使人信服，因为没有一个人说那女孩的不是，所以这男子的没信心就值得怀疑了。有些男人接近别人后，感觉被对方吸引，可是却立即采取攻击的态度，这种举动势必破坏他们原想建立的那种关系，这名男子就是这种人之一。

现在我们照前面提过的方法来描绘这男子的生命格调。首先寻找他过去生活中的一件事，来与他目前的态度发生关系。根据我们的经验，我们通常需要第一个幼年时期的记忆，尽管我们知道不可能客观地测试这个记忆的价值。这名男子对幼年的头一个记忆是：他和母亲、小弟去市场，由于市场混乱、拥挤，母亲的手臂原挟着身为长子的他，等母亲发现这个错误，便放开他，改拉小弟，而让我们的病人在人丛中被挤得狼狈不堪，当时他是四岁。在重述这个回忆时，我们听到与我们从他的抱怨叙述中猜测到的一样的话，那就是，他不能确定别人是不是喜欢他，而且他无法忍受另一个人可能比他更讨人欢喜。我们指出这一点后，这位病人立刻吃惊地看清了这层关系。

每个人活动朝向的目标，是由环境给予孩童时期的影响及印象决定的，每个人的理想——也就是目标——可能在生命前几个月便形成了，即使那么年幼，某些感受仍能激发孩子快乐与难受的反应，生命哲学的第一个痕迹即在此显现，虽然它表达的方式极其原始。影响灵魂生命的基本因素在孩子仍属婴儿时就已确定，后来在这个基础上再加盖别的结构，那些上层结构便可能经过修正、受到影响或转变。种类繁多的影响很快迫使孩子对生命产生固定的态度，而且也调节他对生命给予的问题所采取的独特的反应。

那些相信成人性格在他婴儿时期即已依稀可见的研究者所说的不算错，这一点也说明了一般人大多认为性格乃遗传的想法。但是，认为性格和个性遗传来自父母的观念，实在大有弊害，因为这种观念阻碍了教育人员的工作，也打击他们自己的信心。性格乃遗传的真正理由其实在别的地方，但这个借口却使负有教育任务的人有了逃避责任的机会，因为对于学生学习方面的不良，只要责备是遗传使然就行了，这种借口当然完全违反了教育的目的。

我们的文明对这项目标的决定有重要的贡献，它树立一些疆界，让孩子自己去闯，直到他找到实现愿望——可以保证给他安全及适应的愿望为止。人类与我们的文明现状建立关系共需要多少安全，可能在每一个生命的初期就习知了，所谓“安全”，我们想的不是免于危险的那种安全，而是“安全”地进一步统合，这统合保证了人类有机体可以在最适宜的环境中继续存在。比如在策划完全的机制运作中，我们也是这样谈到“安全的统合”（coefficient of safety）。小孩需要这种安全统合，所以他要求比仅满足天生本能的发展的更大的安全，因此，他的灵魂生命便产生一项新的活动，这个新活动，直接讲就是：**“朝向支配及超越的倾向”**。

小孩和成人一样，都想优越于别人，他一心一意努力超越，这样才能给他与他的自订目标相仿的安全与适应；因此，他心理生命涌出的某种不安状态，随着时间流逝愈发明显起来。假设现在环境需要比较精深的反应，可是这孩子不相信他具有克服困难的能力，我们就会看见他努力地逃避，不断地找复杂的借口，而这些只会使他潜在对荣耀的渴求更加明显罢了。

在这种情况下，他眼前的“目标”常常就是逃避所有较大的困难，暂时躲避生活的要求，他觉得这样做可以慢慢脱离困难。我们必须明白，人类灵魂的反应都不是最终的或绝对的，每一个反应其实都只是部分的、暂时的，绝不可当作是对问题的最终解决，尤其是孩童的灵魂发展。我们要提醒一下，那是“目标概念”的暂时具体化而已，我们不可以把衡量成人心理的标准用在儿童心理上面，对小孩子，我们必须看远一点，并且要对他倾力去完成目标的能力表示怀疑。如果我们能透彻诠释他的灵魂，我们就能明白，在最后的生活适应具体呈现时，他为自创的理想所表现的力量，是不是恰当。

如果我们想知道他活动的原因，我们必须站在儿童的角度看。与儿童视角有关的感情状态以许多方式指引着儿童，其中有一种是乐观。乐观的小孩对轻松地解决所遭遇的问题有信心，抱持这种态度，他长大成人以后，性格上将认为生活的使命大多在他的力量所及范围内，在这种例子中，我们就可以看到勇气、开放、坦率、责任、勤勉等等的发展。与此相反的一个发展就是悲观，大家想象一下对于解决自身问题没有信心的孩子，他的目标是什么？这个世界对这样的孩童将显得多么阴郁！我们在这里可以看到怯懦、内向、不信任以及一切弱者寻求保护自己的其他性格和特质，他的目标远在可以达到的范围以外，同时又远落在生命的前线之后。

为了知道一个人的思想，我们必须察看他与同类的关系。人与人的关系一方面由宇宙的本质决定，所以是变动不定的；另一方面它也由固定的制度或习俗决定——比如社会或国家内的政治传统。如果没有同时了解这些社会关系，我们便无法领会心理的活动。

③群体生活的需要

由于需要解决不断产生的问题（这一点决定灵魂的方向），所以人类的灵魂不可能自由的行动，那些有待解决的问题与人类群体生活的逻辑密不可分。这个群体生活的基本状况影响每个个体，但是群体生活的各种现象很少容许被个体影响，顶多也只影响到某个程度；虽然如此，群体生活的现状却不能当作是最终状态，它们数量太多，而且容易有重大的变化及转型。由于我们无法逃脱各种关系的网络，因此我们很难站在一个完全洞悉心理生命之幽深的位置。

在此进退两难当中，我们唯一的解决办法是，把住在这个行星上的我们的群体生活逻辑，假设成我们征服了因人类的不完全组织及有限能力而产生的错误之后，可以一步一步接近的绝对真理。

我们思考的一个重要层面，就在马克思（K. Marx）和恩格斯（F. Engels）形容过的社会物质层面中。根据他们的解说，“经济基础”（就是一群人生活其间的形式）决定“理想的、逻辑的上层结构”（就是个体的思想与行为）。我们对“绝对真理”的“人类群体生活的逻辑”所持的概念，部分与他们的概念吻合。历史，还有我们对个体生命的洞察（就是我们的“个人心理学”）已经教会我们，个体因应经济状况的需求做错误的反应，有时候是权宜之计，如果想逃离那个经济状况，反而可能陷入错误反应的网罟中而纠缠不清。我们接近绝对真理的道路将带领我们越过无数个这类错误。

群体生活的规则就如气候法则一样，不解自明：气候迫使人想出一些御寒、造屋的方法；至于社会群体生活的方式，业已存在于各种习俗当中——这些习俗的形式我们无须完全明了，比如宗教，其神圣化的公共俗套形成了群体成员间的联系。如果我们的生活状态首先由宇宙影响力决定，那么，进一步就是由人类的社群生活加以调节，最后再受自然的群体生活的法则和规范调节，这种群体需要限定了人与人的所有关系。

在人类文明史中，从来没有一种生活形态的基础不是建立在群体基础之上的，而整个动物王国也都证明了这个基本法则：凡是其个体成员无能面对自我保存之战的物种，一定会透过群居来集结成新的力量。

这个群集本能已对人类做了终极贡献，它发展出一种抵御严酷环境的知名工具——那就是灵魂，而灵魂的本质中则处处透显着群体生活的需要。达尔文（c. Darwin）很早以前就叫大家注意一个事实：凡软弱的动物从来没有单独生活的。我们不得不把人类列入这些软弱的动物当中，因为他也不具备能单独生活的那种强壮，他对大自然只有一点点抵抗能力，为了在这个行星上继续生存，他必须为他软弱的躯体补充许多人造的东西。

想象一个单独生活的人，在无一文明工具的原始森林内是什么情况！他一定比别的活的有机体更不适于生存，因为他没有其他动物的速度和力气，没有肉食动物的利齿，没有好的听力与敏锐的双眼，这些是生存战斗中必备的条件。人为了保障其生存，需要大量的器具，他的营养、他的性格、他的生活形态，都需要密集的保护计划。

现在我们可以知道，为什么人只有处在特别有利的情况下才能维持生存的道理了。这些有利的情况要透过社会生活才能提供，社会生活变成一种需要，因为只有透过社群及分工，人种才能继续生存。单是“分工”一项（它主要的意义就是文明），已足以使人类便于得到防卫及攻击的工具了，而人类只有在学会分工以后，才懂得怎么维护自己。

大家想想，生产的困难及婴儿诞生之初，要使他活下去得多么小心防备！这种照料与防备只有在分工状况下才能实现。再想想人类血肉之躯继承的病痛及虚弱有多少，然后，你就会对人类需要多少照顾有些概念，也会对人类之需要社会生活有些理解了！“社会”，是人类继续生存的最佳保证！

④安全与适应

根据前面的说明，从大自然的角度来看，人是一种次等的有机体，这种自卑及不安全感经常出现在他的意识中，变成一个恒常的刺激，督促他去发现适应大自然的更好方式及技巧；这个刺激迫使他去寻找可以消除或尽量减少生活中的不利情况的方法，因此才产生由心理机制来处理适应及安全问题的需要。如果不是这样，就算加上角、爪、齿等这些能与自然战斗的身体防卫，也很难让人类脱离原始的状态。

心理机制能够迅速提供救急之道，弥补人类器官上的缺失。这一个起自不曾间断的无力感的刺激，发展出人类的预见力及警戒力，并且使他的灵魂发展成今天这个负责思考、感觉及行动的状态。由于社会一直在适应过程中扮演着重要角色，所以心理生命从一开始便需与群体生活打交道。心理生命的全部能力都在一个基础上发展，那就是群体生活的逻辑。

在这个天生需求的逻辑起源内，我们会发现人类灵魂发展的下一步（因为只有对全人类都适用的才合于逻辑）。群体生活的另一个工具在于清晰的语言，这个奇迹使人类有别于其他动物。语言现象（它的形式明白指出其社会起源）不能与适用于全人类的概念分离，因为一个单独生存的个体根本不需要语言，语言只在社群中才有作用；它是群体生活的产物，是群体中个体间的联系工具。要证明这一说法的正确，可以看看在与他人接触有困难或不可能有接触的环境下成长的人，这些人有的会因这个个人理由而逃避一切与社会发生的关联；而另外的一些人就成了这种环境下的牺牲者。不论是哪种情形，他们都吃了语言不足或语言困难的苦头，而且他们永远不能获得学习外国语的机会。仿佛只有在与人类接触不发生问题时，语言才可能形成并保持。

语言在人类灵魂发展中，有无比重要的价值，只有以语言为一前提，才可能有逻辑思考，而逻辑思考是帮助我们建立概念及了解各种价值差异所必需的。然而，概念的形成不是私密的事，它与整个社会都有关系，我们的思想和感情只有适用于全人类时，它才是可以了解的。我们对美丽事物的欢欣感，其基础在于对美丽事物的认同、领会及感受心，这些需是普遍性的，由此推知，思想及观念，比如理性、领悟、逻辑、伦理学、美学等，都可以在人类群体生活中找到根源，而它们同时也是个体与个体之间（这些个体的目的在于防止文明崩溃）的联系。

欲望和意志或许也可以当作是一个人的处境来了解。意志不过是一种用于帮助改善不适应感的倾向，它是一项获得满意适应的工具。“行使意志”即意谓去感受这种倾向，然后付诸行动。每一项自发的行动，起初都是一种不适之感，它的解决即在于走向满足的状态。

现在我们或许可以了解，所有用来保卫人类生存的规则，比如法律、图腾和禁忌、迷信、教育，都应该受社会观念的统辖，并且一定要切合于社会观念。我们前面已经讨论过这个见解，而且也发现，适应社会是心理机制最重要的功能，这一点在个人如此，在社会亦然。

我们所称的公正和正义，还有人类性格中最有价值的那一些观念，不外乎都满足了起于人类社会之需要的状况，这些状况因而塑造了灵魂，并且指挥它的活动。负责、忠诚、坦率、爱真理等等，都是在社会生活适用于全人类的原则下建立并保持的。

我们判断一种性格是好是坏，只能从社会的角度去判断。性格一如科学、政治或艺术的成就，只有经过证明具有普遍的价值才会受人注意。我们可以用来衡量一个个体的标准，是由他对全体人类的价值决定。我们比较一下一般人和理想人（也就是把他的社会感发展至最高程度的人），就渐渐可以看出，没有培养其人类同胞感的人，不能长成为一个恰如其分的人。

2. 社　会

社会要求我们尽某些义务，这些义务不仅影响我们生命的标准和形态，也影响我们心智的发展。社会具有一个有机的基础，个人与社会的接触点或许可以在人类两性化的事实中找到：个人满足生命的冲动、获得安全与保证本身的幸福快乐，无法由男女单独获得，乃得自男人与妻子合起来的社会。我们若观察小孩的缓慢发展，大概就能确定，如果没有一个足以保护他们的社会，人类生命不可能进化。生活的种种义务造成分工的需要，这一点不但没有使人类分离，反而强化了他们的结合。

每个人都必须帮助他周围的人，而人与人之间重大的关系即在于此。下面我们需要再详细谈谈迎接着孩子降世的这许多关系。

①儿童的成长

每个孩子都依靠社会帮助，他所面对的是一个付出与获得的世界，他从这里期待适应与满足，他的本能在追求满足中不免受到阻碍，欲征服这些阻碍，便给他带来了痛苦。他在很幼小的时候就知道世界上还有别的人类能够比较完整地满足他的冲动，这样他才能比较有生存的把握。

也许有人会说，他的灵魂之生，是生在需要一个器官彼此整合（这个器官的功能是许可一个正常的生命）的幼儿状态中，而灵魂使一个正常的生命延续，是借评估每个状态，然后指挥有机体行动，由此获得最大的满足与最少的冲突而得的。儿童就是这样慢慢学会估计大小和长短，知道了怎么开门，学到了移动重物的本事，或者也学到给予别人命令与服从别人命令的权利。

一种想成长、想变得与别人一般强壮或强过别人的欲望自灵魂中升起，由于比他年长的人因他的幼弱而限制他，仿佛他次人一等般地对待他，所以，支配周围的人就成为他一生最主要的目的。由此产生两种可能的举动：一种是使用他个人所见识到的成人使用过的行动与方法；另外一种是显现其幼弱，让那些大人感到他的需求而帮助他。

人的各种类型在这么早的时期就开始成形了，有的孩子朝着获得力量及技巧的选择勇敢前进，他们期望别人的认同；有的小孩则似乎一心想着他们的软弱，并且试图以各种方式显现其软弱。只要回想小孩的态度、表现及行为，就可以找出每个人吻合哪一型；我们只有了解每一类型与环境的关系，类型才有意义。在每个小孩身上，我们都可以找到环境的反映。

教育的基础是建立在小孩不断想弥补其软弱的努力，从这种有所欠缺的刺激之中，产生了许多天才及能人。今天，小孩的处境特别不同，其中一点是我们今天的环境对小孩很不友善，给小孩造成了全世界是一个敌国的印象。小孩子不完全的思考过程说明了这一点，假如他所受的教育没有防止这个谬误的延续，则这个孩子的灵魂就可能顺其发展，以至于到后来表现得仿佛这个世界真是一个敌国。

一旦他在生活中遭遇更大的困难，敌意的印象就会越发加强。这种现象常常发生在器官系统有缺陷的小孩身上，因为这种小孩迎接环境的态度，与生来具有正常器官的小孩的态度截然不同。所谓器官上的缺陷，可能表现在情绪方面，可能表现在某一器官特别衰弱方面，或者表现在整个有机体抵抗力较弱方面。这种情形的结果便是经常地生病。

处世的困难未必只由儿童有机体上的缺陷而来，愚劣环境对小孩所做的无理要求（或做这种要求时的不合宜态度），都无异于环境中的实际困难。一个刚要适应环境的孩子，突然看到困难横在前面——尤其当他成长的环境弥漫着悲观的气氛时，这些都会迅速转嫁给儿童。

我们如果看一看从各种不同角度接近每个孩童的障碍，就无怪乎小孩的反应会不健全了。儿童心理习惯的发展时间很短，在他的调整技巧还未成熟时，就发现自己不得不去适应无法改变的事实。我们每思考一项针对环境所做的错误反应，就可以发现我们所接触的是，灵魂终其一生都在努力做正确反应及进步的持续性实验；而我们在小孩行为模式表现中所看到的，则是成人在他的成熟途中，对一固定情况所做的反应类型，他的反应态度让我们得以一窥他的灵魂。但我们同时要有一个认识：任何个人的反应如同社会的反应，都不能只依据一个模式来判断。

儿童在灵魂发展过程中所遭遇的障碍，通常会造成令人不知所措的或扭曲的社会感。这些障碍有来自其环境的缺失，比如经济、社会、种族、家族环境的不正常关系，也有来自他身体器官的缺陷。我们的文明，是一种以器官充分发展后的健康及完整为基础的文化，因此，一个重要器官有缺陷的儿童，在解决生活问题方面就失去优势。凡是学步学得晚，对任何一项运动感觉有困难，或是学说话学得慢，大脑发展比一般孩子笨拙的孩子，都算这一类。

我们都知道，这种孩子时常撞到东西，行动拙缓，而且总是怀着身体及心理不幸的负担，这个不是为他们特制的世界显然没有温柔地触摸他们，从这种不适的发展中产生的困难实在不少。当然，如果这种心理需要的辛酸没有造成孩子绝望的态度，并且没有在日后生活中感受到，则他们大多会不着痕迹地自动建立起一种补偿，但这种补偿若遇到经济上的无援，便可能复杂化。

我们不难理解，人类社会的固定法则很难让那些装备有缺失的小孩了解；他们怀着疑虑和不信任注视周围发展着的机会，另外还怀有孤僻及逃避责任的倾向，所以他们对生命的敌意感特别敏锐，而且不知不觉把它扩大了。他们对生命的酸苦面的兴趣大于对生命的亮丽面，他们大半的时候都高估了这两面，因此，他们终生都处在交战态度中。他们要别人给予超量的注意，而他们当然想到自己比想到别人多得多。

他们把生命必要的义务当作难题，而绝少认为是刺激，不久，因他们对他人的敌意而不断加深的鸿沟，在他们和环境之间挖掘出来了，然后，他们怀着过度的警戒去接近每个经验，而每一接触都使他们距离真理和真相更远，如此就只是不断替他们制造新困难罢了。

②爱的匮乏与过分

父母对待孩子的温柔如果没有保持一个恰当的程度，也会产生类似的困难。一旦发生这种情形，紧跟着在孩子的发展上就会出现严重的影响：小孩的态度日渐固定到使他不能认识爱，也不能恰当地使用它，因为他对温柔的本能从来没有发展起来。**对于一个在温柔感没有适切发展的家庭中成长的小孩，很难牵动他表达任何一种温柔，他一生的态度将是一种逃避姿态——逃避一切爱和温柔。**

同样的效果也可能由粗疏的父母、教师或其他成人造成，他们教孩子一些有害的格言：爱和温柔是不宜的、好笑的、而且娘娘腔的。就我们过去的经验所知，孩子被教导说温柔乃可笑的例子不算少数，其中，经常被嘲笑的孩子尤其受到这种教导。这样的孩子免不了要害怕显露情绪或感受，因为他们会觉得，对人表示爱是可笑而且婆婆妈妈的；他们抗拒正常的温柔，仿佛那是奴役或贬抑他们的工具。如此，在儿童幼年时期便可能建立起藩篱，挡住他走向爱的生命。

经过一段压抑一切温柔的残酷教育之后，小孩便会从环境中撤退，并且一点一点地失去对他灵魂而言至为重要的接触。偶尔，环境中有个人提供亲睦的机会，这孩子就会与他做至交的朋友——而这种只与一个人建立社交关系中成长的人，他的社会倾向永远不可能伸展到这个人以外的其他人。我们以前面说过的那个男孩为例，他发觉母亲只对弟弟温柔而感到自己被忽略，因此他终生都试图在寻觅幼年时所没有的温馨与关爱。他的例子证明了这种人一生所可能遭遇的困难，而且不用说，这种人的教育必然也是在压力之下进行的。

伴随过多温柔的教育，与没有温柔相随所进行的教育，同样有害。一个娇惯的小孩和怀恨的小孩一样负担着重大的困难，他只要一与人相会，要求温柔的欲求便无边无际地蔓生出来，结果，这些受宠的小孩把自己绑在一个人或很多人身上，拒绝让自己与人分离。

温柔的价值因为各种错误的经验而被强调得让小孩推出这样的结论：他的爱可以强化大人某些隐藏的责任。这一点很容易办到，小孩只要对父母说：“因为我爱你，所以你必须这样……那样……”就行了。这是一种很容易在家庭内成长的社会教条，小孩一旦在别人身上认出这种倾向，就会立刻增加自己的温柔，好使别人更依赖他。这种温柔在家中某人身上特别炽热的话，一定要当心，因为在未来会有一个孩子遭受这种训练的伤害性影响，他一生将不断处在挣扎中，而以公平手段或冲突去抓取别人的温柔。

为达这个目的，他可能利用任何手边的方法，攻击对手（兄弟或姊妹）的压制，搬弄是非来对抗他们。这种小孩为了光荣且正当地浸浴在父母的爱中，他会怂恿兄弟去做不正当的事；他为了吸引父母的注意力，就专心对父母施加社会压力；为求成功，他会不遗余力，直到他成为注目的中心，并显得比别人重要为止。他懒惰、顽劣，但为了“使父母为他忙碌”这个单一目的，他会变成模范孩子，因为他认为别人的注意就是一种奖励。

在这些受宠的小孩里面，我们还可以加入一种类型：他们成长路上的每一项困难都被移开了，他们的能力被人用和缓的方式削减了，而从来没有机会去负担责任。这种小孩所有必须为未来做准备的机会全被阻挡了，他们没有预备去和任何人接触，既然如此，他们当然没有办法与其他人接触。由于孩提时代的困难和错误，在他们人际接触的路上投掷了许多障碍，使得这样的小孩对于生活毫无准备，因为他们从来没有练习克服困难的机会；一旦他们跨出家庭那温室气氛，他们几乎必然会遭受挫败，因为他们找不到一个人愿意承担那些过去是由一味宠爱他们的长辈所替他们背负的责任，而且，外面的温度也不是他们一向习惯的。

讨论过这些之后，我们或许可以得出结论，一旦心理活动的模式固定，任何举措都可能变成走向结局的方法。为了达到目的，小孩可能朝邪恶的方向走，也可能变成模范儿童。我们常常可以看到，几个小孩里面总有一个会借违规来成为受注目的焦点，其他比较胆怯的小孩则借一些好品行来达成相同目标。

以上所有种类的现象都有一个共同点：它们都或多或少孤立了儿童。肠胃不好的小孩对营养所抱的态度比较特别一点，所以他们发展的过程也与肠胃正常的小孩完全不同。器官有缺陷的孩子，生活形态自然别于其他正常人，而如此即可能迫使他们趋向孤立。也有的小孩不完全了解他们与环境的关联，而始终想着逃避；他们找不到同好，他们不参与同伴的游戏，于是，他们或者羡慕其他同伴，或者瞧不起同伴的游戏，而孤僻地全神贯注于自己的玩耍。

孤立也同样威胁在极严格教育压力下成长的小孩，由于他们处处感受到坏印象，所以生命之于他们，也没有显现可喜的光亮。他们可能觉得他们必须忍受一切困难，并且谦卑地承担忧愁；他们也可能觉得自己像斗士，准备迎接与环境（这是他们一直感到敌意的）的战争。这种小孩觉得生命及其任务都非常困难，因此我们不难了解，这种小孩大多忙于保卫个人的疆界，以免感受人格被打击之苦。我们可以猜想，他眼前一定经常保持着外界不友善的图像，因为被夸大的小心压服着，他发展出逃避所有较大困难的倾向，免得自己暴露在可能被打击的危险中。

这些娇惯的小孩，他们另外一个特征是：他们想到自己多于想到别人，这也是社会感发展不健全的一个信号。我们可以从这个线索清楚看到，他们的发展导向一种悲观的世界哲学，除非他们找到方法解决其谬误的行为模式，否则他们一定不可能快乐。

③人的社会性存在

我们已经花了一番工夫来揭示，怎么样借观察一个人的周围关系、来判断他在世界上的独特地位，来了解一个人的个性；这里我们所称的“地位”，是指他在宇宙中的位置，他对环境和生活问题（比如职务的挑战、接触，与他人的结合等）所抱的态度等，这些与他的种种存在并生的。由此我们也就能指出婴儿时期每个人经历的感受印象，如何影响他一生的态度。

小孩出生几个月后我们就可以确定他在与生命的关系中所处的位置。降世几个月之后，两个婴孩的行为就不可能相互混淆，因为他们已经显示了明晰的发展模式，而这模式又绝不会改变。孩子的心理活动借着社会关系，日有扩大，天赋社会感的第一个证据，在于他很早即寻求温柔，这一点导致他寻求成人的接近。小孩的“爱的生活”通常导致他亲近别人，而不是像弗洛伊德（s. Freud）说的，亲近自己的身体。这种肉体之爱的争取、紧张度和表现，因人而异。

如果是两岁多的小孩，这种差异可能表现在他们的言语中。人只有在最严重的精神病退化压力之下，已经固着于灵魂中的社会感才会弃他而去，这个社会感几乎终生都保持着，直到他除了家人以外，还接触到亲友、国家乃至人类全体，它才偶尔改变、换色、受限，或者扩大、加宽。社会感还可能延伸到上述范围以外而及于动植物、无生物，最后到达整个宇宙。把人当作一种社会性存在是一种必要的理解，也是我们研讨的主要结论：一旦领悟了这一点，对于了解人类行为，我们才算是获得了一项重要的工具。

由于每个人类都必须调整自己去适应环境，所以他的心理机制中都备有从外界吸收印象的能力。不但如此，那个心理机制还会根据对世界的诠释，循着幼儿时代就开始的理想行为模式，去追求一个固定目标。虽然我们不能用一个固定且适当的名词来表达这个宇宙诠释和那个追求目标，但我们却可以把它形容成一股常在的气氛，而且它经常是“缺欠感”（feeling of inadequacy）的一个对比。唯有怀着固定目标，心理活动才可能发生，因为如我们所知，目标的构成提供了改变的能力与相当的行为自由，人类由行为自由而得的精神富足，是珍贵而无价的。

刚从地面站立起来的小孩在第一次进入全新的世界的瞬间，都会隐隐感觉到敌对气氛，他第一次尝试行动——尤其在举腿学步时——就经历到各种程度的困难，这些困难可能强化他对未来的希望。也可能摧毁他对未来的希望，大人以为不重要或平常的印象，有可能对孩子的灵魂产生巨大影响，塑造他对所居住世界的看法。

据此，凡行动上有困难的小孩就会给自己塑造一个充满暴烈及匆促行动的理想；我们只要问小孩他最喜欢的游戏是什么，或者问他长大后要干什么，就可以发现这个理想。小孩通常回答，他想当汽车驾驶员、修理火车头的机械工程师等等，这些都明显象征着他们亟欲征服妨碍其自由活动的每个困难。他的生命目标就是达到一个终点，使他在那个终点可以透过完全自在的行动，消除自卑感及障碍感。

我们不难了解，这种障碍感可能很容易在发育迟缓或多病的孩童灵魂中滋生。同样，生来两眼有缺陷的小孩大概会有把全世界看成比一般人更明暗分明的视觉概念；听觉有缺陷的孩子则对某些可以让他们愉快的音调特别有兴趣——简言之，这使他们有“音感”。

小孩用来战胜世界的所有器官中，感觉器官在决定他与所居世界的主要关系中是最为重要的。人利用感觉器官构成他的宇宙图，其中尤其重要的是用来接触环境的眼睛。个体强迫自己留心每个人类，并且构成经验中主要资料的，大半是眼睛。与耳、鼻、舌、皮肤等其他只接受短暂刺激的器官相较，由于眼睛是接触一些不变的、持久的基础事物，所以视觉构成的世界图，意义不凡。

然而，有的人却以耳朵为主要器官，这时候，他心理中的信息库就大多仰赖听觉，像这种情形，此人的灵魂便可能被称为具有绝佳的听觉优势；而对嗅觉及味觉刺激有绝大兴趣的人，又是另外一种类型。对嗅觉比较敏感的那一型，在我们的文明中比较少见。也有一些小孩，他们的肌肉扮演着重要角色，这群人来到尘世，特征就是比较好动，这个特征使他们在儿时不停地活动，长大成人后活动量也一样较大。这种人只对身体的肌肉可以派上用场的活动有兴趣，他们连睡觉时也展现活动，任何人都可以借观察他在梦中不断翻来覆去地睡态而证明。我们还需将“坐立不安”的小孩（他们的好动常被当成是一种病）也纳入这种类型。

大致上，我们可以说，不特以某一器官或器官群为兴趣（不管是感觉器官或运动器官）去接近世界的人，几乎不存在。小孩根据他比较敏感的器官所收集的印象，去构造他的世界图像，因此，我们只有先知道一个人用什么感觉器官或用什么器官系统去接近世界，才可能了解他，因为他的一切关系都因这个事实而改换色彩。他的活动与反应的价值，则要看他的器官缺陷对儿时及日后发展所构成的宇宙图的影响，以及我们对这些影响有什么看法而定。

3. 心理现象

一个个体从小到大如何游戏、关心些什么、梦的内容及其才能等重要的心理现象，都是朝向某一特定目标所做的准备。

个人心理学的基本信条之一是，所有的心理现象都可以当作是针对特定目标所做的准备。在我们前面讲述过的灵魂生命的轮廓里，我们看到灵魂不断在为将来做准备，这个准备显然是希望满足个人的愿望，这是人类普遍的经验，也是我们每个人都要通过的过程，而所有谈到理想的未来、神话、传说、冒险故事等，它们所关心的也都是这个过程。

我们在所有宗教里也都可以发现一种坚决的信仰：所有人均认为曾经有过一个乐园。而且我们也可以在所有宗教里发现前述那个过程的进一步回响，亦即期待一个所有困难均被克服的未来的人性渴望。灵魂不灭或灵魂化身的教义，就是相信灵魂能达到一个新形貌的确切证据。盼望一个快乐的未来这个事实，一直也没有在人类中消失，而世间每一则童话故事也都是这项事实的见证。

①游戏的态度

在完美的生活里，有一个重要的现象很清楚地显示了为将来做预备的过程，这个现象就是“游戏”。大家不要把游戏看作是父母或教育者信手拈来的念头，而应把它们看成是教育的辅助，也是对孩子的精神、幻想、生存技巧的刺激。

小孩接近游戏的态度、他的选择、还有他赋予游戏的重视程度，即暗示了他对环境的看法、他和环境的关系，以及他和同伴的联系情形。他是否含有敌意、他是否友善、特别是他有没有当统治者的倾向，在玩耍时都显然可见。**观察玩耍中的孩子，我们就可以看出他对生命的全部态度，可见玩耍对每个小孩都有无比的重要性。**以上这些事实告诉我们，应将孩子的玩耍视如为将来所做的准备。上述这些事实的发现还得归功于一位教育学教授葛拉斯(Guoss)，葛拉斯在动物的玩耍中也发现了相同的倾向。

但我们还没有举尽所有把游戏性质当作准备的观点，在这些观点里面，最重要的一个是：游戏是社交的练习，它们让孩子能满足并成全其社会感。凡规避游戏和玩耍的孩子，总教人怀疑他们会不太适应人生，这种孩子乐于从所有游戏中撤退，如果碰到与别的孩子一同的时候，他们常常破坏其他孩子的玩兴，骄傲、自尊感不足及害怕不会扮演角色的恐惧，是这种行为的主要成因。大体说来，观看玩耍中的小孩，我们就能很肯定地判断他具有多少社会感。

游戏时另一个明显可见的因素，是追求超越的目标，也可以从孩子想当指挥人、统治者的倾向中瞧出端倪。我们只要观看孩子如何出风头，以及对那些能给他机会满足扮演领袖欲望的游戏所表现的喜欢程度，就可以发现这个倾向。游戏很少不蕴含下列因素中的一个：为人生准备、社会感，以及操纵与服从。

可是，游戏中还呈现了另外一个因素，那就是孩子能在游戏中表现自己的可能性。游戏时，孩子多少是呈现了自己，并且他的表现受到他与同伴的关系之刺激。有一些游戏就特别强调这种创造倾向，若论替未来职业做准备这一点，那些含有给孩子创意练习机会的游戏就特别重要，在很多人的生命史中，确有孩提时代替玩具娃娃做过衣服，而后来就替成人做衣服的事例发生。

游戏与灵魂的关系密不可分，说起来它也是一种专精的工作，大家应该像这样去看待玩耍，因此，打扰一个游戏中的小孩不是一件小事，我们绝不应把游戏当作是消磨时间的方法。若论为将来做准备这个目的，则每个小孩都具有一些他日后要成为的那种人物特质，因此，在评量一个人的时候，如果我们对他的幼年有所认识，我们要下结论就会比较容易一些。

②专注是一种才能

专注是灵魂的特性之一，也是人类才能中的重要因素。当我们用知觉器官来关注我们体内或身外的某种特殊事件时，我们就会有特别专注的感觉，它不是遍布我们全身，而是限于某一个知觉器官中——比如眼睛，这时我们觉得有什么正在准备中，以眼睛这个例子来说，视轴的方向会给我们这种特别紧张的感觉。

如果“专注”唤起灵魂或有机体任何一部分的紧张，则此时这一部分以外的其他紧张都会被剔除在外。因此，每当我们想注意任何一件事物时，我们都渴望排除所有其他的干扰。就灵魂所牵涉的注意而言，它指的是在我们和特定事实之间搭起桥梁的意愿态度，也是一种为攻击所做的准备，它是基于我们的需要而生，或者是基于需要我们全部力量朝向那一特殊目标的不寻常情况而生。

撇开有病的人和低能的人不谈，每个人都具备专注的能力，但事实上缺乏注意力的人又极常见，其中有几个理由：第一，疲倦或疾病是影响注意力的因素；其次，有的人所以注意力不足，是因为他们不想去注意，因为他们应该注意的事物不符合他们的行为模式；但是，如果碰到考虑与他们的兴趣密切相关的事情时，他们的注意力便立刻被唤醒。注意力不足还有另外一个深一层的理由，那就是反抗的倾向。比如小孩就很容易这样，对于每一个呈现给他们的刺激，他们往往以“不”为回答，**所以教育者和教育的规划者就负有责任，要把待他学习的东西和他的行为模式结合起来，使之合于他的生命格调，以便满足孩子。**

有的人对每一个变化都能既看见又听见并理解，但有的人是完全用眼睛接近人生的，有的人则完全用听觉器官。有的人不看东西、不注意东西，对视觉性的事物不感兴趣。我们可能见过这种情形：当他处在对他大为有利的情况中，自己却没有觉察，那是因为他比较敏感的器官没有被刺激到的缘故。

注意力醒觉的最重要因素在于对环境真正的感兴趣。在心理层面，兴趣所在的位置更深，所以如果我们有兴趣，我们必然会去注意。只要有兴趣存在，教育者就不需要担心注意力的问题了。也因此，兴趣就成为一个人为其特定目标攻克一个知识领域的简单工具了。但是在这个过程里面，却没有人不出差错，而当这种差错在一个人身上逐渐固定以后，注意力便被导向对人生准备而言不太重要的事情上去。而如果这个“兴趣”朝向一个人自己的身体，朝向他自己的力量，那么，当这些兴趣起作用，当他碰到想赢取的东西时、碰到个人力量受威胁时，他就会专注起来了，只要新的兴趣没有取代他对个人力量的兴趣，他的注意力就永远不会与其他不相干的事物联结。我们可以观察，小孩子缺乏外来肯定和他们的重要性岌岌可危时，立刻会产生专注的现象，而其他方面的注意力因为有着“没事”的感觉，就很容易息灭。

“不专注”其实是说，这个人想从一个状况中退出，改往他想要注意的方向去，因此，我们若说“某人没办法集中注意力”，这是不正确的，要证明他可以集中注意力很简单，只不过他的注意力常在别处罢了。意志力缺乏和精力缺乏，与注意力缺乏的情形类似，在那些意志力缺乏和精力缺乏的个案当中，我们常发现他们在不同的方向表现出坚决的意志和强悍的精力，要治疗这种情形就不简单了，大概只能借改变这个人整个生命格调来试试看。在这种个案当中，我们可以确定，每一个个案的问题症结都只是因为追求错了目标。

不能集中注意力而成为固定性格的例子相当常见，我们常常碰到一些人，你给他们一个任务，他们或者拒绝，或者完成一部分，或者根本逃避，以至于他们总是成为别人的负担。这种经常性的散漫是一种固着的性格特点，只要碰到别人要求他们做事时，就会显露出来。

如果一个人的安全或健康在必要的预防方面因为疏忽而遭到威胁，我们通常称这种疏忽为“恶意的疏忽”。恶意的疏忽是不注意到极点的现象，这种注意力的缺乏，其基础是对同类缺乏兴趣。我们若观察孩子在游戏中的疏忽特性，就能确定孩子是只想到他们自己，还是会考虑到别人的权利。疏忽现象确实是一个人的社会意识与社会感的衡量标准，如果社会感发展不充分，即使是在处罚的威胁之下，要使这个人对他的同类产生充分的兴趣也有极大困难；同理，倘若社会意识发展良好，则这种兴趣不证自明。

因此，恶意的疏忽就是社会感缺乏，但是我们也不能太过偏颇，免得忘了去探察一个人为什么不具备人类所该有的对同类的兴趣。

一如我们可能错失有价值的东西那样，我们也可能因为注意力的褊狭而造成遗忘。尽管原本有着较大的兴趣，但这兴趣却可能被不快的经验遏阻，以至于产生错失或记忆的失误（或者至少方便了错失或记忆的失误）。比如学童遗忘课本就是这类的案例，通常很可以证明这些学生还不习惯学校的环境。常常遗失或误置锁匙的家庭主妇，通常是还不熟悉家庭主妇这角色的女性。健忘的人通常不公开反抗，但是他们的健忘实在就说明了他们对任务的缺乏兴趣。

③潜意识与梦

我们前面的讲述常常指出，有些人对他们自己心理现象的意义都不自觉。一个注意力集中的人很少能告诉你为什么他在瞬间看见了一切，可见我们虽然能够有知觉地强迫我们的注意力达到某个程度，但是有的心理功能却在我们的意识领域内找不到的。

引发注意力的刺激非存在意识中，乃存在兴趣中，但是我们的兴趣却大多存在潜意识范围内。扩大来说，潜意识是灵魂生命的一部分，也是它的重要成分之一，在潜意识里面，我们可以找到一个人的行为模式，而在意识生活中，我们所接触的不过是一种反映、一卷底片罢了。

一个虚荣自负的女人在展示其虚荣自负时，通常并不自知，反而只表现出谦逊的那一面给每个人看。虚荣的人未必需要有虚荣的行为，因为假如她知道自己是虚荣的，她就无法再虚荣下去了。我们若是把注意力放在无关的事情上面，而完全无视于自己的虚荣，我们就可以获得极大的安全，这整个过程是在幽暗中进行的。你若意图和一个虚荣自负的人谈他的虚荣自负，你会发现很难就这个主题和他交谈，他可能显露出逃避或躲闪的倾向，以免受到侵扰，但这些现象却让我们更确定我们的看法。他喜欢玩他的小把戏，但若碰到有人无意地要揭去把戏的遮障时，他会立刻采取防卫的态度。

人类大抵可以区分为两类，一种是对他们的潜意识生命认识比一般人多的人；还有一种是认识比一般人少的人——这是就他们意识领域的范围来说的。在许许多多例子当中，我们都恰巧发现第二种人所投注的活动范围比较小，而第一种人则多方面接触，并且对人、事、物、观念等有很大的兴趣。凡是觉得自己被遗忘的人，他们都自然地满足于狭小的生活圈，因为他们不能融入生活，他们不能像那些根据角色玩游戏的人那样清楚地看出问题，他们不是好的团队伙伴，他们不太有能力了解生活中较美好的事物。由于他们对生活的兴趣有限，他们便只理解了生活问题中不重要的片断，他们害怕较宽广的视野，因为那等于是个人力量的丧失。

若论生活中的个人事件，我们常可以发现有的人因为低估了自己，以至于对他的生活能力毫无所知，我们也会发现，有的人对自己的短处不很适应，他会觉得自己是个不错的人，但实际上，他做每样事情均出于自私；或者相反的，有的人自认为有点自大，但是仔细分析的结果却显示出他实在是个好人，所以**你自己怎么想或别人对你怎么想都无关紧要，重要的是一个人对人类社会的整体态度，因为每个人的每项愿望、兴趣、活动，都是由这个态度决定的。**

现在我们又要把人分为两种了，第一种人是**过着比较有意识的生活的人，**他们以一种客观的态度，耳聪目明地去接近生活的问题；第二种人是**以偏见的态度去接近生活，**

因此便只看见了生活的一部分，这种人的行为和言谈总是受无意识的指挥。

这两种人若共同生活的话可能会觉得有困难，因为他们彼此总是站在对立的位置，这两种人，任何一方对对方都一无所知，他们只相信自己是正确的，因而大发议论以显示自己是和平与和谐的斗士，然而事实却与他的话语不合。

这种人的攻击尽管表面上不能觉察，但实际上他所说的每个字都不可能不带有侧面攻击对方的效果，再仔细一点探究的话，我们会发现，他已把自己的一生交给敌对和争斗的态度了。

人类尽管不察觉，但他们其实无时无刻不在发展自己的力量，这些能力藏在潜意识中，在他们不知不觉当中影响他们的生活，且偶尔还导致可怕的结果。杜思妥也夫斯基（Dostoyevsk）在他的小说《白痴》（The ldiot）里面，很漂亮地描述了这种例子，令心理学家们叹为观止：在一个社交场合里，一位女士用嘲弄的口吻提醒小说的主人翁（伯爵）当心别碰坏了就在他邻近的一只昂贵的中国花瓶，伯爵向她保证他会留神，但不出几分钟，花瓶却掉落地上摔成碎片，在场的没有一个人当这件事是意外，每个人都觉得此乃当然的结果，因为这结局与感到自己受了那女士之辱的主人翁性格非常吻合。

在判断一个人的时候，我们不能只受其有意识的行动及表现的指引，他自己没有觉察的，思想及行为上的细节，往往可以给我们较佳的线索去了解他真实的人格。

比如有咬指甲或挖鼻孔等不雅习惯的人，他们不知道他们这样做的时候即透露了一项事实：他们是固执的。他们不明白所以导致这些特性的前后关系，然而我们却很清楚，小孩子若有这种习惯，一定曾经被再三责骂过，而如果他挨骂归挨骂，仍然不放弃这些习惯，就可见他必是固执的人！假如我们的观察越来越专业，我们就能借着观察这种不太重要的细节（然而这却是他整个存在的反映）而得出关于这个人的相差不远的结论。潜意识的事保留在潜意识中，对于心理能量的节省是多么重要的事。人类灵魂具有指挥意识的能力，也就是说，从某些心理活动的立场来看，碰到需要有意识时，它就会先指挥意识：或者反过来，如果让某些事保留在潜意识中，使人不知不觉，但却对于维持一个人的行为模式比较好的话，灵魂就会自动这样做。

我们如果明白告诉这样的人他人生态度的主要源泉，并且向他明示他所不敢正视的倾向，免得他失去了行为模式的话，我们就免不了干扰了他整个的心理机制的运转——这个人一直努力以一切代价防止的事终于发生了！他潜意识的思考过程变得既清楚又澄明！那些一直没有想过的想法，一直不敢收留的观念，那些如果有所察觉必会滋扰我们全部行为的倾向，统统赤裸裸地摆在眼前。

每个人只想抓住能安定其态度的想法，而排斥可能拦住他往前走的观念，是普遍的人性现象，人类敢做的事只有那些在他们对世界的诠释中含有价值的事。凡有助益的，我们都有所知觉；凡可能干扰我们的，我们便把它们推进潜意识里面。

长久以来，世人一直认为从一个人所做的梦里，可以得出关于此人人格的结论，与歌德同时代的李克登堡（Lichtenberg）说过：从一个人的梦去猜测他的性格和本质，比从他的行为及言谈去猜测更好。这话说得有点太过了，我们的看法是，我们必须以最审慎的态度去处理心理生命的“单一现象”，而且只能在单一现象与其他现象相连贯时才能加以处理。因此我们**若要从一个人所做的梦去推出有关其性格的结论，只有在其他特性里面找到其他的支持证据，证实了我们对梦的解析之后才能做。**

人类对梦境的解释，从史前时代起就有了。我们研究不同朝代的文化发展史（特别是神话和冒险故事里的证据），得到的结论是，过去时代的人比今天的我们更关切梦的解释，我们并且发现，那时候即使是普通的人也比今天一般人更了解梦。要证明这一点只要回忆一下梦在古希腊人生活中重要角色，或者提醒一下自己，《圣经》里讲述过的许多梦就成了。《圣经》里所提的梦若不是经人聪慧地解释过，便是与某种关系相联结，所以做梦的人都仿佛懂得那些梦，而且能做正确的诠释，比如约瑟梦见滑轮，醒来后把梦告诉他的兄弟就是这类例子。又比如源于与我们的文化全然相异的尼布隆根传说，我们也都能下结论：在过去，梦是作为证据用的。

有些探究者想从梦及梦的解释中，去找寻幻想及超自然的影响，但如果我们认定梦是接近及认识人类灵魂的一个方法，我们就很难从他们的观点去看这个问题。我们只有借其他广泛的观察来证实及巩固我们的断言之后，梦之为证据才算可靠。

相信梦对于未来具有特殊的意义，这个倾向甚至到今天还为众人坚持着。更还有一些理想主义者走过了头，竟至容许自己受梦的左右，我们的病人里便有一位这样要了自己——他避开每一个荣誉的职位，献身于股票的赌博中。这个人总是依照所做的梦来买卖股票。他早把过去凡是不依梦行事而致不幸的证据收集齐全了，当然，他所梦见的不外是他醒时经常注意的目标，他就用这个办法在梦中鼓励自己，而且使他能有一段相当长的时间对外界说，他得梦境之助赢了不少钱。可是过不多久，他却又解释，他一点也不重视梦的价值，看来他大概输光钱财了，即使这种事在股票操作人身上也常发生，我们也不觉这当中有什么奇特之处，因为一个人对某件事特别有兴趣时，他会连夜里都迫切感到需要解决这个问题，所以有的人可以根本不睡觉，一直为问题操心着，可是有的人虽然睡了，却在梦中大做计划。

睡眠时占据我们思想的那个现象，只不过是衔接昨天和今天的桥梁而已，如果我们知道一个人对人生采取的大致态度，知道他怎么衔接“此时”和“彼时”，通常我们就能够了解他梦的结构特征，也能从那里得出正确结论来；换句话说，所有梦的基础就是个人对人生所抱的概括态度。

我们也不妨回想一下歌德（Goethe）在《婚姻之歌》（Marriage Song）里所描述的梦中梦：一名武士从乡下回来，见到他的城堡已经荒废，因为疲倦，倒头便睡。睡梦中他梦见床底下跑出一些矮人来，而且还看见他们在举行婚礼。做这个梦他相当高兴，就仿佛他想确定自己需要讨个老婆一样。后来他庆祝自己婚礼时，梦中所见的情景也在现实中发生了。

我们在这个梦里见到许多大家熟知的因素，首先，这个梦的背后藏着诗人歌德对自己婚姻的成见，此外我们可以再进一步看到的是做梦的武士在自己全然的需要中受当时生活状况所引发的态度。由于这个生活状况需求婚姻，所以他在梦里便萦绕着婚姻问题，以至于次日醒来便决定：如果他也结婚一定会使现状有所改善。

我们在那个梦里清楚地看见他的心理生命据以发展的动向和模式。下面让我们回忆西塞罗（Cicero）做过的一个梦作为结论，那个梦是文学中最著名的预言梦之一：诗人西蒙奈（Simonides）有一次看到街上横着一具无名男尸，他好心地给他做了合宜的安葬。由于西蒙奈即将出海旅行，这具老男尸鬼魂于是托梦警告他，如果他去旅行，一定会遇到船难，所以西蒙奈就改变主意没有前往，结果那些乘船出去的人都死了。

根据记载，好几百年以来，这个梦所及的这个事件，给后人留下无比深刻的印象。

如果我们想解释这件事，心中就必须牢记，当时船只经常遇难，所以很多人在出海旅行的前一晚都会梦见船难，而这个梦特别容易与真实巧合，所以就特别引起后人的注意。

我们不难想象，凡具有探究神秘关系倾向的人对这类故事都特别敏感。但我们却要很冷静严肃地如此解释这个梦：我们的诗人也许因为很担心身体健康的关系，所以根本不想出海旅行，而当决定时刻逼近时，他却很难找到解释自己犹豫态度的理由，因为这个缘故，他就让有必要感谢他费心安葬的男尸以预言的角色出现，如此一来，别人对于他之不去旅行就可以理解了。而如果那条船没有沉落，全世界绝不可能知道这个梦和这段故事。由于我们只会经验那些使我们大脑惴惴难安的事，这就证明了天地间藏有比我们容许自己梦见的事物更智慧的东西，目前我们对于梦的预言特质所能理解的是，**梦和现实都同样包含了一个人对生命所抱的态度。**

我们还必须考虑的另外一件事是，所有的梦都不是这么好理解的，人能理解的只有很少的一部分，很多梦我们一做过立刻就忘了，而且我们也不能了解它们背后的意思，除非我们精通解梦。不过，这些梦都不过是一个人活动与行为模式的象征反映或隐喻反映罢了。

梦的主要意义在于，它给我们机会去接近我们急于发现自己的情境，如果我们正在操心一个问题的解决，而且我们的人格指出了接近那问题的方向，那么我们所需要的只是寻找一个能推动我们进入的力量罢了。而梦就非常适合强化情绪，或者是制造解决问题所需的活力，虽然做梦者不了解这其中的关系，但事实终究是事实，他只要发现某种形式的材料与推力就够了，梦本身自会给予方法，好让做梦者在其中表达自己，一如它会暗示做梦者的行为模式那样。梦宛如一道烟，显示某处燃烧的火焰，有经验的伐木工人不但能观察到冒烟，并且能说出是哪种树木在燃烧，就像心理学家能由解梦道出一个人的天性一般。

总结而言，我们可以说，一个梦不仅显示做梦者操心着某个人生问题的解决，并且显示出他怎么去接近这些问题，再详细一点说，影响做梦者与世界、现实之关系的两个因素——社会感和奋求力量——会在梦中显然现身。

4. 性格特征

一个人尝试去适应他所居住的环境，因而显现出来的特殊作风，我们就叫它做性格（character）。性格是一个社会性的概念，我们只有在考虑一个人与环境的关系时，才谈得到性格，像《鲁滨逊漂流记》（Robinson Crusoe）的主角鲁滨逊，他这个人到底具有什么性格实在没什么差别。性格是一个人接近他所往来的环境所呈现的特质和性情，是一个人从社会感的观点去努力奋求见知于人时所依据的行为模式。

①生存的模式

我们在前面已经看出，超越的目标、权力的目标、征服别人的目标，如何成为指挥多数人类的目标，这个目标修改着个人的世界观、行为模式，也把个人的种种心理表现导入特殊的途径。性格特点只是任何一个个人的生活风格、行为模式的外显罢了，虽然只是这样，它们却能让我们了解这个人对环境、对亲友、对他所处的社会、对生存挑战的整体态度。性格特点是一个人的整体人格（personality）在获取认同及意义时所使用的工具和计策，它们在人格中的存在就等于是生活的“技巧”。

性格特点不是遗传的（很多人如此认为），它们好比是一种生存的模式，这个生存模式使每一个人能够不需经过有意识的思考而过活、而在任何一种情况下表现其人格。性格也不是一个人的癖性，而是他为了在生活中维持独特习惯而取得的。比如有个小孩很懒惰，这懒惰不是天生的，而是因为懒惰对于他好像是使生活容易一点的合适方法，而且它也能让他保持着重要感——在懒惰模式中，权力态度可以有相当程度的表现。一个人有可能强调自己天生的缺陷，以便在面对挫折时挽回一点颜面，而如此内省的最终结果往往就像这样：“如果没有这项缺陷，我的才能一定可以发展得很出色，就可惜我‘有’这个缺陷！”还有一种人，由于无节制地追求权力，导使他投入与环境的长期战争中，这种人往往发展出一些适合其战争的权力表现，比如野心、嫉妒、怀疑等等，我们相信，这类性格特点与人格无异，但它却非遗传，也非不能改变。

经过仔细观察，我们知道，**性格特点是应行为模式之需而生的**，有时候在出生没有多久就产生了，它们不是首要元素，而是次要元素，**它们是由于人格的潜在目的而被迫产生的**。若要评断性格，便须从目的观点给予评断。

让我们回忆一下第一篇的解说，我们曾经揭示，一个人的生命格调、活动、行为、世界等，都与他的目的密切相关，我们心中如果没有一点清楚的目标，就不能思考，也不能付诸行动。在孩子灵魂的幽暗背景中，这个目的已经存在那里，从幼年起即指挥着他的心理发展，这个目的给予孩子生命形态和性格，并且负责使每个人成为一个特殊的单位；此单位所以别于其他的人格，乃是因为他生命中的活动和表现全导向一个常见但独特的目标。倘使明白了这一点，等于是知道了我们一旦清楚一个人的行为模式，则不论我们从其行为的哪一个阶段看他，都能够认得他。

在我们的文明中，确实有某些事实、某些怪癖、某些生理生命和心理生命的表现形态对青少年而言特别显得有意义，这些事实和怪癖的共同特征是，它们会刺激模仿。因此，有时候是以“看”的形态显现的求知欲便可能在视觉器官有困难的孩子身上导出好奇的性格特点，但是，这个性格特点的发展并非必然，如果这个孩子的行为模式觉得有其他需要，则同样这份对知识的渴求也可能发展出截然不同的性格特点——这个孩子可能以探究一切事物、以分析它们为满足，或者他也可能变成书呆子。

我们可以照这个方式来评估听觉有困难者的不信任态度。听觉有困难的人在我们的文明里是暴露在比较危险的情况中，所以他们都发展出特别尖锐的注意力来感知这个危险。此外他们也有被嘲笑、被贬低的危险，而且还常被认为是残障者，凡此种种都是发展成不信任性格的重大因素。由于听觉有困难的人无缘接触很多乐趣，也就难怪他们会对这许多乐趣抱敌视态度了；基于此，过去假设他们天生具有不信任性格的说法就没有理由成立。至于认为犯罪性格也是天生的说法，同样是荒谬的。很多罪犯出自同一家庭的论调，可借一个事实予以有效反击：这些个案当中都一定有个坏榜样、有一种看待世界的传统态度，这种家庭里的小孩从小即被教导偷窃可以维生的观念。

追求别人的认可也能用这个方式去思考。每个小孩都要面临许多人生障碍，所以没有一个小孩在成长中不追求某种形态的重要性，这个追求的形态可以替换，而且每个人对个人重要性的追求都有个人的方式。主张孩子性格特点和双亲类似的说法可以借一个事实轻易说明：孩子在奋求重要性时，会自然取环境中已获得重要性及被尊重的人为理想模范，也正是这样，每一代子孙都要从祖先那里学习。

超越的目标，是一个隐藏的目标，社会感的存在抑制着它明显的发展，它必须在秘密中成长，并且藏在一张友善的面具背后！可是我们必须再一次肯定，如果我们人类彼此多了解一点，超越的目标一定不会像这样繁茂生长。如果我们能进步到每一个人都发展出好眼力，而且能更透视周围人的性格，到那时候我们不但能更周全地保护自己，同时也会使别人的追求权力因遭遇困难而不会有所结果。到了那种境地，遮遮掩掩的追求权力终会消失，于是它让我们能更切近地看透这些关系，也让我们能够运用现已取得的各种观察作为证据。

②社会感的标准

与追求权力相邻的社会感在性格发展中扮演着重要角色。和追求权力一样，社会感也表现在孩子的最初心理倾向中——尤其是表现在要求接触及温柔的渴望中。我们在前面的论述中已经知道社会感的发展状况，这里只简要地回忆一下。社会感同时受到自卑感及其补偿（追求权力）的影响，人类对于各种情节的发展相当敏感，心理生命的过程——亦即寻求补偿的吵嚷、要求安全及完整的忧烦——在自卑感出现的时候就开始了，它的目的是寻求人生中让人心安的宁静与快乐。

我们必须教给孩子的行为准则是从我们承认他的自卑感中产生的，所以总结这些准则就是：我们绝对不要对着孩子把人生渲染得太酸苦，我们一定要避免让他太早知道生存的黑暗面，还有，我们一定要给他体验生活欢乐的机会。可是，通常以下这种状况却抢先上台演出了：孩子往往不幸地在无益的酸苦环境中成长。虽然误解、穷困、匮乏等现象都是可以防止的，然而肢体缺陷的确可能使孩子不能过正常的生活，并且教给孩子：为了他的生存，他需要特别的权力和法律。但是即使这一切都办得到，我们终究不能让孩子免于人生的苦楚与困难，而这层体验必然又引起大危险——他们的社会感会被扭曲。

我们在生活当中受到群体生存的逻辑支配，这一点确定了一项事实：要评估我们的同类，我们需有特定的标准，而一个人所发展的社会感程度，就是评判人类价值的唯一标准——千秋万世都将如此。我们不能否认我们人类在心理上对社会感的依赖，世上没有一个人真能破除社会感的完整性，世上也没有什么言辞可以让我们利用来完全逃避我们对他人的责任。

社会感不断地用它警诫的声音提醒我们，但这并不是说，它要我们经常把社会感放在有意识的思考里，而是表示我们必须坚决相信，要扭曲它、撇开它，得动员相当的力量；再者，社会感的普遍需要使得每个人在行动之前，都得先经社会感的考核通过，这个行动及思想的考核需要源于社会体的潜意识感知，最起码，我们常须为我们的行动找寻可以为人谅解的理由，这个事实就是社会感的考核在决定着。从这里面产生了生活的技巧、思考的技巧、及行动的技巧，它或者使我们盼望与社会感经常保持和谐，或者使我们以社会团结的外貌欺骗自己。

以上的说明是告诉我们，有一种社会感的幻象存在着，它有如一面罩子遮蔽了某些倾向，必须揭开这些罩子才可让我们对一项行为或一个人有正确的评价。像这种欺瞒的发生，就增加了评估社会感的困难，因为有这个困难，人性学的难度也相对提高了。

这里有一段小故事很可以用来显示真社会感和假社会感的差别。一个老妇人正要上公车时，滑了一下跌倒在雪地上爬不起来。一些人匆匆走过，都没有注意到她，最后有个男子走到她身边拉她起来，这时，一直躲在某处的一个男子跳过来，招呼着这位侠义的善士：“谢天谢地！终于找到一个好心人了，我已经在这里站了五分钟，等着看是否有人来把这个老妇人扶起来，你是头一个这样做的人！”这段故事揭示了，表面的社会感是怎么被人误用的。有人只用了这个明显可察的技巧，就把自己提升到审判别人的地位，去嘉许或责备别人，而自己却没有动一根手指去帮助亲眼目睹的情况。

有的比较复杂的例子就不容易确定社会感的高低了，这时除了彻底的探究别无他法，而如果一旦这么做，我们就不会长久处在黑暗中。比如有一位将军，他虽然知道战争已经大半失败，却仍逼迫几千名士兵死守，这位将军会说，他是为了国家利益着想，相信也会有很多人赞同他的说法，但是，无论他拿什么借口来证实自己做得没错，我们都很难认为他是个真正的人类同胞。

对于这类难于确定的情况，为了正确评断，我们需要一个普遍可用的立场。像这样的一个立场，我们可以在“社会性功效”和“人类整体幸福”（即“公益”）的概念中找到，一旦站到这个立场上，碰到要确定特殊的事例时，我们便很少会感到困难了。

社会感的程度在个人的一举一动中即有所表露，有时候可以从一个人的外在表现中很明显看出来，比如看他注视另外一个人的样子、他摇手的方式、讲话的方式等。他的人格也能以某种方式给我们不可磨灭的印象，而我们几乎也可以直觉地感知他的人格。有时候我们不知不觉地对一个人的行为下了永远的结论，连我们自己的态度都不免相当依赖这些结论。

在上面这段讨论中，我们所做的，不外乎把这个直觉的本事带进意识领域中，让我们能够据此测验社会感并评监它，最终则是希望我们能因此避免铸造重大错误。把它转移到意识领域的意义，在于让我们自己少些偏见。

让我们再一次强调，**评监一个人的性格，一定只能在**

清楚了他的各种关系和环境之后才能做，如果我们从他的生活中揪出单一现象，并且单就这个现象来评判（比如只考虑他的身体状况、只考虑他的环境、只考虑他的教育等），我们一定免不了被迫做出错误的结论。

上述这个想法的可贵，乃是因为它可立即卸除人类的大负担。要更了解我们自己，一定要建立一个更切合我们需要的行为模式，唯有这样，我们才可能应用我们的方法去影响别人达到更佳的境地，并且防止造成残酷的结局；能这样的话，就不再有人因为源于家庭不幸或遗传的因素而沦入悲惨命运了。让我们朝着这方向前进，那么，我们的文明将跨出决定性的一步！而且具有自觉性的、有勇气的、能掌握自己命运的新一代将长大成人！

③幼年的心理发展

凸显于人格中的任何一个性格特点，一定切合每个人自幼即开始成形的心理发展方向，这个方向可能是一条直线，也可能有转折或改道。若是前一种情形，小孩就会沿着直线努力去了解他的目标，并且发展进取、勇敢的性格，性格发展的开端通常都有积极、前冲的特点，不过，这条线很容易更改，而其中不免产生的困难是源于反对孩子的那股巨大力量，这些反对的人阻止孩子直接的去获取超越的目标，但是，小孩却会想办法越过这些困难，这时，他的直线前进可能因而改道，产生另一些性格特点。

性格发展中的其他困难，比如器官发育不全，环境的打击和挫败等，都有类似的后果；再者，较大环境（比如：

世界、不能避免的老师等）的影响，其实更为重要，如何在我们的文明里生活，已表现在老师们的要求、疑虑和情感中，而这些要求疑虑和情感最后会影响到孩子。所有教育都是采用早已形成的色彩和态度，带领学生朝向社会生活及那时流行的文化走。

从第二种转折或改道的情况，我们会看到一个完全不同的孩子，他知道有反对者存在，所以要小心，这时他会尝试“改道”（不直接接近，而是利用机巧），以达到被认同及获得一时权力的目标，他的心理发展与这个改道的偏离程度有关，他是否因此变得过分小心、是否配合生活的需求、是否逃避这些需求，全由这些因素而定。如果他不愿直接接近他的任务和问题，如果他变得懦弱胆怯，拒绝正眼看人，不肯说实话，这些表现其实未必代表另外一个类型的小孩，他的目标和勇敢的小孩是完全一样的——两个人行为表现虽然不同，目标却可能是一样的！

两种不同的性格发展有可能在同一个人身上存在，这种情形的发生，特别容易发生在小孩还没有明显地使其倾向具体化时，或者他的原则尚可伸缩时，又或者当他第一次尝试失败，便放弃老路，而以充分的主动去寻找别的途径时。

未被破坏的群体生活是适应社会需求的大前提，一个人只要未对环境抱争斗态度，他就可以轻松地教孩子做这个适应，只要教养者能够把他们自己对权力的追求减低到不成为孩子的负担的程度，家庭内的战争就可以消弭。又如果父母了解孩子的发展原理，他们便能因而避免使孩子直线性格发展成夸大的形式——比如勇气退化成鲁莽，鲁莽再退化成粗鲁的自我主义。此外，他们也能避免外界强行制造的权威，并且免于制造严谨的服从象征，否则像这种有害的训练便可能导致孩子被压抑、害怕真理、害怕坦白。

压力若用在教育上，就如一把两刃的剑，只会制造形貌上的适应。强迫性的服从只是表面的服从，孩子与环境的大致关系，会反映在他的灵魂里，因此所有我们想象中可能出现的、会直接或间接影响孩子的障碍，也都会反映在他的人格里。**小孩通常没有办法对外界的影响表示任何评论，所以他周围的成人既不清楚他、也不能了解他，这个难题加上他对这些障碍的反应，便构成了他的人格。**

（1）乐观者与悲观者

要将人格分类，我们还可以依据另外一个办法——我们的衡量标准是看他面对困难时所呈现的样子。第一种人是乐观主义者，他们的性格发展大致是直接式的，他们会怀抱勇气接近一切困难，不会把困难看得太严重，他们对自己有信心，而且怀着轻松愉快的态度看人生，他们对人生不做过多要求，因为他们对自己有恰当地评估，而且他们不会觉得自己被忽略了，或者不重要。因此，他们能轻松地承受人生困难的状况。他们又能处变不惊地相信，错误总是能被修正的。

从态度上来分辨，乐观主义者大概可以立刻被认出来，他们不惧怕，他们谈话开放自在，而且不过分谦卑，不过分自抑。假如让我们用创造性的词语来形容他们，我们会说他们“有开放的双臂”，随时准备接纳人类同胞，他们与人接触容易，交友没有困难，因为他们不怀疑，他们说话没有阻碍，他们的态度、举止、步伐，都是自然轻松的，这种类型的典型例子很少在一岁以外的人群中发现，不过——成人中尚有不少乐观水平能做到让我们相当满意的社会接触。

与此迥异的类型是悲观主义者，我们教育上的最大问题就是这些人。他们是由儿时经验及印象而得到“自卑情结”的人，对他们而言，所有困难都变成“人生难过”的感受，由于悲观的个人哲学所致（这套哲学在孩提时代曾经受错误的对待和滋养），他们往往朝向人生的黑暗面，他们敏于感知人生困难的程度较乐观主义者严重多了，因此他们很容易丧失勇气。由于不安全感的折磨，他们常常都在找寻支持；他们的求救声回应在外表行为中，因为他们没有办法独自站立；如果他们还是孩子，就一定缠着妈妈，或者一和妈妈分开就吵着找妈妈，他们对母亲的呼唤，有时候到了老年还可以听到。

这种人异常的谨慎，可见于他们畏怯胆小的外表态度。悲观主义者永远在考虑可能的危险，他们想象这些危险都近在咫尺。这种人显然睡不安寝，老实说，**睡眠是衡量个人发展的绝佳标准**。因为睡眠困扰就是一个人小心翼翼（这是没有安全感的表现）的标志，这些人为了保卫自己对抗人生的胁迫，仿佛永远在备战状态。我们在这种人身上找到的人生欢悦非常之少，而他们对人生欢悦的了解又何其不足！一个睡不好的人，他发展出来的生活技巧是拙劣的，如果他对人生的结论正确，那他就根本不敢睡觉了；假如人生真如他所相信的那么难堪，那么，睡眠实在是一种很差劲的安排——既然对人生自然现象（睡眠）抱着敌视的态度倾向，这就透露出悲观主义者对人生毫无准备，其实睡眠本身并不是问题。

如果我们发现一个人老是去察看房间锁好没有，或者梦中尽是小偷强盗，我们也可以怀疑此人有悲观倾向。这个类型实在也可以从睡眠姿势辨认出来：凡属于这一类的人，多半蜷缩到最小形体，或者把被子蒙盖过头。

（2）攻击者与防御者

人格也可以划分出攻击者和防卫者两种人。攻击者的态度特征是行动暴烈。攻击型的人倘若具备勇气，往往会为了猛烈证实他们的能力，而把勇气强化成鲁莽，但是从这里却泄露了统御着他们内心的深度不安全感，这种人如果感到焦虑，就尝试使自己强硬，以对抗恐惧，他们扮演“大丈夫”的角色扮演到了可笑的地步，其中更有些人大力压抑所有的温柔和细致，因为他们觉得这种感情是软弱的象征。

攻击者往往显出凶暴和残酷的特性，如果他们刚好倾向悲观，那么，所有关系、所有环境都会改观，因为他们既没有同情的能力，也没有合作的能力，他们只能仇视全世界。但他们对自我价值的知觉，却可能同时达到很高的程度，他们可能使骄傲、自大和自我价值感膨胀。他们自以为是征服者，尽其所能展现着虚荣，但是，他们明显的态度和他们行动的繁冗，不但破坏了他们与世界的和谐关系，也泄露了他们的全部性格——一个奠基在变幻不定的基础上的结构。他们的攻击性态度是如此发源的，且有可能延续很长的时间。

这种人后来的发展并不容易，因为社会不是带着赞同的态度看待这种人，他们所呈现的事实总让人不喜欢他们，由于他们经常努力去赢取高的权位，他们很快会发现自己处在争斗中——尤其是和与他们同类型的人相争（这些人的竞争心也是他们去唤醒的）。对这些人而言，人生变成了一连串的战斗，当他们遭遇不可避免的挫败时，他们整个胜利感便会突然告终。他们容易受惊吓，他们不能在长期争斗中保持力量，而且他们不能为挫折寻得补偿。

他们的不能达成使命对他们本身有追溯既往的影响，他们的发展几乎就在这里中止，然后开始变成另外一个类型——防卫者，这个类型觉得自己备受打击，所以他们经常在防卫。他们弥补不安全感的方法，不是沿着攻击的路线，而是借助焦虑、防备、懦弱等方式。我们可以确定，如果不是上述那种类型所持的攻击态度的失败，就不会有第二类型出现。防卫型的人会很快被不幸的经验吓倒，致使他们从这里推断出他们容易被击退的绝望结论。有时候他们会假装在撤退的路线中有一项有益的工作，借此圆满掩饰他们的失败。

因此，当他们回忆往事，大做幻想时，往往只一味逃避威胁他们的现实，其中有些还未完全丧失积极主动的人，可能还可以做点对社会不无益处的事情——很多艺术家就属于这一类型，他们自现实中撤退，另外在幻想及理想的领域内为自己建造第二个没有界线的世界，这些艺术家是下面这项规则的例外：本来，第二类型的人在遭遇挫败之后，通常即向困难投降，而且为此大为苦恼，他们害怕每个人、每件事，他们变得多疑，除了敌意，便无所等待。很不幸的是，他们的态度在我们的社会文明里常被其他人的恶劣经验所强化，于是他们很快对人类的善良、对人生的亮丽面失去全部信心。

这种人最常见、也最突出的特点是他们好批评的态度，有时候这种态度被他们强化到一眼看出别人最最不重要的缺点的地步。他们抬举自己成为人类的审判者，本身却从不做任何对共同生活的人们有益的事。他们忙着批评、忙着破坏其他同伴的游戏，他们的多疑迫使他们带着焦虑、犹疑的态度，因而只要他们面对一项任务，就立刻产生顾虑、犹疑，显得好像要逃避的样子。如果要我们象征式地描绘这种人，我们可以说：这种人一手抬起来保卫自己，另一手却遮着眼睛免得看见危险。

这种人还有其他令人不快的性格特点。大家都知道，凡不信赖自己的人也永远不会信赖别人，而这种态度免不了要发展出猜忌和贪欲来。这类怀疑者所经历的孤立生活通常表示他们不喜欢为别人准备快乐，或者不喜欢参与别人的快乐，不但如此，甚至别人的快乐都成了他们的痛苦。

这类人当中，有的可能借一个有效而难于摧毁的巧诈，来维持他们优越于他人的感觉，在他们这个不计一切代价去维持其优越感的欲望中，他们可能发展出一套微妙的行为模式，而这套行为之微妙，乍看之下，绝不会怀疑那是源于对人类的敌意。

5. 情感和情绪

情感和情绪不是什么无从解释的神秘现象，凡是遇到合于个体既定的生命格调、合于其原本的行为模式时，情感就出现了，它们的用意是为了个体的好处而变化个体的情况。个人如果被迫采用别途径来达成其目的，或者对其达成目的的可能性失去信心，就会产生比较猛烈的行动和情感。

这时我们所见的个体，便又是一个承受自卑感及无力感之重担的人，这个重担迫使他集合所有力气，大事发挥，而表现出超过需要的强烈行动，有了这些超乎平常的努力，他便相信有可能使自己成为大家注目的中心，而且能证明自己是胜利的。就如没有敌人我们便不会气愤一样，如果不想到气愤的目的是一次超越敌人的胜利，我们也就不会产生气愤这种情绪了。在我们的文化里，透过这类强烈行动的方式来达到目的仍是可能的，假如这方式得不到认同，我们自然会减少脾气的爆发。

凡对自己达成目的的能力没有充分信心的人，由于受其不安全感的影响，使他们不但不会放弃目的，反而借助情感和情绪激励，想透过更大的努力，来达到目的。被自卑感螫伤的人，他们使用的方法就是用尽力气，以残酷野蛮的方式达成其希望的目标。

既然情绪和性格特质关系密切，它们就不是单独个体的单独特点，而是在所有人身上都可以找到的。每个人一旦被放置在某个情境里，他便会显露出某种特定的情绪，我们或可称之为“情绪应变力”。

情绪是人类生活中很重要的一部分，我们每个人都有经验，因此只要我们深刻了解一个人，即使没有实际面对面，也能想象他惯常的情绪。情绪这种根深蒂固的现象，它之对身体有影响是自然的事，因为身体和灵魂是密切糅合一体的，伴随情绪而产生的身体现象，可由血管及呼吸器官的各种变化看出来：如面红耳赤、脉搏加快、呼吸频率等等变化。

①疏离性表现

（1）气　愤

气愤这种情绪，实在是追求权力和支配欲的典型。它明显透露的目的，就是想迅速猛烈地摧毁横阻在前的每个障碍。前面的研究已经告诉我们，一个气愤的个体，就是努力运用力量追求超越的人，这样的追求认同，有时候会转化成真正的醉心权力；一旦有此结果，我们便一定会看到这种人对于可能削弱其权力感的小小刺激，也报以极大的愤怒。他们相信（也许是过去经验导致的结果），他们可以利用这种情绪，轻易地为所欲为、打败对手。这种方法并非上策，但在多数情况下却都有效。很多人都不难追忆，他们曾经怎样借偶尔发作的狂怒重新赢得其权威。

当然，气愤也有合理的时候，但我们现在不谈这种情况。讨论气愤，我们指的是常常运用这种情感，且已经成为一种惯性及标志性反应的人。有的人真的将愤怒运用到得心应手的地步，而且人尽皆知，因为他们没有别的解决问题的方法。这种人通常是傲慢敏感的人，他们容不下胜过他们或与他们相等的人，他们只有自己做最优越者才能快乐。结果，他们老是两眼锐利地保持警觉，免得有人太靠近他们，或者不好好看重他们。最常与他们的敏感相联结的，就是“不信赖别人”的个性，他们觉得信任一个人是不可能的。

在愤怒、敏感和不信任之外，我们还会发现其中伴随了另一种关系接近的性格。如遇到棘手的问题，我们很能想象这类极端野心的个体是如何地受到惊吓，因为他们从来都无法适应社会。**一旦遇到他不接受的事物，他知道唯一的反应方式：便是大声公布他的抗议，那种态度常常使周围人很不舒服**——比如，他可能打碎镜子、摔坏昂贵的花瓶，我们也不相信事后他会请求原谅，说自己当时不晓得在做什么。他那股损坏环境的欲望十分明显，因为他总是在破坏有价值的东西，从不把一己的愤怒限定在无价值的事物上面，他的行动里摆明了有一套计划存在。

虽然这种方法在生活的小圈圈里有一定程度的效果，但只要这个圈圈扩大，它也就失效了，于是，这些习惯生气的人很快陷入与世界冲突的阵营中。

气愤情绪的外在态度很常见，我们只要提提“狂怒”这类字眼，只要想象个暴躁者的形象就够了。他们面对世界的敌意态度十分明显。气愤的情绪几乎无视社会感的存在。追求权力的目的所用的激烈方式，使当事人很容易便想到死。我们可以借了解各种我们所观察的情绪问题，来测验我们对人性的了解，因为情绪是性格最清楚的显现。我们必须指出，所有暴躁的、愤怒的、尖刻的个性都是社会之敌。我们必须再提醒大家注意，他们之追求权力，是建立在自卑感的基础上，在暴怒的发作中，自卑和优越整个暴露无遗——**自己的价值得借他人的不幸来提升，实在是卑劣的把戏。**

酒是帮助显现愤怒的重要因素之一，微量的酒精往往已足以制造这种效果。酒精的作用会抹杀有教养的节制，这是众所周知的事。沉醉杯中物的人，举止宛如未受过教化，于是他失去对自己的控制，也不顾虑旁人。假如他没有醉酒，或许能藏起对人的敌意、用极大的努力压抑不友善的倾向，可是一旦酒醉，他的真本性就显露出来了，那些不能与生命协和的人，一定第一个去喝酒，他们在这种穿肠毒药中找到一些安慰和遗忘，也找到不能达成所欲的借口。

小孩子发脾气比成人发脾气更常见，有时候一些微不足道的事已够让一个小孩发一顿脾气，原因是，小孩子的自卑感比较强，而且他们采用非常明显的方式表达其对权力的追求——每个愤怒的孩子都是在求取认同，他所遭遇的每个障碍，若不是不能超越，便是显得异常困难。

气愤的结果若超过诅咒发火的范围，便可能伤害到气愤者本身。在这里，我们还可顺便为自杀的本质带上一笔：我们在自杀的案例中，可以看到自杀者想伤害亲友的意图，以及为所承受的挫败报复的意图。

（2）悲　伤

悲伤的情绪是在一个人因所失无法获得安慰时产生的。悲伤和别种情绪一样，**起初不外是悲痛或软弱的补偿，乃至形成一种想获得更多关照的意图**。就这点来看，它的价值与发顿脾气相仿，不同之处在于它是因别种刺激而起，其态度和所用的方法也不一样。

至于“求取超越”则与其他一切情绪相同。只不过，易怒的人是因寻求提升自我价值、贬抑对手的价值，而将愤怒指向对手；悲伤则是一种心理态势的退缩——这是悲伤者获得自我提升及自我满足的必备的条件，不过，这份满足尽管与气愤者方式不同，却依旧是一种与环境相抗的行为。悲伤的人会抱怨、发牢骚，他借由这牢骚把自己放在与同胞对立的位置，悲伤的本质隐藏在人的天性中，它的扩大即成为一种对抗社会的姿态。

悲伤者的提升是由周围人对他的态度而得。我们都知道悲伤者怎么依赖别人的服侍、同情、支持、鼓励、帮忙而觉得舒坦一些；如果这种心理活动成功地转换成眼泪、嚎哭，那么悲伤者就显然提高了自己的地位，成为既有秩序的评判或原告，这名原告因忧伤而对周围人的支配愈多，则其需求就愈明显。悲伤变成一种不可抗辩的理由，束缚着悲伤者周围人的责任。

这种情绪明显暗示着从软弱到超越的追求，以及维持个人地位，去除无力感和自卑感的意图。

（3）嫌　恶

嫌恶的情绪明显的含有疏离成分，虽然这一点不像别种情绪的疏离成分那么为人所知。在生理方面，胃壁受某种刺激，就会恶心甚至呕吐，可是，在心理方面，要产生“呕吐”是有某些意图的，情绪的疏离性因素在此明白可见。嫌恶情绪造成的结果印证了我们的看法：嫌恶是一种姿态，因嫌恶而起的扭曲面容象征对周围人的轻视，以及拒绝此问题（轻视旁人）的解决。

想找借口脱离一种不快的情境，这一个情绪的误用是便利的方法——假装恶心不难，一旦装出来了，这个人势必要离开聚会的场合。没有哪一种情绪可以像嫌恶这么容易佯装，只要稍加练习，任何人都可以发展出恶心的能力，于是乎，一个无害的情绪就变成对抗社会的有力武器，或者变成一个人想自社会撤退时可以理所当然的借口。

（4）恐惧和不安

人的一生当中，不安是最重要的现象之一。这种情绪所以复杂，不只因为它是一种疏离性的情绪，还因为它和悲伤一样，会造成对别人的束缚。孩子因害怕某情境而逃避时，他会去找别人保护，“不安”这种情绪不直接去支配任何人，实际上它反而是表示着失败。一个人不安时，都尽可能地弱小化，这时也正是这种情绪疏离性的那一面显露的时刻，但它同时也怀着一份对优越的渴求。感到不安的人会躲避到别种情境的庇护中，他这样防卫着，直到他们觉得能够面对所临的危险，并且胜过它为止。

谈到不安，我们所面对的是一个有着根深蒂固来源的现象——它是攫住每种生物的原始恐惧的反映，而人类因其本质的软弱与缺乏安全感，就特别臣服于这份恐惧了。

正因我们对人生的困难认识不够，使得小孩永远不能安于那些困难，别的人因而都得供给他所缺乏的东西。这小孩乍得生命之初，就感受到了那些困难，于是这一种生命的情境影响着小孩，他在奋力求取安全感的过程中，便始终含有可能失败的危险，结果发展出了悲观哲学，也因此，他的支配本质变成对外界的协助和关怀的渴求。人愈无法解决人生的问题，所发展的谨慎就愈多，你一旦强迫这种孩子前进，他们立刻摆出畏缩的姿态。他们老是准备撤退，所以他们的性格很自然的常常明显带有不安的情绪。

不安情绪的表露中，我们也会看到当事人的态度渐渐出现反抗，但这反抗既无攻击性，也不直接显示，在这种情绪出现病态性质的退化时，也就是我们可以清晰地透视灵魂作用之际，我们将能清楚感觉到不安的当事人怎么向外求援、怎么拉住每一个人并将其紧系在自己身旁。

进一步研究这个现象的话，很能引领我们转向前面所思索的那些问题：处在不安情绪中的人，无时无刻不在要求别人的支持、要求别人注意他，以至最终构筑一种主仆的关系，宛如别人务须随侍一旁，给予协助和支持一样。再进一步探究，则发现终其一生追求特殊认同的人为数不少，他们业已失去独立自主的能力（因与生命接触不足和不正确所致），所以他们会用极其激烈的方法去要求特殊的待遇；不论他们找到多少同伴，他们终究少有社会感，可是他们只要一显出不安和惊吓，就又能制造其特权地位了。“不安”帮他们去除了生命的要求，也帮他们役使周围所有的人，最后，这份不安渗入当事人生活里的每一层关系中，变成当事人成就其支配权最重要的工具。

（5）情绪的误用

除非能发现情绪是克服自卑感、提高人格特质、获取认同的宝贵工具，否则没有一个人会了解情绪的意义和价值。小孩子一旦搞清楚他可以利用愤怒、悲伤、哭泣等方法折磨周围的人，以抗议他受到疏忽的状况，他就会一而再、再而三地试验这套支配别人的方法。如此一来，他就可能陷入一种行为模式——老是用一贯的情绪表现去反应一些并不太重要的刺激。只要符合需要，他就利用这一情绪。

滥用情绪是不好的习惯，有时候还可能转变成病态。如果孩提时代即如此，长大成人以后便会常常误用情绪，我们不难见到生活里有的人使用愤怒、悲伤等各种情绪，好像它们是玩于股掌间的傀儡，这种没有价值、而且往往使人不快的性格只会剥夺情绪的真正价值。情绪的表演变成了个体遭人排斥、或支配权受威胁时的惯性反应，悲伤若以激动的号哭表现，就很令人厌恶，因为那太像一种低俗粗陋的个人广告了。

同样的误用也可能由情绪的身体反应造成。很多人都知道，有的人让强烈的愤怒影响消化系统，以至于碰到狂怒时，他们就会呕吐，这个情绪所表达的敌意最明显不过了。同样，悲伤情绪也与拒吃联结，以至于悲伤的人脸部消瘦、体重减轻，一副十足的“悲伤形象”。

这些情绪误用的类型不可能与我们无关，因为它们都触及他人的社会感。一个邻居若去向受苦悲伤之人表达友爱，一般而言激烈的情绪就会减弱。可是，有的人却希望悲伤永远别减轻，因为只有维持着，才有来自周围的许多友谊、同情，这些友谊和同情使他们感觉到人格的提升或优越。

尽管我们对愤怒和悲伤寄予程度不等的同情，但愤怒和悲伤终究是疏离性的情绪，这种情绪不会真的使人更亲近，反而因损害了社会感而隔离了人。悲伤的确会促成人与人之间的结合，只是这结合并非正常产生，因为对当事双方都没有贡献什么，它反倒促成了社会感的扭曲，不要多久，别的人就得负起更大的责任了！

② 亲和性表现

（1）快　乐

快乐这种情绪是沟通人与人之间关系的最明显的桥梁。快乐的人不会忍受疏离，在寻找同伴、在彼此的拥抱中所显露的快乐，同样在想与人一同游戏、一同享受美好事物的人身上产生。

快乐可以说是向同胞伸出的友谊之手，也仿佛是把温馨辐射传递出去，因而在这种情绪里展现了所有的联结成分。但说得确切些，有这种情绪的人也是想克服不满足或孤独之感的人，这样，他们可能沿着我们前面时常提示的路线，去取得某种程度的优越感。不过，快乐可能是各种征服困难的表现中最好的一种。带有解放之能量及自由之力量的“笑”与快乐携手同行，它代表这种情绪的核心形态，它超越人格，与人相合相融。

不过，为了某些个人的目的，这个笑和快乐也可能被误用，因此，一个心理情感不健康的病人，倘若听到一场剧烈的地震报道，也会显出快乐的样子。当他悲伤时，他会觉得没有力量，因此他为逃离悲伤，使自己略加接近相反的情绪——快乐。

另外一种快乐的误用是看到别人痛苦时竟显得快乐。凡是在不当的时机、不对的地点所显露的快乐，都是排拒社会感、破坏社会感的，更是一种疏离性的情绪、一种征服的工具。

（2）同　情

同情是社会感的多种表现中最单纯的一种，只要我们在一个人身上找到了同情，我们大致就能确定他的社会感已经成熟了，因为这种情绪能让我们判断一个人与别人融合的能力。

但是，比这个情绪本身更普遍的，也许是它的误用。比如一个人假装他很有社会感——这个误用乃是它的夸大其实——我们会看到有的人挤到灾难现场，为的是冀求获得一个救死扶伤的名声，而实际上他却没有帮那些受难者一点点忙。

职业化的同情者和施舍者无法和其同情、施舍的行为分开，因为他们实在是以这些行动在制造胜过那些受施舍者的优越感，深解人性的罗契弗考（La Rochefoucaud）曾说："人总是预备在朋友的不幸中找寻满足。"

曾经有人错误地把人类的喜爱悲剧和这个现象放在一起谈，他们说，看悲剧的人感觉比舞台的角色神圣，此说并不适合于大多数人，因为我们所以对悲剧有兴趣，多半是起于自我认识、自我教育的欲望，我们没有忘记那只是戏剧，但我们却会利用个中的情节来增加我们为人生做准备的原动力。

（3）羞 赧

羞赧这种情绪同时具有亲和性质和疏离性质，它是我们社会感结构的一部分，并且不能与我们的心理生命分开——人类社会没有这种情绪是不可能存在的。当一个人的人格价值即将沉落，或者意识中的自我价值即将丧失时，就会产生羞赧的情绪。这种情绪会明显地转移至身体，造成末梢微血管扩张。皮肤微血管一充血，我们便会看见泛红现象，这现象最常见于脸部，但有的人会全身泛红。

至于外在态度的表现，其中一种是退缩，那是与轻微沮丧密切相连的孤立姿态，等于准备从感到有威胁的情境中撤退。眼光下望和害羞都是脱逃的举动，明确表示它是一种疏离性的情绪。

羞赧和别种情绪一样会被误用。有的人太容易脸红，以至于与朋友的关系都被这个具疏离性质的个性破坏了。像这样误用时，它的孤立性质就很明显了。

五、人类面临的挑战

1. 自我与世界

在我看来，每个人在生活上的一举一动，都显示出他对于自己的力量、能力，有着一定的看法，而且从一开始，他对于自己在任何情况下行动的困难或者可行性就已有了很清楚的见解。换言之，我确信**人的行为出自他的观念**。请不要对此感到惊奇，因为我们的感官感受到的不是实际事实，而只是它的主观形象，也就是说，外在世界的反映。当我们做心理学研究时，不要忘掉塞内加[1]的话。如何解释存在的重大事实要看我们的生活风格。只有在直接面对和解释相冲突的事实时，我们才会愿意在直接经验中的细节方面改正对事实的看法，在不改变人生观的情形下，容许因果律影响到我们的判断。事实上，人看到一条毒蛇过来，是真的毒蛇，还是只是相信那是一条毒蛇，对他的效果都是一样的。骄纵的孩子在母亲离开时就会焦虑，他怕小偷，那么不论是否真的有小偷，他都会同样的怕。甚至在向他证明没有小偷之后，他还是会怕。患广场恐惧症的人不敢到街上去，因为会觉得地在摇；在没有病的时候，如果地真的摇起来，他的行动也不会两样……这些人有时

① 塞内加（Lucius A.Seneca），罗马斯多噶派的哲学家、悲剧作家。

都会按照信念行动，如果信念没有问题，他们的行为从客观的角度说就是正确的。

拿一个三十六岁的律师为例。他已经对工作完全失去了兴趣。事业很不顺利，他自己说是因为没有能带给那些来谘商的顾客好印象。他总觉得自己很难和人厮混在一起，尤其是和女孩子在一起，会非常害羞。勉强，甚至可以说是厌恶地结了婚，不到一年也就离婚了。现在和父母住在一起，过着隐士般的生活，生活费用大部分由父母负担。

他是独子。母亲非常溺爱他，总是和他在一起，她也说服了孩子父亲，使得他们都相信有一天他会成为一个很不平凡的人。这孩子一直这样期待自己，他成绩优异，似乎证明他的想法不错。大部分惯坏了的孩子不能对任何事情说不。像许多那样的孩子一样，他染上了手淫的习惯，解脱不掉，而且不久使他成为学校女孩子们的笑料。他因此完全不和她们来往，但是却想象自己在爱情与婚姻方面能获得最光辉的成就；不过感觉只有母亲能吸引他，而母亲也完全被他支配，有相当时间，他把性方面的幻想和母亲连在一起。从这一案例也可以很明显看出，所谓的俄狄庸斯情结（Oedipus complex）不是一个“基本事实”，而只是母亲纵容的、恶性的、不自然的结果。这一点，在这位充满虚荣的男孩或青年觉得自己被女孩子出卖了时，在他没有能发展出足够的社会兴趣，因而不能和其他人厮混在一起时，可以更加清楚地看到。

完成学业前不久，在面临独立谋生的问题上，病人感染了忧郁症，因此再次打退堂鼓，像所有惯坏的孩子一样，他从小就很胆怯，怕面对陌生人。以后在和男人或女人的同志关系里，情形也一样。同时，他也不敢面对他的事业，这种情况一直延续到现在。

上面的叙述把许多和之相配合的其他事实省去了，我觉得这样也就够了。有一件事情是很清楚的：这个人一生始终都没有变。总是想出人头地，可是在对成功没有把握时，又一定逃避。他的人生理念——他自己不知道，由我们推想出来的——可以用下面的方式表达：“既然世界不肯把我的胜利给我，我就撤退。”他把打败其他人看作自己奋斗的最后目标，从这样一个角度出发，不能不承认他的做法是正确的、聪明的。在他自己的世界里，没有“道理”，也没有“常识”，有的只是我所谓的“私有聪明”（Private intelligence）。如果他在这样的人生中有什么想法在客观事实上被否定了，他仍旧会采取同样行动。

下面是一个相似的例子，不过表达形式不同，也没有那样强烈的不与人来往的倾向。一个二十六岁的男人在家里是次子，上下各有一个兄弟，母亲比较喜欢他们。他嫉妒哥哥，决心要和哥哥的优异表现竞赛。对母亲采取批判的态度，依赖父亲，对孩子的生活来说，这总是第二阶段的状况。他对母亲的厌恶，不久就延伸到所有女人身上。他要去除女人统治，同时支配男人的野心也迅速上升。他用各种方式破坏哥哥的优越地位。哥哥体力比他好，在体操、打猎方面的表现也都比他好，他因而厌恶所有运动。把运动从生活里排除，就像他把女人从生活里排除一样。他喜欢成就，可是只有当成就带给他胜利感时，才会被成就吸引。哥哥的婚姻很美满，他因而担心自己不会那么幸福，也许就像童年时妈妈对他的看法那样，又会在人们的议论中扮演次要的角色。经常有对哥哥挑战的冲动。有一次，哥哥去打猎，带回一张很好的狐皮，觉得很骄傲。我们的朋友偷偷地把上面的白毛剪掉，借以去除他哥哥的骄傲。他的性本能（sexual instinct），因为自己生活的范围比较狭窄而活动量又比较大，在他把妇女排除生活之后，就走上了同性恋的道路。

他对于人生意义的阐释不难解读。他认为：在他做的每一样事情上，都必须是优胜者。所有不能达到胜利目标的行动都加以排除，以努力达到他的优胜目标。为了了解他的病情，我们有过很多谈话。在谈话中，第一个他不得不承认的，让他痛苦而又烦恼的事实是在和同性恋伴侣的一次性行为中，对方也宣称胜利，而胜利又是因为他的魔术般的吸引力造成的。

对这个案例也一样可以说他的“私有聪明”并没有错；要是女孩子方面的拒绝是普遍事实，那么大部分人会走上与他同样的路。事实上，把事情普遍化的强烈倾向常常是生活风格建造中的一个基本错误。

“人生计划”与“人生意义”相互补助。两者都起源于孩子还不能依经验做推论，不能用言语、概念表达推论的时期。不过，他已经开始从非言语表达的推论中，从常常是不重要的事件中，从非强烈情感字句表达的经验中，发展出比较一般的行为方式。这些一般性的推论，以及与它们相似的倾向，是在他还没有言辞与观念的时候形成的，在以后的年代里会继续起作用，当然，也会有许多不同方式的修正；常识介入，或多或少改正了它们，使人免于过分依赖规则、言辞、原则。他以后可以看到，人因为不安全、自卑而带来的压迫感，过分努力地追求支持和保障，而常识，在社会感的援助下，可以把人从这种过分努力中解放出来。

下面的例子，也是常常看到的，显示同样的错误程序也可以在动物里见到。一条小狗接受在街上跟随主人的训练。技巧有了相当进步之后，有一天，突然跳上一辆开着的车子，被从车子上抛下来，但是没有受伤。这当然是罕有的经验，小狗几乎不可能对这件事有本能的反应。它以后在训练方面有更多进步，可是却无法诱使它接近失事的地点。因此，也很难用“制约反射”（conditioned reflex）的话来形容。不怕街道，不怕车辆，但是怕出事的地点，做了一次人常做的那种一般推论：该责备的不是自己的不小心、没有经验，而是那个地方。在那个地方**总是**有危险威胁它。它和许多其他采取类似程序的动物很相似。都紧紧执著于那样的解释，这样做至少可以保证一点：再也不会在“这个地点”被伤害。

类似的结构常常可以在神经症里见到。患者害怕失败；害怕丧失自己，于是把身体与心理的症状，误以为是无法解决的问题而精神激动，这些症状又被他们拿来做最好的利用，保护自己从生活中撤退。

很明显的，影响我们的不是“事实”，而是对事实的解释。在解释这些实际事件时我们所表现的或多或少的信心，是永远不够的，要看解释是否有矛盾，看解释产生的行动是否成功。对于没有经验的孩子以及不合群的成人这一点尤其重要。不难看出，因为我们的活动领域常常很有限，也因为小的错误、矛盾常常在没有任何努力或是别人的帮助之下，在不太难的情形下得到调整。这也使得我们在生活样式一旦形成之后更容易抓住它。只有那些明显而重大的错误才会逼迫我们去仔细考查，而这也只有在那些愿意透过合作方式解决人生问题，不以个人优越为追求目标的人身上才会发生。

因此，我们获得了下面的结论：每个人对于他自己、对于人生的问题都有一个“观念”：一个生活样式，一个运动律；会把他牢牢抓住，虽然他不了解这个观念，也不能说明。这个运动律是在童年的狭小范围中出现的。在没有多少分辨选择的情形下，自由地运用人天生的能力以及外在世界的影响，发展出来的；这一过程不受任何可以用数学程式表达的行动限制。它是孩子的艺术品，用来为他的目的，指导与使用所有“本能”、“冲动”，以及从外在世界与教育获得印象。它不能从“有的心理”（Besitz）的角度去了解，必须从“用的心理”（Gebrauch）的角度去了解。型，类似，差不多相同，这类字眼，常常只是因为语言的贫乏才有的（语言没法用简单的字眼表达永远都存在的微妙差异），或者说，只是统计学上的可能性。如果因为看到它们存在的证据，而就定下不变的规则，那就是误用了；不可以这样做。这种规则对个别案例的了解不会有任何帮助；只能用来帮助对整个视野，独具特性的个别案件存在于其中的整个视野的了解。举例说，强烈自卑感的诊断，对于个别案例性质的了解，到诊断的这一时候为止，没有任何帮助，也不表示教育或社会环境方面有任何缺点。这些缺点以永远都在变化的形式在个人对外在世界的态度上表现出来。因为孩子创造力的干预以及由创造力产生的解释的干预、形式人人不同。

一些简略的例子可以用来解释上面所说的。一个孩子，消化器官有遗传上的缺陷，一生下来就有肠胃方面的麻烦，但是在饮食方面却没有得到完全恰当的照顾；因此，最后他对食物以及和食物有关的一切发生夸张的兴趣。他对人生和自己的看法也因此紧密地和营养连在一起。以后这种兴趣也可能指向金钱，因为他很快就会觉察到食物与金钱间的关系，不过这一点在每一个别案例中，都必须予以重新证实。

一个惯坏了的孩子，母亲从小就什么都帮他做，大了之后也多半不愿意照顾自己的事情。如果把这一点和类似现象比较的话，我们可以说，孩子认为他的一切事情应该由其他人代劳，他就生活在这样的信念里。本例和下面的案例一样，只有在深入求证后，才能作出确实判断。可以推想，一个孩子，小的时候父母听从他的支使，以后也总是想支配其他人，而且大多数人，在有了多次被别人拒绝支配的经验之后，会对世界采取“迟疑的态度”，同时，带着他所有的幻想；常常包括性方面的幻想；退缩到自己的家庭里去，没有能力从社会感的角度做出必要的调适。如果孩子在早年的成长过程中，他的与人合作的能力，得到了很好的发展，那么，他会依据自己的正确的社会生活的构想解决人生问题。

同样的，一个女孩，父亲不顾家庭，对她不公平，她便可以很容易就相信所有的男人都是那样。如果她在和兄弟、亲戚、邻居的关系上，有过类似经验，或是在阅读中，碰过那样的人，就更可能如此相信。在这种情形，原有的信念维持了一个短暂时间之后，也就不会再去考虑其他不同性质的经验了。要是家里恰好选了一个兄弟，要他上大学接受高等教育，或是要他去从事一门职业，这也可以很容易给她带来这样的意义：女孩子无能，或女孩子不公平地被排斥在高等教育门外。如果家里的一个孩子觉得自己总是被放在幕后，被忽视，他被这样的感觉抓住，可能会想："我总是得待在幕后。"或者，因为相信自己有能力，会拼命奋斗，超越所有其他人，并不把任何人放在眼里。一个过分骄纵放肆的儿子的母亲可能让儿子认为：仅仅为了自己，就必须总是注意的焦点，不需要扮演真正的角色。如果她唠叨，不停地批评，又相当偏爱另外一个儿子，可以使得这个儿子以后在和任何妇女打交道时，感到疑心。这可能产生难以预测的后果。如果一个孩子出过很多意外，生过很多病，可能因而认为世界充满了危险，并且据此采取行动。如果家庭对外面世界的传统态度是焦虑与疑心也可能出现稍为不同的结果。

很明显的，这许许多多的解释，可能真的和现实世界以及它的社会要求冲突。个人对自己与人生要求的错误想法迟早会使得他和冷酷的现实相冲突：现实要的是和社会感一致的解决办法。冲突的结果可以比拟成电击。失败者会认为他的生活风格不能接受人生要求（外在因素）的考验，但这一意见不会因为电击而就消失或改变。对个人优越的追求仍旧会继续。震撼的结果，只能看到下面的现象：当事人的行动领域变得更加狭隘，而狭隘领域也多少受到限制；其次，当事人会把让他的生活受到失败威胁的任务除去；最后，他会从自己还没有做好正确应付准备的问题前撤退。不过，震撼的效果有心理的，也有身体的。它贬低了剩余的社会感，造成人生的各种错误，因为它迫使人逃避，神经症的情形就是如此；再有就是迫使人走上反社会的歧途。在这条路上，他仍旧会在剩余的行动领域内采取行动，但是这绝不表示他是在勇敢地行动。每一个案例都很清楚地证明，“解释”在个人的世界观里是很基本的，决定他的思想、感觉、意志和行动。

2. 生活风格研究

人生是问题，寻找人生的意义也是问题。我们不会随便拒绝任何发现它们的方法与途径。个人对人生意义的解释不是小事，因为它是测量思想、感情、行动的终极标准。不过，真正的人生意义是在行动错误的个人所遇到的障碍中表露出来的。指导、教育、治疗的任务是要克服真正的人生意义与个人的错误行动之间的差距。我们对于作为个人的人的知识可以回溯到古老的过去。许多古老民族的历史的、个人的叙述，包括荷马，普鲁塔克，古希腊、罗马的诗人，基督教经典，英勇冒险故事，童话，寓言，神话；对人的性格都显示了深刻的了解。长久以来在解读人的生活风格方面，一直都是诗人做得最成功。他们能够把个人的生活、行动、死亡，在与时代问题的紧密关系中，作为一个**不可分割**的整体表现出来，令人赞叹。毫无疑问的，在各先进民族里面，也有许多不知名的人士在人性方面有超乎一般的了解，而且把他们的经验传给子孙。明显的，这些人以及那些人性知识方面的伟大天才，都对人与人之间互动关系里的重要原因有着深刻的洞见，也因此而显露了他们的不凡。这一天分只可能来自他们和社区之间的同情纽带，以及他们对于人类的兴趣。他们的宽广的经验、超乎寻常的知识、洞见，是社会感带给他们的酬报。他们的作品有一个特性是人们一定会注意到的：就是能够那样的叙述个人的许许多多无法推测的表现的运动①，让其他人在不需评估、衡量的情形下，就可以了解。他们的本领也来自预言方面的天赋。用猜测的办法，看到了存在于表现的运动彼此之间以及其后面的东西。许多人称这一天赋为“直觉”，认为只有高人才具备。事实上，这一天赋是最常见的。在错综复杂的生活里，在面对深不可测的未来时，每个人都经常地使用它。所有我们的问题，最小的以及最大的，都总是新的，总是有些不同的，因此，如果被迫用单一的方法，就会经常发生错误。问题总是不同，也总是带来新的要求，迫使我们重新预测任何可能采取的行为模

① 表现的运动（expressive movements）：指展露人生风格，人生意义的运动。

式。正确的预测是掌控问题的第一步。这一能力正是有兴趣成功地解决一切人的问题的人的突出标志。天赋所不同的一点是它看所有人的未来，不论是考察全盘的人类历史，还是单一个人的命运，未来总会引起它的注意。

心理学在哲学没有掌控它之前一直是一种不会有害的艺术。人性的科学知识起源于心理学以及哲学家的人类学。在人类的事件中寻找一条总括性的普遍法则的多重努力中，不可能忽视个体的人。所有个人表现形式的统一性成了一个无可否认的真理[①]。把统御每一事件的法则转移到人性里去，使得学者们采取了许多不同的观点。那种不可探测的、不为人知的调控力究竟是什么？康德、席林、黑格尔、叔本华、哈特曼、尼采以及许多其他人在被称之为道德、意志、权力意志、或是“潜意识”的一个不自觉的原动力中寻找这一力量。而内省也在这一过程中流行起来。用这个方法，人应该能预言心理事件方面以及与之相连的程序方面的事。这个方法没有用很久，人就不再相信它了。这是正确的做法，因为他们无法保证可以从任何人得到客观的报道。

在技术发达的时代，实验的方法获得普遍采用。人们利用器械、小心选择的问题，安排测验，希望对感官的功能、对智能、个性、人格有更多了解。用这个方法，人格连续性丧失了，不然，就只有用猜测的方法把它再恢复。后来出现的遗传学说把整个尝试都放弃了，他们认为重要的是能力的具有，不是能力的使用，以能够说明这一点为

---

① 统一性，指所有表现形式都受着一个原则的管辖。

满足。内分泌腺影响说也指向同一方向，把力量集中在自卑感的一些特殊案例上，以及在器官有缺陷时，它们的补偿的问题。

心理分析的出现使得心理学经历了一次文艺复兴。无所不能的人类命运之主，在性欲力（sexual libido）的名义下复活了，地狱的痛苦在下意识中得到小心而全面的描述，原罪也在罪恶感中得到同样的表现。天堂没有列在单子里，但是以后创造的“理想自我”，个人心理学的完美“理想”目标也支持了这一观念、改正了这一省略。[1] 尽管如此，这一创造是一个要在意识的字里行间看出意义的值得注意的尝试，是往生活风格，往个人的运动路线，往人生意义的重新发现方向走了一步，尽管心理分析的创始人，沉迷于他的性隐喻，没有能觉察到在人类前面盘旋的这一目标。此外，心理分析被骄纵儿童的世界拖累得太厉害了，使得它总是把这一类型看作心理结构的永恒样式，也使得它看不到作为人进化一部分的精神生活的较深层次。它的暂时的成功是因为无数骄纵放肆的人的倾向的缘故，这些人高兴地接受了心理分析的观点，认为是可以普遍应用的规则，也因此强化了他们自己的生活风格。使用心理分析技巧的人以很大的能量、耐心，想用它显示人的表现的姿态、症候是和性欲联在一起的，使得人的行动看去像是依赖一个在本质上是虐待狂的冲动。个人心理学第一个清楚地指出，后面的这些现象是骄纵儿童的愤恨人为地制造出

① 个人心理学（Individual Psychology）是本书作者阿德勒所创立的学派，而心理分析（psycho-analysis）则是弗洛伊德所创立的学派。

来的。不过，心理分析也有一条认识进化冲动的途径——对冲动的暂时适应。可是，这一努力没有成功：它以常见的悲观样子把死亡意愿这一观念看成是要完成的目标。这不是积极的适应；这只是期待一个拖拖拉拉的死，依据的则是有些问题的物理第二基本律。

个人心理学坚决地站在进化的立场，而且从进化的观点把所有人的奋斗看作追求完美的奋斗。对生命的渴求，物质的、精神的，都是不可改变地和这一奋斗连在一起的。因此，到目前为止，就我们所知，每一心理表达形式出现时，都是由负面情况向正面情况的运动。每一个人在他生命开始时，都为他自己采纳了一条运动规律，为了顺应这条律则，他有相对的自由利用他内在的能力，缺陷，以及他对周围环境的最初印象。运动规律人人不同，有不同的节拍、旋律、方向。每一个人都总是在那里拿自己和那无法达到的完美理想比较，总是受到自卑感的控制，因此被它的驱策而前进。从此我们可以推论说，从永恒的观点说（sub specie aeternitatis），或者从想象的绝对正确的观点说，每一运动规律都是有问题的。

每一文明时代都从自己的观念与情感的财富中选取材料，为自己建造上面所说的理想。因此在我们的时代，为了发现人在建造这一理想时，他的精神力量的持续程度，总是只向着过去去找；我们有权利深深敬佩这一力量，多少世纪以来，它为我们架构了一个可靠的人类社会生活的理想。没有问题，“不可以杀人”，“爱你的邻居”，这两条戒律几乎永远不可能从人的知识与情感中消失，几乎永远都会是人的最高上诉法庭。人的社会生活的这些准则，以及一些其他准则，毫无疑问是进化的产品，和人的关系源远流长，就像呼吸与立姿与人的关系一样：它们可以体现在一个理想的人类社区的构想里，本书里所说的进化冲动，进化目标指的就是这一理想社区。这些准则提供给个人心理学唯一的一条铅锤线，所有和进化作对的其他目标与运动模式的对错都应该只靠它来评断。而这时个人心理学也变成了一个“价值心理学”（psychology of values），就像医学的情形一样；它的研究与发现使得它成为进化的促进者，而它也是一个“价值科学”（science of values）。

因此，自卑感，求克服的奋斗，以及社会感，作为个人心理学的三个研究基础，在考虑个人与群体时，都是不可缺少的。它们所代表的真理可以规避，可以用不同的辞句表达，可以被误解，可以设法拿它吹毛求疵，但是绝对无法抹掉。在对任何人格做正确评估时，必须考虑到这些事实，必须探知他的自卑感、求克服的奋斗，以及社会感的状况。

其他的文明在进化的压力之下会做出不同的结论，走错误的途径，每一个人也会。在人类发展的流程中，创造属于生活风格的心灵结构以及与之相连的恰当情感是孩子的工作。在一个绝非中立的环境里，孩子的，至今还几乎没有被了解的情感的行动能力，可以作为他的创造能力的标准，提供给他一个非常不同的人生预备学校。孩子根据主观印象，在没有足够评论标准的指引下，为自己建造一条途径，一个目标以及未来要攀登的一个高峰的幻景。个人心理学的所有想要让人了解人格的方法，会考虑到个人透过他的优越目标、自卑感强度、社会感三方面所显示的意义。在仔细检查过这些因素的彼此关系之后可以清楚看出，它们对于社会感的范围与性质全都有贡献。检验的进行类似实验心理学的检验或是医学案例中的功能检查。唯一的区别是这里用生命本身在测试，这显示了结合个人与人生问题之间的纽带是多么强固。也就是说作为一个完全存在的个人不能和生活脱离关系，也许说得更确切一点，不能和社会脱离关系。他对社会的态度最先在他的人生风格上显露出来。因为这个缘故，实验在最好的情况下也只是处理个人生活层次中的一些部分；不能告诉我们任何有关个性，乃至未来在社会的成就方面的任何事情。甚至格式塔心理学如果要对个人在人生过程中的态度做出任何结论，也需要个人心理学的协助。

因此，个人心理学用来发现人生风格的技巧，首先就必须假定为对人生问题的知识，以及人生问题对个人的要求的知识。很明显的，人生问题的解决需要一定程度的社会感，和整个人生的紧密结合，以及与其他人合作、厮混的能力。如果没有这种能力，就会出现各种品样的强烈自卑感以及随之而来的后果。自卑感品类繁多，但闪避与“迟疑不决”是它的主要形式，和自卑感同时出现的那些相互关联的肢体与精神现象，我称之为“自卑情结”。不断地追求优越，要超人一等，可称为“优越情结”；这东西，不顾人的社会感，总是向往个人表现；来遮盖“自卑情结”。一旦清楚了解了一个失败案例中的各种现象，准备不足的理由就应该在童年早期去找。用这个方法，可以成功地得到一个内部一致的生活风格的真实图像，同时也可以在失败的案例中，成功地评估生活风格与社会感之间的差异程度。在这类案例中看到的人总是缺乏与其他人交往的能力。因此可以说，教育家、老师、医生、牧师的任务是要增加人的社会感，加强他与人合作的勇气。要怎样做呢？告诉他失败的真正原因，同时让他信服；把他对人生的错误想法告诉他，使他能更加清楚地看到生命带给人类的意义。

要完成这一任务，必须有关于人生问题方面的详尽知识，必须了解社会感方面的细小缺失，自卑与优越情结里的缺失，以及所有人错误里的缺失。同样的，辅导人士也必须对童年时期可能阻碍社会感发展的环境与情况有广泛的经验。到目前为止，经验告诉我，探寻人格的最可靠途径要在对童年最早的记忆，孩子在家庭中的位置，以及任何幼稚的错误的全盘了解中去找；在日梦、夜梦，以及引起疾病的外在因素的性质中去找。整个调查的结果，再加上对医生的态度，必须非常谨慎地加以评估，所获得的结论也必须总是拿来和已经建立的事实比较，看是否有不一致的地方。

3. 人生问题和任务

在这里，个人心理学和社会学接触了，如果我们不知道他人生问题的架构，以及这些问题所赋所予他的任务，就不可能对一个人做出正确的评估。只有看他对这些问题的态度，以及这一态度在他身上引起的结果才能见到他的本性。必须注意他是不是扮演他的角色，还是犹豫，不肯向前，逃避任务，或为逃避辩解；注意他是不是能为自己的问题找到部分解决办法，以及在成长过程中从问题中走出来，使得问题不再成为问题，还是问题仍旧留在那里，得不到解决。而且，是不是为了赢取个人不凡的荣耀，走上了有损社会的道路。

长久以来，我确信所有人生问题可以归类为三个主要方面：社区生活，工作，爱情。这些不是随便的问题，而是不断面对我们，逼迫我们，向我们挑战的问题，不给我们一点逃避的路。我们在生活风格的基础上对这三个问题所做的答案可以在我们对它们的整个态度中看出。三个方面彼此之间有着紧密关系，因为要恰当地解决它们都需要有足够的社会感。不难了解每个人的生活风格都或多或少反映在他对每一方面问题的态度上。对于那个目前还遥远的问题，或是看上去情况有利不难解决的问题，这个态度**不那么清楚**；当个人的资源受到比较严厉考验时，态度就会**比较清楚**。宗教、艺术的问题，是超越一般解决办法的，在这三个方面都可以见到。三个方面的问题是如何产生的呢？为了相互联系，提供生活必需品，以及照顾儿女，人们不得不结合在一起。人生存在这个地球上，就必须面对这些问题。人是地球的产品，他要在宇宙关系中活下去，求发展，就只有和社区结合在一起，提供它物质、精神的食粮，分担它的事务，勤勉工作，以及在传宗接代方面作出贡献。人在身体上与精神上能够担负起这些任务，因为他在进化过程中，追求身体与精神方面的发展。所有的经验、传统、戒律都是人在克服困难的奋斗中所做的努力，不论对的、错的、暂时的、永久的。人在奋斗中现在达到的阶段——当然，一个很不够的阶段——可以在今天的文明中看出。个人的运动以及群众的运动都表现在由负而正的成就上，因此我们可以说，不论在个人或者群体方面都有一种永久的自卑感。进化的大潮流下会停止。完美的目标拉着我们向前。

无论如何，这三个方面以社会感或社会兴趣基础的问题是无可避免的，所以，很明显的，只有有足够社会感的人才能解决它们。人也许会大胆地说，到目前为止，每一个人都能够获得那样数量的社会感，可是人类的进化还不够深远，人对社会感的吸收还不够完全，它还不像呼吸或者立姿那样在人的身上自动地发挥作用。我不怀疑有一天——也许还很遥远——人会达到那一阶段，除非人在哪方面的发展遭到破坏；在我们的时代，有少许理由，不免使我们想到可能出现那样的情形。

所有其他问题的目的都是要解决这三个主要问题的。次级问题可能和友谊、同志感情、对国家、民族、人类的兴趣有关；解决问题的准备工作，不论对错，在他生下来的第一天就在和母亲的关系上开始了。孩子需要有和周围的人生活的经验。母亲，因为母爱的进化发展，在性质上是最适合带给孩子这一经验的伙伴。母亲是一个人站在社会感开始发展时的第一个伙伴。她要他在人生的舞台上扮演整体的一部分，要他和他的世界里的其他人建立正确的关系，他最早的冲动是从母亲那里得到的。

困难可能在两个地方出现。在母亲的方面，如果她在处置上缺乏手段、笨拙、无知，使得孩子不容易和其他人交往，或者把工作看得太轻松、太随便。最常见的，是让孩子没有必要去助人，去与其他人合作；用她的亲爱把孩子窒息；经常的替孩子行动、说话、思想，使他得不到好的发展机会，使他习惯于生活在一个想象的，完全不同的世界里，那么就会带来困难。这只需要很短一段时间，就可以让孩子把自己看成事件中心，让他觉得所有其他的事情，其他的人都在和他作对。此外，孩子的自由判断和他的自由创造力所造成的多方面的结果，也是不可以低估的。孩子利用外在的影响力，铸造它，使它符合自己的心意。母亲太放任时，孩子就不肯让他的社会感扩展到其他人的身上去；他设法躲避父亲、兄弟姐妹，以及所有其他不能以同样程度的宠爱对待他的人。在形成这样一种生活风格的过程中，在接受含有这样想法（一切都是很容易达到的，而且从一开始就如此，但是要在其他人的帮助之下）的人生意义的过程中，孩子后来变得不适合于解决人生的问题。缺乏解决这些问题所需要的社会感，当面对它们时，会感到震撼，使得他没有办法找到解决办法。骄纵的孩子认为母亲随时都应该侍候他。这是他选择的让他高人一等的目标，他用反对自己功能发展的办法，很容易就达到了。反对可能是因为违抗，这是一个气质上的倾向，也必须被认作是社会兴趣缺乏的结果。另外一些研究的尝试，用性欲力、虐待狂冲动来解释尿床、痾屎在裤子上这类稚气的错误，认为这样的方法把更原始的、甚至更深的心理生活层面揭露了，这些其实是把车子放在马前头，他们误解了这类孩子的基本倾向——过度的渴望感情。他们似乎认为器官的进化功能总是需要重新获得，这也是错误的。这些功能的发展对人类来说，就像语言和立姿一样，是依赖自然律，自然形成的。在孩子的幻想世界里，这些器官的功能，以及乱伦的禁止是可以逃避的。那些稚气的错误，只显示孩子希望被溺爱，目的或是想利用其他人，或是在得不到溺爱时的复仇和指控。

被溺爱的孩子也用无数不同方式，拒绝让满足他希望的情况有任何改变。如果变动真的发生了，总是可以看到孩子的抵抗行动或反动，看到他利用这些行动较主动或较被动地达到他的目的。不论问题是向前还是退却，完全发展的程度主要在于孩子的活动态度，虽然要求解决的外在情况（外在因素）也必须考虑到。在类似的病例里，体验到的成功提供了后来遵循的范例。许多没有正确了解这些病例的作者把它们当成退化蒙骗过去。有些作者在他们的猜想方面甚至更进一步。虽然人的心理现在应该被接受为一个证实的、永久的进化结果，他们却设法用原始时代的残留的说法来说明它。他们用这样的办法在两者之间找到了怪诞的相似之处。人的表现形式——特别当我们把语言不列入考虑时——在每一个时代都是彼此相似的，这一事实把许多作者带入歧途。人一旦尝试要把人的所有行为模式和性拉上关系，那么问题就只是再发现一个相似处而已。

我曾经清楚地表示过，骄纵的孩子，出了骄纵的圈子，就会觉得经常受到威胁，行动就像在敌国一样。他个性的种种特色——尤其是他的常让人难以想象的自我怜爱，自我仰慕——都必须和他的人生意义相配合。由此可以看出，所有这些特色都是人为的成品，是后天得来的，不是天生的。不难了解所有个性特色都象征社会关系，出自孩子所创造的生活风格，虽然这和所谓的“个性学者”的观点非常不同。然而人性善恶的长期争论解决了。社会在加速地、无可抗拒地向前进化使我们有理由假定，人类的存在和“善”是不可分割地结合在一起的。任何似乎否定这一点的事物都应该被认做进化的失败；是过去错误所造成，和自然的巨大实验里以及动物的身体里的不能使用的材料的情形一样。个性的学说必须很快为我们说明下面的事实：“勇敢，有德行，懒惰，不怀好意，坚定，等等”，都总是对一个永远在变动的外在世界的适应或不适应的结果，没有外在世界，它们就无法存在。

我曾指出，童年时期还有其他的障碍，也像骄纵一样，妨害社会感的成长。在考虑这些障碍时，必须再次排除任何基本的、统御的、因果的原则；我们在这些障碍的成效中看到的只是一个可以用统计学上的或然率加以表达的误导冲动。此外，每个人所展示的品种与独特性也不可以忽视。这是孩子在形成他的运动规律的过程中，他的近乎任意的创造力的表现。这些障碍包括父母忽视孩子，以及功能低劣的器官。这两项，也好像骄纵一样，使得孩子对世界的看法，以及他的兴趣偏离“共同生活”，而把注意力转到自己的危险与福利上去。以后我们会更证明，只有在有足够的社会感的情况下，才可能获得危险与福利方面的安全感。不过，可以很容易了解的是，人如果和他在地球上的生存条件的接触有瑕疵，关系不和谐，那么，它也会以敌人态度对待他。

关于童年的这三个障碍可以说的是，孩子的创造力在努力克服它们的过程中得到不同程度的成功。一切成功、失败要看生活风格，看个人对人生的态度：这一点他大部分不知道。我们谈到决定三项障碍结果的统计学或然率，同样，现在也必须证明，人生的问题无论大的小的，也展示了一个单一的但是重要的统计学或然率。那是问题造成的测验个人对问题态度的震撼或然率。人无疑可以以某种程度的确定性预言在一个人和人生问题接触时会有什么样的结果发生；但是必须记得，任何假设，在结果证实它之前，都不可以视为是正确的。

个人心理学，凭着它的经验和或然率法则能够测知人生过去，这是任何其他心理学方法做不到的；这毫无疑问是它的科学基础的一个有力证据。

现在也必须考查那些显然是次要的问题，看看它们的解决是不是也需要开发社会感。其中一个最重要的是孩子对父亲的态度。正常的态度是对父母亲差不多有同样的兴趣。可是外在的环境，父亲的人格，溺爱的母亲或疾病，以及器官发展方面的困难——照顾的责任落到母亲身上——常会造成父子之间的距离感，因而妨害到他社会感的扩展。当父亲，为了防止母亲骄纵的后果，想用比较严格的方法来对待他时，距离还会扩大。母亲常常有一种很不自觉的倾向：把孩子拉过去扮演她的角色，这也会使得距离扩大。如果是父亲的溺爱在支配时，那么孩子会转向他，离开母亲。当这类情形发生时，必须总是把它看作孩子人生中的第二期，同时也表示母亲是孩子悲剧的原因。如果因为过分放任，孩子离不开母亲，那么他多少变得像一条寄生虫，希望从母亲处获得一切需求的满足。性方面的需求也包括在内。那是较容易发生的，因为在孩子的性本能觉醒时，他完全没有学到约束自己，以为什么都可以要，而且继续期待母亲可以满足他的所有欲望。弗洛伊德所谓的俄狄甫斯情结（Oedipus complex），认为是心理发展的自然基础，其实在只是**骄纵孩子生活里出现的许多形式之一**，孩子也是无奈地被自己的激动的幻想在玩弄。弗洛伊德僵硬地、狂热地把所有孩子和母亲的关系放到一个以俄狄甫斯情结作为基础的理论架构里去。我们没法同意他的说法。也必须拒绝女孩比较受父亲吸引，男孩比较受母亲吸引的假设，即使许多作者看来已把它当成为一个似乎合理的事实。如果确实发生这种情形，也不是因为骄纵的原因，可能是在孩子方面对他未来性角色的某种了解，因此，也是为人生以后阶段做准备。孩子，游戏般地在为他的未来作准备，就像他在许多其他游戏中做的一样，行动通常也没有运用到性本能。如果孩子显露早熟的、几乎不能制伏的性本能，那无疑表示他是一个以自我为中心的人，而且通常是一个素来骄纵放肆的孩子，不能拒绝自己需求的任何东西。

当孩子在家中的位置成了问题时，也可以让我们多少了解到，他在和其他人交往方面的能力。上述的三群孩子通常会有那样的趋向：觉得家中的其他孩子——特别是年纪较小的一个——妨害他们，限制他们的发展。不过在孩子容易受影响的时期留下的印象是很深刻的，长久的。它表现的方式包括生活中的持久的竞争意识、支配狂，以及把兄弟姐妹都当成孩子看待。在这一发展中的很大一部分要看竞赛中的成败。特别是在骄纵放肆的孩子的案例中，人们总是可以发现，在孩子自己造成的结果之外，其位置被家中一个年轻成员取代时造成的印象。

另外一个问题涉及到孩子与疾病的关系，以及他在疾病方面决定采取的态度。孩子注意到父母在他生病时的举止，特别是当病似乎很严重的时候。父母常常会不谨慎地暴露焦虑，让孩子看到。这不仅会把疾病弄得看上去比实际情形更糟，而且会造成少见的纵容习惯，同时在完全没有合作表现的情况下，让孩子觉得自己非常的重要；也可以造成他喜好生病与埋怨的倾向。如果他健康恢复，父母停止了对他那种病痛时的纵容，孩子常常会变得难以控制，或者会经常觉得身体不好，埋怨累、没有食欲；或者经常地咳嗽，而又没有明显原因。这些症候常常被看成疾病的后续发展，但是在许多案例中是不对的。这样的孩子，在他们以后的一生里，通常会紧紧抓住生病的这段记忆。这种做法的意思是他们有权得到纵容的待遇，或者说，有权以情况特殊、可以原谅的理由为自己辩护。在这类案例中应该注意的是，由于和外在境况的接触不良，有瑕疵，使得感情这一领域逐渐地扩大了，也就是说情绪、情感变得易于激化了。

孩子到幼稚园去，到学校去，所表示的意义是什么？是使自己在家里成为有用的一员，在游戏中扮演一个恰当的角色，能像同志一样和人相处。除了这方面的意义外，上学也是对他的合作能力的进一步考验。在那里可以观察到他与人在一起工作的能力。在不愿意去学校的孩子身上所表现的激动程度与样子：不与人来往，缺乏兴趣，不能专心，以及许多种对学校教育有害的动作，诸如迟到、捣蛋、逃学的倾向，经常地丢掉书本、铅笔，浪费光阴，不做家庭作业等，都显示在合作方面的训练有问题。这类孩子，不论他们自己是否知道，心中都有着强烈的自卑感，如果没有了解到这一点，就无法恰当地描述这类案例中的心理过程。这一自卑感以自卑情结的形式出现，情形和刚才说的相似：害羞、激动以及各种可能的精神、身体方面的症候，或者也可以表现为以自我为中心的优越情结，展露好争辩，好破坏别人的乐趣，缺乏同志情谊等品性。在这一情结里没有勇气的迹象。甚至傲慢的孩子，在面对工作的问题时，也证明是懦弱的。他们不诚实，显示将来会有下流、不光明的作为；也会有偷窃的倾向，因为觉得自己被剥夺了，受到不公平的待遇，应该得到补偿；同时也会伤害其他人。他们经常的拿自己和其他人比较，这不会使他们获得任何改善，只会使得他们的能力逐渐钝化，这也常常是他们在学校里完全失败的原因。

显然，学校从效果上看，像一个考试，一开始就可以显示孩子的合作能力。学校是用明智办法增进孩子社会感的适当地方，使得他在离开学校时不会是社会的敌人。正是因为了解到这些事实才使我在学校里成立个人心理学顾问会，协助老师找寻适当办法教育落后的孩子。

孩子在学校的成功主要也看他的社会感，这是没有问题的。的确，是他在学校里表现的社会感，让我们多少知道了他将来在社会有什么样的人生。友谊，在以后和其他人相处中是非常重要的；同志关系，以及伴随而来的忠诚、可靠、愿意合作的品行；对国家、民族、人类的兴趣，这一切全都结合在学校的生活里，需要专家的培育。学校有力量唤醒、培育同伴精神，如果老师了解我们的观点，他也会用友善的谈话让孩子注意到社会感的缺乏；他会告诉孩子原因以及怎样把这种原因去除；这样，可以让孩子与社会有更密切的接触。在和孩子的一般性谈话里，可以说服他们，他们自己的未来以及人类的未来都有赖社会感的增加，而人生的大错，包括战争、死刑、人种与民族间的仇恨，都是因为缺乏社会感，应该看成是人类的自卑情结。

性的问题，在这个阶段已经可以看到，也会让男女孩子感到困惑。不过，那些知道合作的孩子可以免除这种困惑。他们已经习惯于把自己看作整体的一部分。绝不会有让他们担心的秘密，而不和父母、老师商量。那些已经在家庭生活中看到敌对成分的孩子，特别是那些放纵的孩子，情形就不同了。父母在性问题上的解说是家庭共同生活的一个当然程序。孩子希望知道的，都应该知道，资讯传授的方式很重要，要让他能够正确地接受，吸收。不可以有不适当的延误，同样，匆忙也是没有必要的。孩子在学校里谈论性的问题几乎是没有办法避免的。未来的独立孩子会拒绝色情，也不会相信愚蠢的谈话。使得孩子害怕爱与婚姻的教导当然是一个大错，但是也只有那些不依赖人的孩子才会接受。

思春期是人生的又一个问题，许多人把它看作一个黑暗的神秘。也是在这一时期，人们发现了过去一直在睡眠状态的力量。如果孩子一直到这个时候还没有足够的社会感，他会带着因之而来的错误度过思春期。那时可以更加清楚地看出孩子在为将来的社会合作所做的准备。他现在有了更大活动空间，更加有力。他不得不用任何的方式，去证明他已经不再是一个孩子，或者，在比较少有的情况，仍旧是一个孩子。如果他的社会感的发展曾经受到阻挠，那么，会比以前更加明白地显露他的错误人生途径的反社会结果。许多的孩子疯狂地希望被人当作成人看待，一味模仿成人的错误，却看不到成人的美德，因为那条路比服务社会的路好走。这便造成他各种的不规矩行为。而放纵的孩子不守规矩的情形又会比其他孩子多，因为他的需要曾经多半能立刻得到满足，已经习惯了，要他抗拒任何形式的诱惑总是很难的。那样的男女孩子很容易成为谄媚、虚荣的牺牲品。在这个阶段，那些觉得自己在家里被非常小看，觉得只有自己被谄媚时才有任何价值的女孩子，会感受到严重威胁。

到目前为止，一直在人生后台的孩子现在更加接近人生的前线了，他看到了人生的三大问题——社会、工作和爱。要解决这些问题，都需要对其他人有兴趣——经过发展的兴趣。关键就在于这方面的准备工作。在这个时期，可以看到不合群、疑心、幸灾乐祸、各种的虚荣、过度敏感、见人时的激动状态、怯场、欺骗、撒谎、诽谤、过度的野心，以及许多其他特色。那些接受过以社会为目标的教育的孩子会很容易获得朋友，也会对所有影响人类的问题感到兴趣，而且愿意为它的福利调整自己的观点与行为。他们不会用不公平的吸引人注意的办法来求取成功。他们总是很友善地在社区中生活，虽然也会起来反对那些对社会有危险的人——即使是最人性化的人也没有办法去除这种鄙视的感觉。

我们在地球上过生活，劳动与分工是不可少的。社会感在这里的表现就是为其他人的福利分工合作。关怀社会的人绝不会怀疑每个人都有权得到工作的酬报，以及剥削别人不可能对人类的福利有任何好处。最后，我们毕竟是生活在伟大祖先对人类福利的贡献上。宗教与许多伟大的社会思想，正确地要求我们在生产与消费方面做可能最好的分配。一个人制造鞋子，也就是使自己能为另外一个人所用，就有权适当地活下去，享受医药方面的所有福利，让子女得到适当的教育。他因为工作而得到报酬的事实乃是一个贸易发达的时代对他的有用性的承认：这样，他会感觉到自己对社会的价值，这是纾缓地解决普遍存在的人类自卑感的唯一可能办法。做有用工作的人是生活在一个自力更生的社会，协助它的发展。他和社会的这一关系，虽然不总是为人认识到，却是非常坚固的，一般对懒惰与勤勉的评估也就靠它决定。没有人会说懒惰是美德。甚至因为经济危机与过分生产而没有工作做的人的权利，也已经在今天被普遍承认了。这点，如果不是因为害怕对社会的可能威胁，就是因为社会感的成长。此外，不论未来在生产方法上，财富分配上有任何改变，也不论改变是用强力还是相互协商达成的，一定都会对社会感的力量有比今天更为恰当的承认。

爱情带来丰富的精神与身体方面的满足；在这一重大项目上，社会感被看成为命运的无可怀疑的铸造者。在爱情里，像友谊，以及父母的关系里一样，人所关心的是两个人的任务，不过这次是两个不同性别的人，而且想要有子女，想延续人类后代的两个人。爱情问题和社会环境里的个人的幸福有着非常重要的关系，也许没有任何其他人的问题能够相比。一个必须由两个人担负的任务有它自己的特殊形式，如果只是把它当成一个人的工作，就没有办法成功地完成。大致情形是，要正确解决爱情的问题，两个人中的每一个人都必须完全忘掉他或她自己，而把自己完全奉献给对方：就像是必须从两个人的生命中铸造出另一个生命来。从某种程度说，我们在友谊，在舞蹈与运动等活动里，在两个人为着同一目的而使用同一工具的工作里，都会有同样的必要。无疑的，在这种关系里，不可以有不平等、相互疑心、敌对思想与感觉。此外，身体的吸引力也不可少，这点正是爱的本质所在。身体的吸引力会影响伴侣的选择；这是进化的本性以及它对个人的效果造成的。至于影响方式则视各进步阶段对美丑的看法而定。

进化，自觉或不自觉地在终生伴侣身上预示了一个较高的理想，因而，让我们的美感为人类的发展服务。除了爱中的平等——在我们的时代，仍旧是经常为丈夫以及妻子误解的一个题目——这一明显事实之外，相互奉献的感觉也必须被考虑到。男女都经常把这种奉献的感觉误解为奴性的屈服，女人方面尤其多见。误解使得他们没法去爱，没法完成爱的功能。特别是他们在误解之外，在自己的生活风格里又带有了自我为中心的优越原则。二人合作的准备、平等价值意识以及把自己奉献给另外一人的能力三方面的缺失是这些人的特征。他们在共同任务上遇到困难，使得他们在处理婚姻与爱情问题时误入歧途，不断在那里找寻解脱之道。必须说明的是这里的婚姻指的是一夫一妻制，无疑是进化过程中积极适应后的最好结果。刚才形容的爱的结构，乃是一项发展的过程，不是结果，它要求人做一项最后的永恒决定，因为它一定会在孩子方面，人类福利方面有着连续不断影响。我们的错误与愚蠢，我们在爱上的缺乏社会感，可能使得我们没有办法永久在地球上存在下去，这是一个让人沮丧的展望。混乱的性关系、嫖妓、性变态、裸体生活，这类常常和爱拉在一起的无聊事情，会夺去爱的一切尊严、荣耀、一切美感方面的魅力。不肯作永久的结合会在两个为共同任务而合作的伙伴之间播下怀疑与不信任的种子，而使他们没有办法完全把自己献给对方。类似困难，虽然每个人的情形都不同，而在所有不愉快的爱情与婚姻案例里，以及不肯尽应尽的义务的案例里，都可以证明是社会感受到伤害的标记。在这样的案例里，只有纠正人生风格，才能改进。我也毫不怀疑，可以讨论分手或是离婚的事，因为还没有发现任何人生的规则是绝对不变的。当然，不能信赖每个人都可以对自己做出正确的判断。因此，这个问题应该交给有经验的，可以信赖的心理学家来处理，由他根据社会感做一决定。节育的问题也在我们的时代造成很大的骚动。人已经实现了繁殖的诏令，人类的数目也已经像海岸的沙一样的多，因此，人的社会感，在要求无穷的子孙方面，已经不再像过去那样严重。此外，科技的迅速发展已经使得太多的人变得完全没有必要。人手的需要已经显著减少。社会环境不再为进一步的迅速繁殖提供诱因。爱的标准已经大大改进了，比过去更加关心母亲的健康与福利。文化也在不断成长，已经去除了限制女性创造力与知识兴趣的界限。科技的进展容许男人和女人把更多时间放在文化、休闲和娱乐上，放在孩子的教育上，这样的休闲时间在不久的将来还会增加，如果能够适当地运用，个人以及他的家属都会受到很大程度的好处。这一切都给予爱，在为传种作准备的任务之外，一个几乎独立的角色，代表一个较高的层次，促进人的快乐，当然，也有益于人类的幸福。这是进化的成果，不会走回头路的，也是区别人禽的标志，不可能受到法律与规章的限制。要多少孩子的问题，在仔细协商之后，最好还是完全由女人决定。人为地干扰受孕的事，如果在和医生商量之外，也能请教合格的心理医生，那么，母子的幸福都可以得到最好的保护。心理医生可以不管那些没有道理的堕胎借口，如果理由恰当，也可以允许。严重的情形可以在一个机构里免费堕胎。

不过，要正确选择伴侣，除了身体与知识方面的配合与吸引外，下面的品性，表示足够社会感的，也应该加以考虑:（1）能与人维持长久友谊，（2）能对工作感到兴趣；（3）对伴侣比对自己更有兴趣，当然，怕有小孩，也可以是因为完全自私的缘故。而不论怎么说，最后总可以归因于社会感的缺乏。骄纵放肆的女孩子在结婚之后继续扮演放纵孩子的角色，只想到自己的外表，害怕并夸张怀孕或生产对身材的破坏，也是因为缺乏社会感的缘故。其他类似的情形也会发生：如妻子不希望有人和她竞争，或者，有的时候因婚姻里没有爱。她在执行妻子功能方面，在拒绝生育方面，扮演了灾难性的角色。妇女抗议她的性角色这一态度，常常会引起月经上的麻烦，以及性功能的不正常。这种态度是怎样产生的呢？总是因为扮演了一个在家里被看作是屈顺的性角色。但主要是受到我们的不完美的文明的影响——不论公开还是暗中，都在努力把卑下的位置分派给妇女。因此，月经出现的场合，因为女孩子心理上的防卫，也就带来各种的麻烦，可以显示在合作方面没有足够的准备。这种态度有许多表现形式，其中一种是狂热地希望扮演男人的角色，最后可能使她成为女同性恋者；因此，它应该被看作建立在自卑情结“只是女人而已”之上的优越情结。

在属于爱的这一时期，其他形式的社会兴趣的撤退也可以同时看到，表现为人对职业与社会没有足够的准备。最糟的形式无疑是几乎与世完全隔绝的形式，这是年轻人常犯的。如克雷契玛（Kretschmer）所发现的，这种心理疾病和器官功能的低劣有着紧密关系。他的证据补充了我的发现：器官障碍在人生开始时的意义；不过他没有像个人心理学那样考虑到，这类的器官功能低劣在建造生活风格上的重要性。外在环境要求人在合作方面有所准备，不断地给人压力，使人患上神经症，这种情形已变得越来越多。自杀是从人生舞台完全退出，也是或多或少恶意地对人生与社会要求的彻头彻尾的谴责，现在也在增加。酗酒是一种把戏，人可以借它以反社会姿态逃避社会的要求，它以及吸食吗啡、古柯硷的习惯，是那些没有社会感的人所难以克服的。他们面对社会问题的日益增多，想要逃避，便很难抗拒这些东西的诱惑。对治疗这类病患有足够经验的人，都可以一再证明他们强烈希望有人纵容他们，希望生活容易，不会有什么困难。许多罪犯的情形也一样，这些人在童年时期就已经明显地没有勇气，对自己所从事的活动缺乏社会感。如果在这个时期，变态的情形变得更加明显，是无足为奇的。变态患者把大多数情形都看作遗传的结果。因此他们把童年时期的症候看作是天生的，或是在某种经验中染上的，许多作者也持同样看法。事实上，它们证明的是错误训练留下的痕迹，而且也总是一个明白的标志，即显示社会感有缺陷；这点也可以在它们人格的其他方面清楚看出。

社会感程度的进一步考验可以由许多事情上发现，例如，在婚姻关系以及企业的经营上，在失去一个心爱的人时，在丧失财产时，以及在任何种的失望时。骄纵的人在艰苦境况里，没有办法和社会一起行动。也有许多人，在情况改变时，不能和社会结合，共同克服不利的条件，反而惊慌失措，被迫用反社会的方式采取行动。

现在要提一项最后的考验：衰老和死亡。一个人如果确实觉得自己可以不朽，因为有后代，因为对文化的进步有贡献，那么就不会被那样的考验吓倒。不过，许多人害怕被完全毁灭，迅速的身体恶化与神经崩溃就是证据。更年期危险的迷信把许多女人弄得极端困惑。特别是那些认为女人的价值在于年轻美貌的人会在这一时期感到相当痛苦。常常采取防卫性的敌对态度，总像是要面对不公正的攻击，因而被弄得心情沮丧，最后又可能发展成为忧郁症。我们的今天的文化，毫无疑问，没有给予年长的男女应该得到的地位。他们应该有这样的地位，至少，有机会为自己创造这样的地位，那是他们的不可侵犯的权利。不幸的是，在这个阶段，他们的合作意愿有很大的限制。他们夸张自己的重要性；坚持自己对一切的知识比其他人高；埋怨自己的各种不便。结果，处处给人麻烦，也给自己创造了那种也许长久以来一直是他们害怕的气氛。

有过相当经验的人，在平静、同情地反省过后，应该明白，人生问题经常在考验我们的社会感程度，或是接受我们，或是拒绝我们。

4. 身体的奋斗

所有我们称之为身体或物体（body）的都向着彻底的

整体性（complete wholeness）奋斗，一般说来，原子，是可以和活细胞相比的。两个都有力量，潜在的、外显的，可以把身体或物体界定出来，或形成其他的部分。其主要区别在于身体的细胞有新陈代谢，而物体的原子则是自足的。二者的内外运动却没有显示任何基本的区别。电子也始终不是在一个静止的状态，弗洛伊德在他的死亡意愿（death wish）论中假设有向这一状态的奋斗，可是在自然中却完全找不到。二者之间最明显的区别在于活细胞有吸收、排泄的过程，因而有生长，有形式的保存，有往理想最后形式的奋斗。

如果活细胞，不论从那里来的，放在一个可以保证它不需要任何努力就能永久存在下去的理想环境里，当然是一种不可思议的情况，那么，细胞就会一直不变。如果在困难的压力之下，比如物理的困难，我们泛泛地称之为生命过程的细胞，必定会被迫作出某种的舒缓的反应。自然里的变种繁多，在阿米巴（amoeba）里就有无数形式的变种，这使得处境比较有利的个体更加易于成功，让它们有机会找到一个比较好的形式，以及对环境做更好的适应。生命已经在地球上存在了几十亿年，这足够时间，可以让人从最简单细胞的生命过程中形成，以及让成千上万不能忍受环境攻击压力的生命存在灭亡。

上面的构想综合了达尔文和法国生物学家拉马克（Lamarch）的基本观点。依据这一构想，"生命过程"必须被看作是一个奋斗，永远在外在世界的要求中做出适应，借以维持它在进化大潮流中的方向。不完美的器官、功能会经常受到外来的刺激，刺激有成果时，也就是说能够对外在世界做出适应时，进化也就向前走了一步。

向目标的奋斗永远都到不了一个和平的终点，因为很明显的外在世界的力量对它所创造的存在，所设定的要求与问题永远都没有办法获得完全的满足。在奋斗中，一定也发展出我们所谓的灵魂、精神、心理、理性的能力，以及所有其他的“心理力量”。虽然，在考虑心理过程时，已经进入了超越的领域，我们在不放弃自己观点的前提下，仍旧可以宣称：灵魂，作为生命过程的一部分，一定在基本特性上和母体，它所由之而来的活细胞相似。这一基本特性特别可以在完成下列任务的不停的努力中见到：

（1）在外在世界的要求下，达成有利的安排，（2）克服死亡，（3）在不忘克服死亡的情形下，努力奋斗，求取一个理想的最后形式，以及（4）和进化为求取最后形式所准备的身体力量采取共同行动，借相互的影响与协助，达到优越、完美与安全的目的。灵魂的发展和身体的发展一样，可以用正确解决问题的办法来克服外在世界的困难，这个方向是一直都很明显的。错误的解决办法，不论是因为不适当的身体发展或心理发展，都在失败中表现出适应的缺乏，而使犯错者遭到排除或消灭。失败可以延伸到个人之外，伤害到那些和他有关系的人，他的后代，他的家庭、部落、民族，都被牵涉在更大的困难之内。这些困难如果克服了又常常可以带来更大的成功，更大的抵抗力，进化的情形总是如此。不过，大量的动植物和人都在这一残酷的自清过程中变成了牺牲者。而在当时能够抵抗的都算是暂时通过了考验。照这一观点，我们的身体所面对的是一个必须使身体在活动上大体保持平衡状态的奋斗，使它能胜利地应付外在世界的需求，和这需求的好处与坏处。如果只注意身体过程的一面，我们便会生出“身体智慧”的想法。但是精神过程也不得不依赖这一智慧，它使得精神过程能够成功地解决外在世界的问题，因而在身心之间维持不停的活动的平衡状态：在一定范围内，已经达到的进化阶段提供了这一平衡，而活动则是由童年时期找到的优越目标，或者说生活风格，运动规律所提供的。

因此，生命的基本法则就是克服、征服。人奋斗，求自保，求身心平衡，求身心成长，求完美，都说明了这一点。

在求自保的奋斗中，可以见到下面现象：对危险的了解与避免，繁殖，合作，以及每一个对上述现象有贡献的人的社会性成就。繁殖是一条进化的途径，目的在使身体的一部分在个人死后仍能继续下去；而合作指人类发展方面的合作，在这方面，共同工作的精神是不朽的。

人的身体总是在那里不断努力，要在同一时候，维护、成全、补足它的所有重要部分。这是进化的奇迹。人在受伤流血时，血液会凝结，水、糖、石灰、蛋白的供应会维持下去——很大程度是得到保证的：血液与细胞会重生；内分泌腺也会同时采取行动，这些都是进化来的，显示有机体有力量抵抗外来的伤害。这种抵抗力的维持与加强乃是许多血脉广泛混合的结果，使得缺失减少，优点继续并且扩大。在这一点上，人的结合，也就是说社会，也采取了有帮助的、成功的行动。因此，在追求共同存在的奋斗中，乱伦的禁止就几乎完全被看作当然的事。

人的心理平衡经常受到威胁。在追求完美的奋斗中，人总是处在一种心理不安的状态，在完美的目标之前，感到自己无奈。只有当他在他向上奋斗的过程中，感觉自己已经到达了一个满意的阶段，他才会有安静、价值与快乐的感觉。在下一刻，他的目标又把他继续向前推，因此可以看出，**作为一个人就一定会有那种对他不断施压要求克服它自己的自卑感**。胜利之途，成百上千，各个不同。体验的自卑感越强，克服的冲动也就越有力，情感上的不安也就越强烈。不过，感觉方面的攻击，包括情感的以及情绪的，对身体的平衡并不是没有影响。身体透过自律神经系统，迷走神经，以及内分泌系统的途径，给自己带来了变化：血液循环，分泌物，肌肉紧张度，以及几乎所有器官都出现了变化。作为暂时的现象，这些变动是自然的，仅仅是根据人的生活风格产生的不同表现而已。可是如果持续下去，就成了功能性的器官神经症。这种病，就像精神神经病一样，起因于人的生活风格。在因强烈的自卑感而失败的案例中，生活风格显示逃避问题的趋向，以及用延续已经出现的身体或心理的震撼症候的办法，使自己继续逃避的趋向。心理过程以这样的方式对身体产生作用。可是也对心灵本身产生作用，因为在那里引起各种心理的失败，以及和社会要求相敌对的疏失与行为。

同样的，身体状态也对心理过程起作用。我们的经验判断，人生风格在最早的童年就形成了。身体生下来时的情况在这方面有非常大的影响。孩子在他最初的动作与活动里，体验到身体器官的有效性。他感受到的这种有效性，在很长一段时间，没有可以形容的言语、观念；而且每个孩子环境的影响也都完全不同，因此，孩子对自己行动能力的任何感觉都是永远不得而知的。凭借谨慎，以及统计学或然率方面的经验，我们可以从器官（消化、血液循环、呼吸、排泄、内分泌、感觉）的知识冒险推断，孩子在他生命开始时感觉到自己不胜负荷。但是他如何超越这些障碍却只有从他们的动作与努力中去发现。因为在这方面因果的观念不能帮助我们。在这里，孩子的创造力在起作用。孩子是在自己潜能的无法推算的领域内奋斗，从尝试和错误中接受训练，顺着这条广泛定义的途径，向着一个看来会让他得到满足的完美目标走。不论他是主动奋斗，还是保持被动；是统治，还是服务；是合群，还是以自我为中心；是勇敢，还是懦弱；不论气质与节拍的不同，不论是容易激动，还是冷漠，他都是在为自己整个人生做决定，同时，照他的假定，和与环境相和谐的运动规律发展。他依自己的方式思考环境，回应环境。每一个人走向目标的途径不同，在无数细节方面不同，因此只能指出每一案例中的典型部分；在碰到个别的歧义时，不得不采取冗长的叙述办法。如果没有个人心理学知识的帮助，个人自己几乎没有办法对自己途径的方向做任何清楚的叙述。他常会把这方向说成与实际正好相反。是因为他知道他的运动规律，才开始对方向有说明，从而发现运动的用意，或者说，表现形式的意义，不论这种形式是言语、思想、感情或行动。身体怎样地受到这一运动规律的严厉管制，这可以从它的功能趋向中看出，这种趋向也是一种语言，通常比言辞更具表达力，更能清楚地把意义显露出来。这是一种身体的语言，我称之为“器官俚语”。举例说，一个孩子，他的一般行为不难管辖，可是夜晚尿床却难以改正，这样做法表达的意思很清楚：他不愿意接受一个有秩序的文明的管辖。一个假装勇敢、甚至可能相信自己有勇气的人，无论怎样，都会因为身体发抖，脉搏加快，而向别人显示他已经失去平衡。

一名三十二岁的女人埋怨说，她的左眼左边剧痛，看到的东西有两个形象，使得她不得不闭着左眼。病痛已经有十一年历史；第一次出现是在她和先生订婚的时候。这次是在七个月前开始的：疼痛断断续续，可是双重视象一直没有间断。她说上次的病是因为一次冷水澡引起。她的一个弟弟有时也有类似的双重视象，母亲也一样，都是剧烈头痛的结果。

在结婚之前，她教过提琴，也参加演奏，喜欢她的工作：结婚之后，她把这些都放弃了。她现在住在一个姐妹的家里，她说，目的是为了要和医生住得近些，而她在那里很快乐。

她说家里的人，特别是父亲，以及几个兄弟，脾气都不好，很容易恼火。我想到他们可能都喜欢支配人，询问她，诱使她提供这方面的资讯，回答证实了我的看法。两样品行加在一起，我们发现面对的是一个我形容为容易出现头痛、偏头痛、紧张的三叉神经痛以及类似癫痫的典型。

病人也埋怨尿急，在神经紧张，拜访人，会见陌生人等场合，一定都出现尿急的情形。

在有关三叉神经痛的心理根源的论著里，我曾经指出，如果原因不是器官的问题，那么总是会有激化紧张的情绪因素。那时我推测、脑壳的不对称，脸两边的不对称，以及头中动静脉的不对称，可能显示头盖、脑膜、甚至脑本身也有类似的不对称现象，可能影响到那里的动静脉的流动与口径。也许，在一个脑半球里，沿着这些血管附近的神经纤维与细胞的发展也会比较差。对于神经束的整个流程应该给予特别注意；这些神经束，没有问题，一定也不对称，而且，因为一边动静脉的膨胀，可能会被证明太狭隘。情绪，特别是愤怒，能够改变血管的血量，这可以在脸色上看出；而在愤怒时，也可以由额上凸出的血脉看出。我们可以假定，在较深的层面，也有类似的改变现象。

在上述病例里，如果我们也能成功地证实，盛气凌人的生活风格，使得易怒以及病痛（这次比以前的都要厉害）前外在因素造成的冲动成为引发这次病痛的因素；如果能够证实病人从最早的童年开始就有心理紧张现象：自卑情结和优越情结以及对其他人的缺乏兴趣；在日常生活以及记忆与梦中的自爱；更进一步，如果能用个人心理学的方法把病治好，而且是长期性的治好，那么，下面的构想也就得到了进一步的证实：神经性头痛，偏头痛，三叉神经痛，似癫痫性病痛，如果没有生理上的缺失，那么改变病患的生活风格，减少心理紧张，扩大社会感，就可能把病痛永久治好。

这位妇女拜访人时尿急，让人觉得她太容易激动了，显示尿急、口吃、怯场以及其他神经紧张的麻烦与征象的原因都是外来的，是因为碰到了其他人。在这里，深化的自卑感也是很明显的。任何对个人心理学有相当了解的人都可以很容易在这里看出她对他人的依赖感，以及因此而做的为求取别人欣赏，展现个人优越的诸多努力。病人自己说，对别人没有特别的兴趣。她表示能够不慌不忙地和其他人谈话，但是她话非常多，我几乎没有办法插进一句话去，这很显然，她有着述说自己的强烈倾向。在婚姻关系里，她毫无疑问是支配的一方，可是她的先生懒，不喜欢争吵。他辛苦工作，夜晚回来已经很累，无心和妻子外出或做很多谈话。要是她必须在公众前演奏，她会出现严重怯场症状。如果健康没有问题，她要做什么呢？我把这个当成一个重要问题向她提出。她回答时提到自己永久的头痛，她躲闪我的问题，没有真正答复；这清楚显示病人胆怯撤退的原因。她的右眉上有一条深深的疤痕，筛状窦上曾经开过刀，开刀没有很久就发生偏头痛。病人一再地表示，任何形式的寒冷都会伤到她，带来各种病痛。尽管如此，上次病前，她还洗了一次冷水澡。这次洗澡后，很快就使得她生病了。她病痛之前没有先行的征兆，偶尔在疼痛前会有晕眩现象，但不是每次都如此。好几个医生对她做过彻底检查，没有发现到器官方面的损害。

病人曾经非常恐怖地见证一个妹妹的出生。似乎从那以后，她对怀孕就有疯狂的焦虑。我以前警告过、不要过早地在还不确定他们能够了解与吸收的时候，把性方面的事实告诉孩子。病人的情形证实了这一点。她十一岁的时候，父亲曾经不公正地指控她，说她和一个邻居的儿子有性关系。这种在性方面的过早接触，和恐怖与焦虑有着密切关联，使得她对爱的抗议更加有力，抗议在婚姻生活中变成了性冷感。在结婚之前，她要求新郎做了一个有约束性的宣示，永远不要孩子。她和先生的性关系降到了最低限度。因为偏头痛，以及对性的经常恐惧，使她能够较容易地在这样的关系中过生活。由于一种强烈的自卑感，她把婚姻关系误解为对女人的轻视；因此，她的情爱关系不可避免地会有困难，这是有野心的女孩子常有的情形。

自卑感，自卑情结，像男性的抗议（对于女性不执行妻子功能，不担任性角色的抗议）一样，是个人心理学的基本构想，心理分析论者[①]一度对它十分仇视，就像斗牛见到红布一样，今天却已经完全为弗洛伊德接受了，而且被强纳入他的体系，虽然形式已经大大淡化。不过这一学派到今天仍旧没能了解：像我们讨论的这样的女孩，是经常在抗议感觉影响之下，使得她身心振动，可是只有在有外在因素时，也就是说，只有在出现考验社会感数量的情形时，抗议感觉才会表现成为强烈的症候。

这个病例的症状是尿急、偏头痛。从结婚以来经常有的症候是怕怀孕以及性冷感。我相信，在这个易怒的、盛气凌人的人的病例里，我已经用不小的篇幅对她的偏头痛作了说明——看来只有这样的人，再加上前述的不对称现象，才会有偏头痛和类似的麻烦。不过，仍得指出引起上

① 心理分析论者，指弗洛伊德学派的人。

次、也是特别严重的病痛的外在因素。我不能否认，这次是冷水浴把病引起的；不过，让人惊奇的是，这个病人，她七个月前就知道得很清楚：冷会带给她灾害，怎会一直跑到冷水里去，而没有想到任何危险。是不是她被愤怒的情绪控制了？病在那特定时候发生，是因为她有一个方便的机会吗？她在这个游戏里有对手吗？例如，那个爱她的、忠心于她的先生。我们知道，有人自杀是因为想报仇，想处罚一个和她有亲密关系的人；那么病人洗冷水浴是不是可能也是如此？她是否仍是对自己感到愤怒，因为她对另一个人发火？她的社会感有问题，使得她害怕面对人生问题。为了延迟人生问题的解决，她是否在忙着研究偏头痛，和医生商量，以及努力说服自己病永远不会好呢？

她的确高度看重她的先生，但是这和相爱有很大距离；事实上，她从来就没有真正爱过。经一再追问，如果完全治好需要做什么时，她长篇大论地回答说，她会搬到首都去，在那里教提琴，同时在一个交响乐队演奏。这显然是说要和他的先生分离，先生喜欢住在地方性小镇上。前面说到她住在姐妹的家里感到很快乐，她也责备她的先生，都可以用来证实这一点。她的先生非常仰慕她，因此和先生在一起，给了她无比的机会，让她渴求权力的欲望得到充分的满足，很自然的，要让她和先生分离不是容易的事。我要在这里警告，不要在这个以及类似的病例里，用劝告和同情的谈话方式，使分离变得容易，尤其不要建议病人去找一个爱人，这样的病人对爱什么知道得很清楚，却不了解爱；最后，他们不只会落到痛苦、失望的境地，而且会把整个的责任推到医生身上。对这样的病例，治疗的任务在于使女人能更加适合于结婚。不过，在做这之前，一定得把她生活风格上的错误去除。

她还梦见：“我和我的嫂嫂与一个姐姐在戏院里。我对她们说，一定得等一下，我会让她们看到我在台上。”解释：她总是设法在亲戚面前炫耀。她希望在一个剧院的乐队里演奏，认为自己没有得到亲戚的足够重视。她的婚姻和生活在乡下妨害到她的表演。怀孕、有孩子也会造成同样的麻烦。……

病在一个月之内治好了。在此之前，引起上次病痛的外在因素也得到了说明。她在先生外衣口袋里找到一封信，一个女孩写的，里面仅仅几句问候的话。先生向她说明后，使她平静下来。不过，她仍是疑心，而且嫉妒先生，这是以前从没有过的。从那时开始，她不断监视他。就在这段时间，她洗了冷水澡，引起疾病。她的近期的一个梦，发生在嫉妒先生与虚荣受伤之后，显示她仍旧怀着疑心，对先生抱着谨慎与不信任的态度。她看到一只猫抓了一条鱼跑走了，一个女人在后面追，要把鱼抢回来。解释是很自然的，不需要对它做很多无谓的讨论。她用的是隐喻的语言，在那样的语言里，一切听起来都会更加强而有力。她设法用那样的语言为自己做准备，避免类似的偷窃情况发生，丢掉丈夫。在解释时她说，她从来没有嫉妒过，她的骄傲不许她有那样的罪恶，不过自从发现那封信之后，她曾经想过先生不忠于她的可能性。当她想到先生可能真的不忠时，她对于妻子依赖丈夫的事实就更加愤怒了。在她想来，她的价值无疑是依赖丈夫的，而丈夫没有能了解到这一价值，因此，她要复仇。冷水浴实在是她的生活风格必然的复仇行为。偏头痛是震撼的结果，要是没有偏头痛，那么，她一定已经承认自己一文不值。对于她，还有比这更糟的吗？

5. 自卑感

很久以前，我强调做人就是感觉自卑。也许不是每个人都记得他曾经有自卑的感觉。也可能许多人对这个词汇有反感，宁愿另外选一个。对于这一逃避态度没有什么好说的，何况有的作家也在利用它，也就更不想说什么了。而有些特别聪明的人说，孩子一定先有高度的价值感，然后才会有自卑感，以为那样就可以证明我是错了。但是，不足的感觉实际上是一项有正面意义的痛。至少在任务未完成，需要未满足，紧张未解除前，会继续下去。这种感觉是自然赋予的，它可以和寻求解脱的痛苦紧张比拟。这种解脱不一定愉快，但是可能和愉快的感觉伴随在一起，这和尼采的立场相符。在某些情形下，痛苦解除之后，永久或暂时的苦难也跟随而至，有些像对一个不忠实的朋友说再见，或是一次痛苦的手术。还有，把痛苦结束，是人通常选择的，但不愿选择没有结束的痛苦。只有逃避问题的人，才会把它看成快乐。

婴儿的运动展露不足感，展露不停的奋斗，追求完美与人生问题的解决；同样，人类在历史上的运动应该看成为不足感的历史，努力解决自己问题的历史。在某一时间被启动的生命素材会一直不断地努力，要从负面情况进入正面情况。这一运动方向，我在一九〇七年《器官与性的研究》一书中已经叙说过，我们是在进化这一构想下了解它的。它不论在任何方面都不可以被看成走向死亡的运动；相反的，它的目标是要克服外在世界，绝不寻求妥协或任何宁静状态。弗洛伊德声言，死亡非常吸引人，人在梦中或其他场合渴望死亡。这一点，即使依他的构想，也是一个过早的期盼。另一方面，有人宁愿选择死，而不愿去和外在环境搏斗，因为他们爱面子，对失败有一种夸张的恐惧。这些人不断地渴求被溺爱，渴求其他的人能减轻他们的负担。

人体是依安全原则建造的，这是可以展示的。墨尔彻（Melzer）一九〇六和一九〇七年的“哈佛演讲”，曾引起大家对安全原则的注意。他的演讲和刚才提到的我的研究在时间上差不多同时，不过他在讨论这个问题时，更加彻底、更加全面。如果一个器官受伤了，另外一个会取代它的位置，受伤的器官自己会生出复原的能力。所有的器官都能比正常情形下表现得更好；一个器官可以担负好几种重要功能，等等。自我保存的法则是上天为生命制订的，生命从它的生物的发展过程里赢得了自存的力量与能力。孩子长大离开父母，年轻的一代离开老的一代，也只是生命自卫的一部分。

我们的不断前进的文化也指出了这一保护的趋向。它显示人总是在感觉自卑的状态，这种感觉经常地刺激他，催促他采取更多的行动以获得更大的安全。伴随这一奋斗的快乐与痛苦，只是在这条途径上所得到的援助与报酬。无论如何，人如果永久安于今天的现实；他将只是在榨取、利用其他人奋斗的成果，他的世界和被溺爱的孩子所要求的世界没有什么两样。不断地追求安全，这一奋斗会要求人征服今天的存在，去追求一个更好的。没有这一股带着我们前进的文化，人的生命就不可能存在。人如果没有利用自然力，那么在自然力攻击之前，一定就已经灭亡了。可能，使那些较有力量的动物成为他的征服者的一切，他一样也没有。气候迫使他用衣服御寒，保护自己，而衣服取自受到自然更好保护的动物。他的身体要求有人造的房子，有人准备的食物。只有分工与足够的子女才能保证他们的生命延续。为了征服、安全，他的身体、精神不断地辛苦工作。这一切之外，还必须提到他在生命的危险方面有更多的知识以及他对死亡的知晓。自然对个人像是一个后母，但是却给了他一项福祉，也就是催促他往正面情况、往安全、征服而努力的强烈自卑感，谁又能怀疑这一点？在每一个婴儿与小孩的身上，都可以看到对根深蒂固的自卑感的巨大、强烈的反抗，这是人发展过程中的基本事实。

孩子如果正常，不是傻子，就会受到向上发展的冲动的支配，这种冲动会刺激他的身心的成长。自然已经把他标志出来，要他为征服而奋斗。他小而弱，缺乏自我创造的满足，自然在造他时，忘掉了很多东西，有的琐碎，有的比较严重，这些无疑都会刺激他去发展他的力量。他的存在有很多欠缺之处，这方面的压力促使他去创造新的、也许完全是创造性的生活样式。他的游戏总是针对一个未来的目标，是他的自我创造力的标记。他有必要克服冲动，在这一冲动的驱策下，他在未来的虚空里不断建造。人被这种人生的“必要”控制了，他渴望克服他在地球上的命，以及这一命的不可避免的一切要求，达到一个最后的优越目标，他被这种经常的、不断增长的渴求拉着前进。这个拉着他前进的目标从孩子追求征服的狭隘环境里得到它的音调与色彩。

我在一九二一年出版的 Über den nervösen Charakter 书里，曾经有过上述问题的理论探讨，把它当成很基本的东西，在这里只能作简短叙述。

如果有这样一个征服的目的——进化证明有——那么在孩子身上已经达到的，落实的进化程度就成了创造这一目的的材料。换句话说，孩子从过去所继承的，不论是身体或精神方面的可能性，只有在能够为最后目的所用的情形，才会被考虑到。任何在孩子以后的发展中找到的东西，都是因为继承材料的使用才出来的，因为它是孩子的创造力所完成的。我曾经提醒人们特别注意继承材料的许多吸引人之处。不过，我必须否认，继承材料有任何因果的意义，因为多方面的、不断变化的外在世界要求对材料做弹性的、创造性的运用。征服的途径总是维持在那里，不过征服的目的，一旦在世界的巨流里有了具体的形式，就会为每一个人定出一个不同的方向。

对孩子的骄纵，或者完全不照管孩子，常常会误导孩子，使他树立起和个人福利、人类进步相违背的目标。不过，也有足够的其他案例与论点，让我们有理由说，错误途径的选择是错误的结果，不是一个因果关系的事件，而是一个统计学上的或然率事件。在这一点上必须记得：每一邪恶都可以发展出另外的一面，每一个信仰某种世界观的人都会在他的世界观里显露出与其他共同信仰者的世界观不同的远景，每一个色情作家都有自己的个性，每一个神经症患者都把自己与其他神经症患者区分开，就像每一个犯人把自己与其他犯人区分开一样。而正是在展现每个个人与其他人不同的方面，孩子显露了他的创造力，以及他对于继承的可能性与能力的运用。

对孩子周围世界里的因素，对教育方法，情形都是一样。孩子接受它、用它，使自己的生活风格落实；为自己创造一个目标，顽固地朝着目标的方向努力，并依据目标思考、感觉和行动。一旦个人的运动被确实地了解了，人一定会假定运动有一个目标。没有目标就不会有运动，而目标也永远不会达到。这个原因在于人的永远不能做世界主宰的原始意识。因为这个缘故，在这一观念（世界主宰）出现的时候，他必须把它转移到神或上帝的领域里去。

自卑的感觉统治着人的精神生活，在人的不完全的、未实现的感觉里，在个人以及人类的不断奋斗里，都可以清楚地看到它的存在。

人每天都有许许多多的工作要做，也是整个人生的要求，每一项工作都要求他准备攻击。他的每一个运动都是由未完成到完成。一九〇九年，我在《人生与神经症里的侵略性冲动》（The Aggressive lmpulse in Life and in

Neurosis）一书里尝试对这一题目做了更多的说明，我得到这样的结论：这一攻击准备来自人的生活风格，是在进化冲动的强制之下，也是一个整体的部分。没有理由要把它看成极端邪恶，认为它是人天生虐待狂冲动的表现。如果想要拼命地把人的心灵生活建立在人的没有方向、目标的本能或冲动上，那么至少进化的驱策，以及在进化中的人往社会发展的倾向不应该被忘掉。社会上有太多被惯坏了的人，太多失望的人，因此也难怪那些不仔细思考的人，包括社会各个阶层的，会接受有关心灵生活的这一错误想法，这是那些宠坏了的，也因此非常失望的人有的想法。

因此，孩子的第一个创造性的举动就是适应他的最初的周围环境，他的自卑感在他使用他的能力时也要他这样做。这一调适，人人不同，是运动，我们在最后把它看作形式——冻结的运动——一种似乎提供安全与征服目标的生活形式。这一发展的限制也是一般人类的限制，取决于个人与社会进化所达到的阶段。无论如何，不是每一种生活形式都会适当地运用这一进化阶段，因此它也会和进化的潮流相对抗。在前面几章里，我曾经指出，人如果能努力使自己顺从理想社会，那是他必须为之奋斗的要求，那么，他身心的完全发展就会得到最好的保障。有些人自觉或不自觉地采取这一看法，另外也有很多的人则不考虑这一点，在这两者之间，存在着一条无法搭架桥梁的鸿沟。这两部分人的对抗让世界充满了许多琐碎争论与激烈冲突。那些努力的人是在为人类的福利努力。但是那些违抗进化潮流的人也不是完全没有价值。他们的错误、失败或多或少带来损害，使得其他人不得不做更大的努力，因此他们就像那个精灵一样，“永远都是想做坏事，但结果却创造出好事。”他们激起别人的批判精神，协助这些人得到更完全的知识，对人的**创造**感有贡献。

因此，个人与社会发展所要走的路线都是由社会感的程度决定的。这样，我们在是非判断方面有了一个坚固的立足点。已经可以看到一个方法，不仅在教育和治疗，而且在判断是否背离正确途径方面，提供给我们出人意料的确定性。这样被拿来使用的标准比实验法所提供的一切都更准确。在这里，测试是由人生自己定的；个人的最小的表现性运动都可以显示他所走的方向，显示他与社会的距离。现在流行的心理治疗方法会量度那些有伤害性的症候，或者说对社会造成的伤害。把它拿来和这些方法比较可以看出个人心理学的优点，虽然这些方法，在社会向上奋斗的魔咒驱使之下，也在努力改进自己。个人心理学不谴责，只求改进，这也进一步显示它的优点；它不把责任放在个人身上，认为文化应该负起责任，失败是文化的失败，而文化的瑕疵和所有人都有关系，个人心理学要求大家合作把它们去除。要完成这一任务，不仅要考虑到社会感的加强，而且要考虑到它的存在问题，这显示我们的进化，到今天为止，仍是在很低阶段。毫无疑问，未来的时代会把社会感结合到他们的生命里去，就好像我们已经把呼吸、立姿、视网膜上不断移动的光影，看作不动形象的习惯结合到我们的生命里一样。

人的心灵生活里有一种成分滋养人的社会情感，支持

"爱你的邻人"这一律令；许多人不了解这一成分，只忙着揭露人心里面的那个坏蛋，那个不愿被发现被处罚而狡猾地躲着的"内在恶棍"；甚至这些人也是向上奋斗的人类的重要滋养品。他们用怪异而夸张的方式显露了他们的落后发展状态。他们认为所有人都没有价值，他们使自己的自卑感获得纯粹的个人补偿。通往社会感的途径有时是不确定的，他们利用这一点，来为对社会有害的观念与生活方式辩护，而且在拯救的名义之下，把它们强加在现在的乃至未来的社会上，这样的误用社会感观念，在我看来才是真正危险的。也因此，有时会有人聪明地为死刑、战争、乃至杀害对手辩护。而这些人又总是披着社会感的外衣。社会感的无所不能，可想而知了！而这种的辩护是因为没有信心，不认为可以找到一个新的、更好的途径，也就是说，是因为一种毫无疑问的自卑感的缘故。进步观念的胜利，垂死观念的灭亡，是没有办法阻挡的，甚至扼杀也没用，这是我们应该从历史上得到的教训。就我们所知，只有在自卫的情况下，也就是说，在自己的生命或者另一个人的生命遭到威胁时，扼杀才可以说得过去。莎士比亚在《哈姆雷特》一剧里比任何人都更清楚地把这个问题呈现在人类的视野之前，只是人们不了解这一点。在所有莎士比亚以及希腊诗人的悲剧里，杀人犯都被《愤怒》追猎至死；而那是发生在他们的时代，那时，比我们今天更为可怕的流血事件让那些为理想社会奋斗的人感到震撼。他们也比较更加接近那一理想，最后他们胜利了。罪犯的一切错误告诉我们他的社会感所能到达的极限。人类中努力向前的那一部分人，因此不仅有责任做启蒙与正确教育的工作；而且有责任保护没有受过社会感训练的人，不让他们过早地接受考验。这些人也绝不可以认为自己可以去做那类社会感已经得到高度发展的人才能做的工作，因为在碰到一个需要高度社会感的问题时，他们会感到震撼；这时，又会形成自卑情结，因而造成各种各样的失败。罪犯本性的结构清楚地显示：一个有力量但是对社会没有用的人的生活风格。这种人从孩童时开始就发展出一种人生观，使他觉得有权利享受别人的“贡献”。这一类人大部分是宠坏的孩子，受忽视的孩子人数比较少。有的人认为罪是自我处罚，可以追溯到孩童时候的性变态，有时也可以追溯到人的俄狄甫斯情结。如果我们了解在真实世界里热爱隐喻的人很容易会陷在明喻、类比的网络里，就不难驳斥这一观点。哈姆雷特：“你看到那儿的云吗？形状好像一只骆驼。”波洛尼斯：“天哪！是像骆驼，一点不错。”

屙裤子，尿床，对母亲的不平常的爱，总跟在母亲旁边，等等幼稚的错误是宠坏的孩子的明显标记。他们的生活领域没有超出母亲的范围，同时又不包括母亲有责任监督的一些功能。有时这些稚气的错误和一种愉快的感觉联在一起。有时，在宠坏孩子的寄生生活里，因为他对母亲的依恋，会开始有性方面的感觉。稚气的错误这两种情形里，会变得更加复杂，会成为一种威胁，不过主要是宠坏的孩子才会碰到。许多孩子不肯放弃这些稚气的错误，不肯放弃稚气的手淫，使得他们的兴趣偏离合作，转而去寻求如何逃避社会生活的责任，如何减轻这方面的负担。兴趣转移的同时，在母子的关系上，由于母亲的更加警觉，会出现更多的“安全”。（弗洛伊德在他对我的安全观念的错误解释里把它看成“防御”，这是不对的，从任何方面看它都不是“防御”。）社会感不够，自卑感增加，而两者又紧密地联在一起，在孩子生命的这一时期可以清楚看到这些现象，而其中大部分又是和一个自以为生活在敌意环境里的各种品性连在一起，相互支援；这类品性包括过度敏感，没有耐心，情感的加强，怕死，谨慎，贪心，最后一项包含了这一切便是孩子的假设。

生活中的困难、危险、伤痛、失望、忧虑、丧失，特别是喜爱的亲人的丧失，各种社会压力，一定可以在自卑感的图像里看到：大家知道的焦虑、悲伤、绝望、羞耻、害羞、发窘、厌恶，这类强烈情感与心态就是最常见的形式。它们可以在脸部的表情与身体的姿势中表现出来。当它们出现时，情形像是肌肉的正常松紧度突然丧失了。不然就是一种运动形式的出现，主要见于从引起情感的事物的撤退，或是从持续追求人生的方向中撤退。同时，在理智的领域，也出现了退却、逃避的思想。感情的领域，则用激动的形式反映不确定与自卑的事实，借以加强退却的冲动。人的自卑感，通常是在向前奋斗的过程中耗掉的，这可以很生动地在生活的风暴中见到，在严重的考验中见到。它在每一案例中都表现不同，如果把它所有的表现加以概括，那么，所代表的就是每个人的生活风格，而这一风格会在人生的所有情况里完全而没有分割地表现出来。

甚至在努力控制上述感情时，在自制，愤怒，乃至厌恶，鄙视时，也应该能看到生活风格的活动。风格是在优越这一目标的强制冲动下形成的，靠着自卑感的驱策前进。理智可以因为不肯面对问题，执著于退却路线，而造成人的神经症，精神病，以及受虐狂性质的行为；在另一形式：情感，除了混合形式的神经症之外，就会有下列更大活动的表现：自杀的倾向，酗酒，犯罪，或者主动的变态活动，这些视各人的生活风格而不同。不过，不可以把这一更大活动误认为勇气，只有从社会的角度向前进的人才会有真正的勇气。很明显的，我们在这里关切的不是弗洛伊德称之为“退化”（regression）的虚构过程，而是同一生活风格的重整。那些生活形式[①]和以前有过的相似，或者有许多细节部分相同，不可以因为这点就下结论说，它们是同一个东西，而每一个活着的存在可以使用它身体与精神资本的财富，此外则什么也不能用。这一事实也不可以被看成为退化，进到婴儿或人类的原始阶段。生活要求我们对社会问题做一解决，因此，人的一切行为总是指向未来。

人对生活的各种问题准备不足，总是因为社会感的不足，不论怎样称呼它，叫它合作，人道，生活在友谊之中，乃至理想的自我。在问题之前，这一准备不足会引起一千种不同的形式，表露心灵与身体的自卑与不安。这一缺点，甚至在较早阶段，就会引起各种的自卑感，只是没有这样清楚显露而已；但它确实存在于人的性格，运动，与仪态上，在思考模式上，在偏离进步途径的行为中。所有这些

① 生活形式（life-forms），指前面说的许多更大活动，自杀的倾向，酗酒，犯罪……这类行为。

表现自卑感的形式，因为社会感的缺乏而强化的形式，在问题变得有威胁性的时刻，在“外在因素”出现的时刻，就会变得明显。在“典型失败”的案例中，这个因素较多，虽然不一定每个人都找得到。典型失败先是因为保留震撼效果引起的，而保留则是一种迂缓严重的自卑引起的压迫感的尝试，以及为脱离负面情况所做的不断奋斗的结果。无论如何，在所有这些失败的案例里，社会感的优点都是不容争辩的，“善”、“恶”的区分都是不能去除的，在每一个案例里，都有一个凸显社会感压力的“是的”，但是后面又一定会有一个“但是”，力量更大，而且会阻止社会感的不可缺少的成长。这一“但是”在所有案例里，不论是典型的或是特殊的，都具有个人色彩。治疗的难度和“但是”的强度成正比。后者在震撼之后的自杀与精神病里是最强有力的，那时，“是的”几乎完全消失了。

焦虑，害羞，保守，悲观这类品性显示一个人在与其他人的交往里，长期以来就有问题，在命运的严厉考验下会变得更加厉害。举例说，它们在神经症里都是或多或少强烈凸显的症候。在一类人的典型的受阻碍的运动里，情形也一样，这类人总是站在后面，和面对他的问题隔得远远的。这种对生活后方的爱好会因为个人的思考模式而显著增强，有时也因为不能自制的思考，或者无用的罪恶感而显著增强。不难了解的是：人不敢面对问题，不是因为罪恶感，而是因为整个人格的有问题的倾向与准备，使他觉得可以利用罪恶感为借口，不去求进步。举例说，因为手淫而对自己做不合理的谴责，可以为懊悔提供一个适当的借口。每一个人回想他的过去，都会希望有许多事情自己不曾做；这些人甚至可以利用这一事实作为一个好的借口，不去扮演他们的恰当角色。

有人寻找神经症、罪犯失败的原因，把它追溯到罪恶感这种蒙蔽人的东西上去，显示没有了解情况的严重性。在社会感有缺陷的案例里，在追溯的过程中，总是发现病患在面对社会问题时会有严重的怀疑。怀疑加深震撼，而震撼又造成身体方面的变化，也协助个人转向其他途径。身体上的变化，会使得整个身体进入一种暂时或永久的混乱状态，不过主要是在一些部分造成显著的功能上的混乱——这些部分对不安心理的造成负有最大的责任。不安可能是因为器官功能卑劣的结果，也可能是因为承担了太多的关注。功能上的毛病可以在下列事实中看出：肌肉松紧度的降低，毛发竖立、流汗、心、胃、肠方面的毛病、尿急迫、呼吸困难、喉咙紧束、性方面的激动，或者完全没有性感。常常，类似的毛病会因为家庭圈子里的困难境况而加深。也可能有头痛，偏头痛，激烈的脸红，或者脸色苍白的情形。最近的许多研究，特别是肯南（Cannon），马拉南（Marañon）等人，已经证实了下面的事实：交感的肾上系统在这些变化里扮演了一个重要角色，自律系统的头盖和骨盆部分也一样，它们因此会以不同方式对各种的情绪作出回应。这证实了我们长久以来的一个猜想：甲状腺，肾上腺，性腺，脑下垂体，这些内分泌腺的功能会受到外在世界的影响，以及在符合个人生活风格的原则下，根据主观感受的强度回应心理印象。这一回应目的是要恢复身体的平衡，可是如果个人在解决人生问题方面没有足够的准备，那么就会以极端、过分补偿的方式做出回应。

个人的自卑感也可以在他走的途径的方向上看出。我已经谈过远离人生问题、停顿和问题保持距离这些事情。毫无疑问，有的时候这样的办法是对的，而且符合社会感的原则。这一事实尤其和个人心理学相关，因为这一科学对规则与程式的价值总是有所保留，总是认为必须对它的正确性提出新的证据。一个新的证据就在于个人在刚才提到的运动里[1]的习惯性举止。“迟疑态度”之外的另一种程序模式，让人怀疑到自卑感存在的，可以在对人生问题的完全或部分逃避中见到。这在自杀，精神病，习惯性的犯罪与变态里是完全逃避，在酗酒与其他瘾癖里是部分逃避。最后，一个自卑感引起的运动模式：明显地缩小自己的存在领域，改变自己前进的途径。把许多人生问题的重要部分排除。不过这里也有例外。艺术家、天才一类的人，因为要对社会的进展做出更大的贡献，不顾虑人生问题的个人层面。因此，刚才的话不能用在他们身上。

我很早就对典型失败案例中的自卑情结有了一定看法。但是我努力了很长一个时期，要解决在这里出现的最重要问题，也就是，在需要面对人生问题时，自卑情结是以怎样方式从自卑感中产生的，有什么样身体与心理后果？这个问题，直到今天不但没有解决，而且也没有被研究者在研究里提出来。对这个问题，像对个人心理学领域里的所有其他问题一样，我从参考全体以解释部分，参考

① 指前面说的远离人生问题，停顿，和问题保持距离

部分以解释全体的方式中，得到了答案。自卑情结，也就是说，自卑感后果的持续以及自卑感的维持，在社会感的较大的不足中得到了解释。同样的经验、梦、境况、生活问题，如果有完全相同的事实存在的话，在不同的人身上却会有不同效果。在这一点上，人的生活风格与他的社会感内有着决定性的作用。

有的时候，会碰到那样的人，可以毫无疑问地证实他缺乏社会感（*在证据方面我希望只依赖有经验的观察者*），他也毫无疑问会有暂时的自卑感的迹象，可是却没有发展出自卑情结；这一事实在许多案例里可能误导我们，使我们怀疑这一论据的正确性[①]。这样的人有时可以在那些没有什么社会感但生活在有利环境中的人中找到。有没有自卑情结，总是要在下列事实中去找：过去的生活，至今为止的行为，孩童时期被溺爱，低劣器官的存在，以及在孩童时期被忽视，没有得到爱的感觉。在治疗时，我们也会使用个人心理学所用的一些其他方法，包括：对童年时期最早记忆的了解，个人心理学在病患的生活风格整体方面的经验，个人在家庭中的地位对他的生活风格影响的方式，以及梦的解释方法。以后会讨论到这些。有自卑情结的个人，其性行为与发展只是整体的一个部分，完全包括在情结里。

① 这一论据似指社会感比常人更为缺乏的人会发展出自卑情结的说法。

6. 追求优越

读者现在会理直气壮地提出这样的问题：那么，在自卑情结中，向优越目标的奋斗又在哪里呢？因为事实上，如果不能指出在自卑情结的无数案例里，有这一奋斗，那么，个人心理学就会出现很大的不一致，最后一定会因此而被毁掉。不过，这一问题已经很大部分得到回答。

人因为缺乏社会感而感受到失败的威胁，这时候，追求优越，为优越奋斗，会把他从危险区中抛回来。这种奋斗在明显或潜在的懦弱中得到表现；有这样的效果：使个人继续留在撤退的行列里，从面对的社会问题撤退，或是强迫他避开、绕过这一问题。在“是的——但是”的矛盾里就包含着这一奋斗，它迫使人接受一个意义，这个意义给予“但是”一方更多分量，同时把他强烈地掌控在自己魔咒之下，使他只关怀，或大部分只关怀震撼的效果。这是很容易发生的，因为牵涉到问题里的个人是一些没有适当社会感的个人，他们从孩童时期开始，就把注意力完全放在自己的身上，放在自己的快乐与痛苦上。顺便一提的是，在这些案例里可以看到三种类型，它们的不和谐的生活风格以特别清楚的方式发展出各自心灵生活的特别层面。第一种类型的人是知识领域支配表现形式。第二种类型的人，有着丰富的情感生活与本能的生活。第三种类型的人大体可以说是顺着行动的路线发展。当然，这三种倾向在每一类型里有时是同时存在的。因此，每一失败会在保留的震撼效果里很清楚地显示他的生活风格的这一面。在罪犯与自杀的案例里，行动的因素似乎一般会突显出来；有些神经症情感的因素特别重，除非对知识素材着重强调，这大部分发生在强制性的神经症（compulsion neurosis）与精神病（psychoses）里。吸毒者无疑是情感型的。

但是不完成人生任务，逃避责任，对人类社会是一项负担，也使得它成为被压榨的对象。一个人不肯合作，不肯尽责任，其他的人，他的家庭、社会，就必须多做，补偿他没有做的。在这个时候，也就在对社会的理想进行默默的，自己都不了解的斗争；这是一种不停的抗议，它对社会感的进一步发展没有帮助，而且目的正是要破坏它。无论如何，个人优越感和合作总是对抗的。从这里可以看出，在失败的案例里，我们所面对的那些人，他们在合作方面的准备、发展受到阻碍，缺乏适当的眼光，适当的听、说与判断的能力。别人有常识，他们有“私识”（private intelligence），聪明地用它为自己的背离正道辩护，保护自己的做法。我把宠坏的孩子形容为寄生虫，经常的要求其他的人为他的需要服务。如果生活风格这样形成了，那么可以理解，大部分失败的人都把其他人的贡献当作自己的私有物，不论是情感、财产、物质、精神方面的贡献。不论社会用什么有力的办法、言语来保护自己，它自然应该展露温和与节制，因为它的永恒任务不是要处罚错误，采取报复，而是要解释、去除错误：它的知识，甚至它的内心最深处的愿望，都会要它如此。可是许多人在社会感方面没有受过训练。总是会抗议，反对合作的强制性要求。

这在他们看来是无法容忍的，违背他们的私识，也威胁到他们对个人优越目标的追求。有关社会感力量的很有意思的一点是，每个人都知道程度不同的背离、冒犯是不正常的，不对的，就像是每个人都必须对社会感表示敬意。甚至那些怀着科学方法幻想，偶尔极具天分的人，也认为人为培植的、追求个人权力的意志显露的不是真面目；他们把它看成一种可恶的原始本能，看成超人之道，原始的虐待的冲动，因此不得不对理想极致中的社会感表示崇敬。甚至目标就在眼前的罪犯也必须策划，为他的行为寻找理由，使他能够跨过仍旧把他和反社会行为隔开的界线。

从永恒固定的理想社会感的立场看，任何背离都像是一次狡猾的尝试，目的是要追求个人优越。对大多数这类人来说，逃避失败，不愿从社会手里体验失败，是和优越感连在一起的。因为怕失败，而和大多数工作同伴保持距离，这个时候，他们会觉得享受，觉得和人生任务的隔离是一种特权，是负担的减轻，使得他比别人强。甚至在受苦的时候，比如说，神经症患者受苦的时候，他们仍是十分安全地维持在他们的有利位置上，也就是说，在他们的苦难里，并不知道受苦的途径会如何带给他们免于人生任务的自由。越受苦，别人也就越少麻烦他们，他们也就越不晓得人生的真正意义。受苦和被从人生问题中解救出来是不可分割地连在一起的，它对许多人来说，只像是自我处罚，他们不懂得把表达的形式看作一个整体的一部分，或更确切说，看作对社区提出的问题的一个回答，这是更重要的。他们像神经症患者自己一样，会把神经症的痛苦看作一个独立体。

谄媚，奴性，依赖他人，懒惰，受虐狂的品性都是自卑感的明显迹象，会给人特权感，解脱感，让读者或反对我观点的人承认这一点是非常困难的。容易了解的是：它们是一种抗议，对主动地、社会地解决人生问题的抗议。也代表在对它们的社会感有所呼求时，躲避失败的狡猾尝试，它们的社会感太少了，这已从它们的整个生活风格中明显看出。他们把很重的一些任务移到别人身上，甚至不顾别人的意志，强迫人接受。在所有失败的患者里，所假定的特权位置都是可以很容易看出来的。为了这一位置，他会不时付出这样的代价：受苦，抱怨，罪恶感；可是他绝不撤出来；因为他在社会感方面没有足够的准备，位置似乎在他被问到“在我分配任务时，你在哪里？”的时候提供给他一个很好的缺席理由。

许多人意识到自己超人的才能与天赋，在他们的仪态、品性与观念上，似乎可以非常清楚地看到我所形容的优越情结。也可以在他们对自己与其他人的夸张要求上看得出来。有些现象可能让我们找到优越情结，这包括：鄙视，涉及个人外表的虚荣，不论是优雅或疏忽的表现，衣着古怪，女人的夸张的男性行为，男人的女性行为，傲慢，洋溢的感情，讲派头，吹牛，独裁，不停地唠叨，轻视倾向，不寻常的英雄崇拜，巴结要人与支配弱病矮小者的倾向，强调自己的怪癖，误用有价值的观念，看轻其他人的倾向，等等。同时，像愤怒所提升的情感，复仇的欲望，悲痛，热情，习惯性地大笑，不注意倾听，碰到其他人时把眼睛转开，喜欢把话题转到自己身上，对琐碎事情的习惯性的激动，等等，也极常表示这个人有以优越情结为终结的自卑感。此外，一些因轻信而产生的幻想，相信自己有心电感应或类似的本领，或者先知的灵感，都给人理由怀疑优越情结的存在。我要警告那些支持社会感观念的人不要把这个观念当作优越情结用，或者随便把它加在每一个人身上。对知道自卑情结与掩饰它的上层架构的人，也要发出同样警告。人如果过早地、太随便地对待自卑情结、优越情结这两个观念，他会被人怀疑有这两个情结，唯一的结果将是遭人反对，而且常常是很有理由的。此外，在建立这类的事实时，不要忘掉一点：所有的人都可能犯错。这表示甚至很有分量、很出色的人也可能有优越情结。至于巴布斯（Barbusse）表达得非常好的那一事实——“甚至最好心的人也不能总是没有鄙视的感觉”——就更不用说了。另一方面，这些琐碎也因此未加修饰的品性可以让我们把个人心理学的研究工作放在有关重大人生问题的错误上，了解并解释它。言辞，片语，乃至已经证实的心理机制方面的知识在个案的了解上无法有任何贡献。类型方面的知识也一样。不过，在使用推测的方法时，它们可以照亮那个我们希望在里面找到患者人格独特面的明确视域。这一独特面，在咨询过程中，也必须对患者说明，总应注意到必须供应的社会感的分量。

如果为了简短回顾的目的，把人类发展过程中的主要观念加以简约，只留下精华部分，最后会发现三条明确的运动路线，它们在不同时期，一个跟着一个地给人类行动带来价值。在可能是大约十万年的田园诗般的时期过去之后，因为服从“多子多孙”的律令，生产土地变得非常有限，人类创造了泰坦（Titan），赫克力士（Hercules），总司令（Imperator）作为理想的救主。直到今天，仍旧可以在英雄崇拜，好斗与战争中，在上流社会以及贩夫走卒里，看到过去日子留下的回响。那时走的路仍旧被歌颂为提升人类的最佳途径。这一筋肉的冲动，是在没有足够的粮食情形下产生的，符合逻辑地带领人去欺压，消灭弱者。恃强凌弱者喜欢简单的解决办法：只要食物太少，就把它归为已有。他喜欢直接的，明确的处理，只要对他有利。在我们文明世界的一个阶层里，这一思考模式是很流行的。

未来如何生活？这个问题仍旧存在。一名父亲为他的子女省吃俭用。为后代生产生活用品。如果他为第五代做准备，那么他在同时至少也为自己这一代的三十二个人的子孙做准备，而这些人又对他的子孙有同样的要求。

商品可以消灭。也可以变成钱。商品的价值可以以金钱的形式借出。其他人的能力可以买到。也可以把人拿来命令，指使；不仅如此，也可以把个性刻印在他们身上，把人生意义灌输到他们里面。可以教育他们尊崇权力，金钱。可以把法律加在他们身上，使他们接受力量与财产的指挥。

在这一领域，妇女不能做创造性的工作。传统与教养妨碍到她。她可以仰慕地参与，或者失望地站在一边。她可以对权力表示臣服，或者，像经常出现的那样，保护自己，不因为自己的没有权力而受到伤害。在这里不要忘记自卫的人在多数情形下是会走错路的。

大多数的男人女人都能够尊崇权力与财产。女人是被动地仰慕，男人则是有野心地追求。在达到这些文化理想方面，女人比男人离得更远。

在追求个人优越上，权力与财产的俗人和有教养的俗人连在一起。知识（也）是权力。到现在为止，一般地说，对付人生的无常，还没有比追求权力更好的方法。这是保护生命与发展人类的最好与唯一办法吗？现在是反省的时候了。也可以从女人生活的结构里学到一点东西。因为一直到今天，女人还没有能够分享到有教养的俗人主义的权力。

可是男人和女人都可以很容易看出，女人如果能得到和男人同等的准备，可以在俗人主义的权力中扮演一个成功的角色。在柏拉图的思想里，是比较看重筋肉权力的，认为它比较优越，这个想法在未了解的部分（下意识）里，一定已经失去了它的意义。要不然妇女的秘密而又公开的反叛（男性抗议）要如何用来促进一般人类的福利呢？

最后，我们全都像寄生虫一样，靠着艺术家，天才，思想家，研究者，发明家的永恒成就过活。他们是人类的真正领袖；是世界历史的真正推动者；我们是配销者。到目前为止，权力，财产，知识上的傲慢一直都是男女的分界线。因此才会有关于婚姻与爱情的呼喊与这方面的无数书籍。

我们所赖以生存的伟大成就都是对人类的最高价值的贡献，一直靠此建立自己。它们的胜利没有用堂皇的言语庆祝，可是大家都享受到了。女人也的确在这些伟大的成就里扮演了她们的角色，但是权力，财产，知识上的傲慢阻碍到大多数女人的发展。在整个艺术的发展上，一再回响的都是男性的调子。在那一领域里，女人是男人的候补者，因此是二流的。这一状况会继续下去，除非女人在艺术里揭露与发展了女性的成分。这在演艺与舞蹈两个项目上已经发生了。在这两项里，女人可以做自己，在这两项里，她已经到达了她们成就的高峰。

7. 失败类型

现在要讨论形态论，不能不小心，因为学者会很容易误解，以为型是一种天定的、独立的东西。如果有人停在这一阶段，而在听到“罪犯”，“焦虑神经症”，“精神分裂症”这类名词时，以为自己对个案已经有了某种了解，那么他不仅剥夺了自己对个案研究的可能性，而且也永远没法免除在他和患者间出现的误解。也许，和心理生活有关的工作方面的最正确知识，是因为小心使用形态论而获得的。毫无疑问，不能完全不用它，它使我们可以做概括性叙述，做像普遍诊断那样的事，可是对于个案的了解与治疗，能提供的却是很少。记得在每一个失败的案例里，我们所面对的是症候，这是最好的办法。这些症候出自一个尚待发现的确定自卑感，外在因素的冲击使自卑感发展成为优越情结——这个因素所要求的社会感分量是患者从童年以来一直无法提供的。

我们从“麻烦孩子”开始。只有在一个孩子相当长的时间不肯以平等者的身份与人合作，扮演应该扮演的角色时，人们才会很自然地谈到这一形态。这里有社会感不够的问题。人可以很正确地说，平常社会感可能是够的，可是在家庭或者学校有异常压力时，它常常就是不够的了。这种案例从现象整体来说也是大家熟知的。从这些现象里，也许更能够欣赏个人心理学的研究的价值。这类研究可以在处理更困难的案件前，提供给我们足够的准备。把一个人短期的和他周围的环境隔离，对他做实验性的，笔相学的测试，可能会造成非常糟糕的错误，也绝没有理由让我们可以因此对这样被隔离的人提出任何建议，或者按照一种分类方法把他归类。个人心理学者要想对案例有一正确了解，必须要对所有可能的社会情况与委曲有所了解。甚至可以更进一步要求他要有以人类福利为目标的人生观，他在自己任务，人生要求的想法上，都要以人类福利为目的。

我提出了一个问题，就是孩子的分类办法，证明在许多方面很有用。我把他们分成为比较被动型与比较主动型。前者懒惰，不爱工作，服从，可是依赖，胆小，焦虑，不诚实，以及其他类似特性；后者支配人，没有耐心，易激动，有出现强烈情感的倾向，惹麻烦，残酷，吹牛，可能逃走，偷窃，性方面很容易激动，等等。在这里不需要在琐碎的事上去仔细推敲，但是在每一个具体的案例里，应该尽可能确定病人的活动量。这是很重要的，因为在一个完全证实的失败案例里，可以期待观察到病人在童年期与现在几乎有着一样程度的错误活动。大体正确的活动程度——这里也就是勇气——会在那些具有足够社会感的孩子身上看到。如果想要在病人的气质上，运动的缓慢与迅速上找到这一程度的活动，就绝不可忘记这些表现形式是生活风格的一部分，因此如果病治好了就会表现出不同方向。神经症患者的童年，被动失败型的百分比数较大，而在罪犯的童年，主动失败型的百分比数较大，这是不足为怪的。如果有人在童年期没有问题，而在以后出现了失败，我认为那是因为观察有瑕疵。当然，也有例外，生活环境好，可能使人看不到童年期失败的一面，而在以后严厉的考验中却显现出来了。

童年期的失败属于医学心理学的领域，除掉被虐待的案例，几乎完全发生在有着不同程度的被溺爱的依赖型孩子身上。这些失败包括：尿床，不好好吃饭，夜晚尖叫，喘气，经常咳嗽，乱拉粪便，口吃，等等。这些症候在孩子方面是对激励他独立与合作的一种抗议表示，也是强求其他人的支持。稚气的手淫，持续很长一段时间尽管已经被发现了，也是缺乏社会感的一个标志。只处理症候，只把毛病除掉是不够的。只有提高社会感，才能期待有保证的成功。

如果说，神经症趋向，也就是说强烈的强调“是的”加上一个更加强烈的强调“但是”，已经可以在比较被动的错误与毛病里看到，那么人生问题的撤退在优越情结没有明显强化的神经症里，也就可以更加清楚地看到了。总是有这一类现象：非常镇静地躲在第一线后面，不肯与人合作，保持距离，渴求解脱，为自己的失败寻找借口。长久存在的失望感，害怕有新的失望、失败，以保持震撼症候的形式出现。症候给予病人借口，使他可以不去解决人生问题，和它保持距离。有的时候，在强制性神经症（compulsion neurosis）中，病人甚至会发出温和的咒语，显示他对其他人的不悦。在迫害狂的病里，病人的人生敌意感在和生活问题保持距离方面的展露的方式现在还未引起注意。思想、情感、判断、观念总是往退却的方向走；因此**神经症是创造性的行动，不是回转，退化到婴儿时代与远祖的模式去**。这一行动来自人的生活风格：一条自己订的运动法则，永远都在以这样或那样方式追求优胜；也是这一行动，以它的种种形式，又和生活风格相一致的，设法妨碍治疗；除非病人被说服了，常识占了上风，否则，阻碍会继续下去。常常，优越这一秘密目标被下面的半哀伤半安慰的观点给遮饰了："想一想多少的事情我可以做，要不是一些琐碎的障碍使我无法继续我的独特的、高尚的努力，而这些障碍，在大多数情形是应该由其他人负责的。"辅导人士在有过相当经验之后，会在失败者的个人历史里看到强烈的自卑感，追求个人优越的奋斗，以及有瑕疵的社会感。自杀是从人生问题的完全撤退。在自杀者的心理结构里有活动，但是绝没有勇气；他的行为只是对有用的合作积极抗议。他对自己的那一击也伤害到其他人。社会在它向上的奋斗里总是会受到自杀的伤害。社会感本来就很少了，现在则是完全的结束，造成这个外在因素的正是我们所谓的人生三大问题：社会，职业与爱情。因为在人生三大问题上体验到失败或者害怕失败，有时在此之前还有一个阶段的沮丧或忧郁症。在一九二一年我已经完成对这一心理疾病的调查，我可以证实，每一真正的忧郁症状态，例如自杀或是威胁自杀，都是对其他人的敌意攻击，都是因为社会感太少造成的。是因为绝望的行为取代了对社会有用的合作造成的。财产或者境况的丧失，爱情方面的失望，各种的挫折，可以依照患者的运动法则，造成这样形式的绝望行为，让他甚至不怕牺牲和他有关系的人，以及其他的人。在心理方面比较敏感的人不会不注意到，他所面对的人对人生有着太多的期待，因此也比其他的人容易失望。从他们的生活风格判断，这些人的童年，一定有长期沮丧，或是伤害自己的震撼，其目的像是为了满足他处罚其他人的感受性。最近的一些研究证实，震撼的效果，在他们身上要比在正常人身上来得严厉，也带来身体方面的变化。这些变化可能是在自律与内分泌系统的影响之下。像我的大多数案例所显示的那样，器官功能的低劣，童年时的骄纵已误导孩子形成他的特殊生活风格，妨碍到适量社会感的发展。这样的孩子常常显示的倾向是（公开的或者隐藏的）：想发脾气，想掌控整个环境里的所有问题，无论大的小的，也就是说，想尊严地站起来。

一名十七岁的少年是家里最小的孩子，受到母亲过度的溺爱。母亲出去旅行，不得不把他交给一个姐姐照顾。一天晚上，当他一个人在姐姐屋里的时候，他自杀了。当时他正面对学校里的一些看来几乎无法克服的困难。他留下这样的一封信：“不要告诉母亲我所做的。她现在的地址是……在她回来时，告诉她，我对人生已经不再感到任何意味了。要她每天把花放在我的坟上。”

一个有不治之症的老妇人自杀了，因为她的邻居不肯关掉收音机。

一个富人的车夫，在他主人死时获知他不会得到主人分给他的遗产，而把他妻子与女儿杀了，然后自杀。

一名五十六岁的妇人在孩童时期受到溺爱，以后又受到先生的溺爱，在社会上也很有地位，在先生去世时感受到尖刻的痛苦。她的子女都已结婚了，不大愿意对母亲尽心尽力。一次车祸把她的大腿骨弄断了。甚至在复原之后，她仍旧和社会保持距离。她想到环游世界，认为那样可以带给她在家里没有的友善和激励，那是她在家里没有的。二个朋友愿意和她一起去。在美洲的一个较大的城市，她们和她分手了，因为她不愿意走动。她变得非常沮丧，变成了忧郁症。在我看到这位女士时，她已经病了三年，没有改善的迹象。她的主要抱怨是她的疾病带给子女的麻烦。家里的人轮流地去看她，但是因为她长期的病，对她的情感也变迟钝了，对她也没有了那么特别的关照。病人经常地表达自杀方面的想法，也一直地说家里的人对她太过关注了。很明显的，她比在病前得到更多的关注，她对子女关注的感谢不是她的真情，而且和她——一个被骄纵惯了的女人——所期待的挚爱是相矛盾的。人如果从她的立场着想，就不难了解，要她不要子女们的关注会是多么困难，她付了那样大的代价，用疾病换来的。

还有一种活动形式，方向不是对自己，而是对着其他人的；认为别人都是自己的工具，而且用威胁别人的财产、福利、工作、健康和生命的方法表达这一想法的孩子，在早期就采用了这种活动形式。真正会实践到什么样的程度就又要看他的社会感的程度了。在每一个案例里，我们都必须一再记得这一因素。可以了解：表现在思想、情感、心态、品性、行为中，但从来没有用适当的言语表达过的那种对人生意义的想法，可以使得他很难面对真正的人生以及他的与人合作的要求。期待自己的欲望得到立刻的满足，觉得自己完全有道理，在这样的态度里永远都会有人对他怀有敌意、不够友善的感觉。尤有甚者，这样的心态是和一种被剥夺的感觉紧密地联系在一起的；靠着这种剥夺感，羡慕、嫉妒、贪心、克服的奋斗，得以永久维持在高度紧张的活跃状态。因为向有用方向发展的奋斗，由于社会感不够的缘故，而落伍了，也因为追求优胜的狂热造成的伟大期待没有得到实现，情感的加深、激化常常会造成对别人的攻击。一旦人际关系方面的失败在学校、社会，或者爱情上变得明显时，自卑情结就会经常出现。走上犯罪一途的人，有百分之四十是在学校里失败的没有技术的劳工。很大一部分被人抛弃的罪犯患有性病，显示爱情问题的解决有瑕疵。他们选择和相同品性的人来往，也就显示他们在友谊情感上的限制。他们的优越情结来自比受害者优越的信心，以及如果正确地执行了计划，可以不理会法律与司法者的信心。事实上，很多罪犯一直都没有被发现，而被发现的所犯的罪又都比能够证实的多。罪犯一直做下去，因为他有这样的幻觉：如果他按照计划适当地做就永远不会被抓。如果被判罪了，他绝对相信，只是因为忽视了一个小的细节，才会被发现的。如果去童年期追寻这种罪犯的倾向，那么，被误用的早熟活动，及其不友善的特色与社会感的缺乏之外，我们发现，品质低劣的器官、骄纵与忽视是误导人形成罪犯生活风格的几个原因。也许骄纵是主要的原因。我们永远不能排除改善生活风格的可能性，因此在每一个案里，都必须查问到社会感的程度，以及考虑到外在因素的严重性。没有人像骄纵的孩子那样容易受到诱惑，他一直都在接受训练，要他去拿一切想要的东西。对诱惑的强度有正确的知识，对有犯罪倾向的人说，是更加带有灾难性的，因为他有更大的活动量供他使用。此外，在罪犯的案例里，必须掌握到个人与社会环境之间的关系。如果犯罪的要求不是太过严厉，案主可能有足够的社会感，不会去犯罪。这也是为什么在环境很不好时，犯罪的人数会显著增加。但是环境不好本身并不是犯罪的原因，在美国，经济景气时，犯罪的人数会增加，因为有很多迅速致富的方便门径，也就证明了这一点。无疑的，在寻求罪犯倾向的原因时，我们会看到不利的生活环境这一项；也会在一个大城市的某些区域里见到较多的罪犯，但是那绝不能让我们有理由说，不利的环境是犯罪的原因。事实上，在这样的环境里，很难期待社会感会得到适当的发展。如果一个孩子很小的年纪就在遭人剥夺与贫穷的环境里长大，每天看到旁边其他人比较好的生活，同时社会感的发展又完全没有受到照顾，他在未来生活的准备方面是会很有问题的。杨博士[1]对一个移民教派犯罪成长的调查是有关这方面的一个很好、很有教导性的说明。第一代过着贫穷的生活，与外界很少接触，但是没有罪犯。到了第二代，孩子们已经上公立学校，但仍是在教派的传统里，在贫穷、虔诚中长大，已经有了相当多的罪犯。到第三代，罪犯数字增加到让人恐怖的程度。在这里，“天生的罪犯”已经是一个被抛弃的观念。这样的错误想法，或者犯罪来自罪恶感的观念，只有那些不理会我们的发现的人才会去考虑。这些发现一再地要我们注意童年期的强烈自卑感，优越情结的形成，与社会感的不良的发展。

许多器官低劣的迹象可以在罪犯中找到，在判罪的震撼效果里也可以看到很显著的新陈代谢上的变化，可能表示身体在求取平衡方面，碰上了很大的困难。很多很多的罪犯都被溺爱过，或希望得到溺爱，这里面包括童年时被忽视的一群。这些事实将可以说服任何人，只要他不是使用习惯用语或狭隘的程式在作调查。器官的低劣常常可以在一些罪犯的丑陋相貌中看出，在罪犯里也有很多很多长得漂亮的人，溺爱的想法因此而经常得到证实。

甲是这样一个长得漂亮的家伙，在拘押六个月之后被保释了。他从上司的钱箱里，偷了一笔数目不少的钱。如果再犯，就要把他这次的三年刑期服完；尽管这样，没过多久，他又偷了一笔小的数目。在入狱前，被送来看我。他来自一个很受尊敬的家庭，在家里是长子，母亲溺爱他，把他当成心肝宝贝。他野心勃勃，每样事情都想带头。

[1] 杨博士（Kimball Young，1893 ～），美国社会心理学家。

只从社会地位比他低的人里挑选朋友，显示有自卑感。在最早童年的记忆里，他总是接受东西的一个。在第一次偷钱的环境里，他在周围看到许多很有钱的人，而当时他的父亲失去了工作，不能像以前一样供应家庭。他那时所做的飞行的梦，以及自己是英雄的梦境，显示他有野心的奋斗，以及命定成功的感觉。他第一次偷窃是在一个诱惑的机会中下手的，当时心里想着要显得比父亲强。第二次的偷窃较少，是对他的保释期，以及现在的受人管制的地位的一种抗议。在监狱里，一次梦见别人把他喜欢吃的菜送来，可同时又想起这是不可能的。在这个梦里，除了贪心之外，也可以感觉到他对刑期的抗议。

一般说来，吸毒者的活动会比较少。环境上正确指导的缺乏，对吗啡、古柯碱这类毒品的熟识，或者因为生病用到这些东西，或者因为在医疗行业工作，让他有机会走上吸毒之途。可是只有在患者面对一个显然没有办法解决的问题时，这些机会才会有严重后果。在这里，和自杀案例中的情形一样，很少不出现对必须照顾患者的人的掩饰的攻击。我曾经指出，人如果渴求一种饮料，里面的一种味道很好的特殊成分会是一个诱因，好比说，如果真的对酒精缺乏兴趣，那么要他滴酒不饮本质上就会比较容易。很常见的是，在渴求开始的时候，如果没有已经发展的优越情结的话，人有着强烈的自卑感，早期可以看到下面的情形：怕羞，喜欢独处，过度敏感，没有耐心，暴躁，以及像焦虑，沮丧，性不满足感等神经性症候。或者，渴求开始时也可以带着优越情结，表现出吹牛，恶毒的批判倾向，渴望权力等品性。过分的抽烟以及对强烈的黑咖啡的渴求常是一个胆小，没有决心的心态的标志。用欺诈的办法，沉重的自卑感被暂时抛置到一边，或者像罪恶行为里的情形，它甚至可以转变成为增大的活动。在所有吸毒者中，任何失败，不论是社会关系、工作或爱情方面的，都会归咎到那一无法克服的罪恶（吸毒）上去。此外，毒品的立即效果也常常给予受害者被从负担中解救出来的感觉。

一名二十六岁的男人，比姐姐小八岁，在很好的环境下长大，被母亲过分溺爱，非常任性。他记得常常被打扮成洋娃娃的样子，抱在母亲或姐姐的手里。四岁的时候，他有一天在祖母的比较严厉的照顾下，祖母才说出一句不肯的话，他就收拾东西打算回家。父亲酗酒，使得母亲很不快乐。在学校里由于父母的影响使他得到太多其他学生得不到的好处。母亲对他的溺爱随着时间的过去逐渐减少，而他也就因此从父母住的地方搬了出去，和他四岁时在祖母家的行为一样。他一如许多被溺爱的孩子，不大能和陌生人相处，在社交场合，在企业上和人打交道的场合，在与女孩子相处的场合，会陷入沮丧与紧张的焦虑状态。但和另外一些人却处得较好，这些人教他喝酒。母亲晓得了，也听说他在吃醉了时和警察闹事，去看他，用很动人的语言求他放弃喝酒。结果他不但继续饮酒，在酒中寻求解脱，而且从母亲那里得到了比过去任何一个时候都更多的照顾与溺爱。

一名二十四岁的青年抱怨经常头痛。他在学校读书的时候，就有严重的神经性的广场恐惧症。期末考时学校允许他在家里考。此后他的情况有了很大的改善。大学一年级时，他爱上了一个女孩，和她结了婚。没有多久，头又开始痛了。这是个极有野心的人，也是个受到无法想象的溺爱的人。头痛是因为嫉妒妻子，对她经常不满。证据可以在他的态度与梦里清楚看出来，虽然他自己一直都没有完全了解到这一点。例如，一次他梦见妻子一身打扮，像是要出去打猎。他在孩童时候得过软骨病，他记得，他总是希望有人陪着他，注意他；把他放在床上，仰躺着，虽然他已经四岁了；但没有办法自己坐起来。他在家里是老二，经常和哥哥冲突，什么事情都想抢第一。在求职时，因为情况对他有利，能获得高位。从知识的角度说，他够格了，可是从心理方面说，是不够格的。在他那样的情况是一定会有麻烦的，结果他吸上了吗啡。他有的时候不想再使用，可是又总是会再用。后来，他欠缺考虑的嫉妒又发作了，使得他的处境更加困难。他觉得自己的位置很不稳定，因而自杀了。

8. 娇生惯养者

大家对娇生惯养者的印象一向都不好。父母不喜欢被人这样说。被溺爱的人自己也不愿意被人看成这样。我们会一再怀疑使用这两个字的意思，但是，像是直觉一样，会觉得它是一个负担，妨碍到孩子的正常成长。

虽然如此，每个人都喜欢被宠。相当多的人非常喜欢受到爱抚。许多母亲除了溺爱孩子之外其他什么也不会。幸好，很多孩子大力抵抗，不肯接受这样的待遇，不然，损害可能更大。这个问题如果只用心理学的程式会是一个不好解决的问题。不能没有弹性地使用这些程式，盲目地把它们当成指导原则，借以发现人格的基本架构，以及对个性与品性所进行的解释。不如期待在每一个方向都找到无数的变种与微细的不同处，必须证实自己已经发现的，把它拿来和它平行的事实比较。因为在孩子对溺爱采取反对立场时，通常会做过头，把他的立场转移到其他的情况里去，而在这种情况，期待外在世界的友好帮助是很合理的。

如果溺爱是在稍后的年岁里出现，而且也没有弄到把人的自由意志压垮的地步，被溺爱的人有的时候会容易对溺爱感到厌恶。但是这不会改变在童年时建立的生活风格。

个人心理学声称，要了解人只有研究他在解决人生问题方面所做的努力和运动，没有其他办法。他的运动方式与理由必须予以观察。人的生命在开始时，都有潜能与发展的可能性，而且确实人人不同，也只有他的行动才能给我们判断区别的标准。在他生命开始时所能够发现的一切，从出生那一天，就已经受到外在环境的强烈影响。遗传与环境的影响成了孩子的所有，他利用它寻找自己的发展途径。但是如果没有方向、目标，他就不会想到采取行动。**而人的灵魂的目标是征服，完美，安全和优越。**

孩子在运用从自己的身体与周围环境经验到的影响时，或多或少依靠自己的创造力以及预知的能力。他的未经言语与观念表达出来的对人生的解释，是他人生态度的基础，也是他自己的大作。就这样，孩子获得他的运动法则，而法则又帮助他，在一定程度的训练之后，形成他的生活风格；我们根据风格，观察一个人整个一生的思想，感觉，与行动。这种风格几乎总是在孩子确信可以得到外援的情况下发展出来的。在家庭之外的世界里，做任何需要人无私协助的事，是一大考验；生存的条件永远在变动，那样的生活风格的确不像能适于接受这样的考验。

现在的问题是，什么是人生的正确态度？对人生的问题可以期待什么样的解决？个人心理学尽最大的努力回答这些问题。没有人有那样的福气，知道绝对的真理。普遍正确的具体解决方案必须在两方面是正确的。思想的，行动的，只有在永恒之光（son specie aeternitatis）的判断下是正确，才能说是正确。其次，社会的福利必须毫无疑问包括在里面。这对于传统以及新出现的问题都适用，可以用在次要问题，也可以用在主要问题。每个人必须以他自己的方式解决人生三大问题：社会，工作，爱情，只有那些为社会奋斗已经成为生活事实的人才能以近乎正确的方式处理它。毫不疑问，在新问题浮现时，会有怀疑与不确定性；但是如果愿意与人合作，就可以预防明显的错误。

在调查的过程中，如果找到了个案的形态，我们仍旧有责任把它的独特性找出来。这也可以用在被溺爱的孩子身上，一个经常在增加的，家庭，学校，与社会的负担。必须找出案例特殊的一面，不论面对的是麻烦的孩子，神经紧张的人或疯子，自杀者，犯罪者，吸毒者，性变态者，等等。他们都有一个毛病：缺乏社会感，而且起源可以追溯到童年的溺爱，或者对溺爱与解脱的过分渴求。

只有在对一个人面对人生问题时的运动有了正确了解之后，才能发现他的主动的行为方式；如果是缺少运动，就必须对缺少运动有正确了解。一些心理学家（possession psychologist）把所有失败症候的起源都说是因为遗传，一个不明确的模糊领域，或者说周围世界的影响，这样的做法在个案的了解上不会有多少帮助，我认为那是不适当的做法。孩子接受影响，吸收它，回应它，在这些过程中，他有一定程度的选择自由。个人心理学是一个实用的心理学，强调对所有这些影响的创造性占有与利用。人如果认为人生的各种问题是不可改变的，而且在每一个案例里，看不到这些问题的独特性，会不难接受有效因（efficient causes），以及作为命运的邪恶统治者的本能与冲动。人如果认识到以前从来没有存在过的问题会在每一新时代中浮现，就绝不会相信所谓继承的下意识的运作。个人心理学对人的精神在解决自己问题时表现的摸索、搜寻与艺术性活动。不论对错都太熟悉了，不会去相信那样的想法。是每一个个人的活动——来自他生活风格的活动，限制了他对问题的解决。如果了解到人类语言的贫乏性，形态论的价值也就丧失了一大部分。我们用“爱”这个字来形容的那许多关系彼此是多么不同！两个内向的人曾经有过一样的情形吗？两个同型双生子的生命，虽然常常希望走一样的路，而且努力走一样的路，但在变动的月亮之下能走一样的路吗？能想象这样的事吗？可以用型的观念，而且不能不用，就像用或然率的想法一样，只是永远都不要忘记，甚至在处理类似性质的问题的时候，每一个别人所展现的不同的一面。预期一个案例会如何发展，这时可以使用或然率的观念，借以对那个希望在里面找到独特事件的视域有更多了解，可是一旦遇到矛盾，就必须放弃使用。

假定社会感可以在人的身上发展、成长，那么，它的根源是什么？在寻找的过程中，会立刻想到母亲，她是第一个也是最重要的引导者。自然赋予了她这一位置。母子关系是一种亲密的合作关系（生命与工作的伴侣），彼此都有所得，不是像许多人所相信的那样，孩子单方面地压榨、利用母亲。父亲，家庭里的其他孩子，亲戚，邻居必须把孩子训练成为平等的工作伙伴，不让他成为社会的对抗者，使得原有的母子之间的合作能得到更进一步发展。

孩子对其他人的可靠性，伙伴关系印象愈深刻，也就愈会愿意参与共同的生活，主动地与人合作。他会愿意把他的所有都交出来，为共同的事业所用。

另一方面，如果母亲溺爱，照顾得太过分了，使得举止，思想，行动，甚至语言，对孩子都没有必要了，那么他就会更加愿意发展成为寄生者（压榨者），一切自己要的都希望别人能帮助他。他会继续努力，使自己成为每一个场合的中心人物，使得每个人都接受他的呼唤。会显示自我中心的倾向，认为自己有权压制其他人，受他们纵容，也就是说，只拿不给。只需一、二年这样的训练也就可以结束他的社会感的发展，结束任何与人合作的倾向。

有的时候依赖其他人，有的时候又渴望压制他们，这样的孩子很快就会遭到那个要求合作与伙伴关系的世界的反对，这种反对是他们所没有办法克服的。不再有幻觉了，他们责备其他人，总是只看到人生敌意的一面。问题都是悲观性质的。他们问：“人生有何意义吗？”

“为什么要爱我的邻人？”如果他能接受一个活跃的社会观念的合理要求，那只是因为害怕不接受会被排斥、处罚。在社会、职业与爱情的问题上，他们找不到社会感这一条途径；出现震撼，在身心方面感受到它的效果，在意识到失败之前或之后撤退。但是总保持习惯的幼稚态度，也就是说，认为自己受了委屈。

现在也可以了解，所有典型的品性不但不是天生的，而且，尤其重要的，是表达了完全由生活风格决定的关系。是孩子创造性活动的副产品。被溺爱的孩子，会被误导，变得自怜自爱，会发展出很强烈的自私，羡慕，忌妒，虽然数量也是各自不同。他像是生活在一个敌国里，展现过敏性，没有耐心，不能坚持，容易情感激动，贪心等品性。退出倾向，过分谨慎都会随着这些品性出现。

被溺爱者的步法——用个比方，在环境好时，不容易发现。环境不好，社会感的内涵受到考验时，便容易发现了。在那样的境况里，他会犹豫不决，或是离问题还有很大距离就停下来。他提出一些不真实的理由，说明自己为什么保持距离，证明他的行动是谨慎与精明的结果。他常常更换社交圈子，朋友，爱情，伴侣，工作；从不把任何·事情做完。有时候这种人在开始做任何事情时，会急急忙忙赶着向前，专家只要一眼就知道在这样匆忙里多么缺乏自持自立以及热度多么快就会冷下来。另外一些成了怪人，他们宁愿退到沙漠里去，借以避开所有问题，或者只找到问题的部分解决。这样一来，就以和自卑感程度相一致的方式大大限制了自己的行动领域。在有一定的活动力供他们使用时，这种活动当然不能称之为“勇气”，他们在一个无论如何都带有压迫性的境况里，易于转向一边，加入到对社会无用的，或干脆是对社会有害的人群里去，变成犯罪，自杀，酗酒，变态的人。

要每个人认同极端被溺爱者的生命，或者说，完全了解他，不是容易的事。必须像一个好演员一样掌控这一角色；必须进入到他的整个存在领域里去，看他如何使自己成为中心的人物，如何以不平等的伴侣身份与人相处，甚至压迫他人，甚至期待一切，什么也不想贡献。这种人不是在受理性指导，他们想方设法利用其他人的合作成果——他们的友谊，劳力与爱，只关心自己的福利，使自己不必去奋斗，除了在损及别人情形下减轻自己任务的考虑外，其他什么也不管。心理正常的孩子发展出勇气，在任何地方都有正确的推理能力，以及主动调适的能力。这些品质骄纵的孩子一样都没有；有的只是懦弱与狡猾。同时，他们的活动途径特别受到限制，结果使得他看上去，总是在犯同样错误。致使暴虐的孩子总是显得暴虐。扒手总是继续做扒手。焦虑型的神经症患者（The anxietyneurotic）总是焦虑地回应所有的人生任务。吸毒者会继续吸毒。性变态者不会显露放弃变态的倾向。把其他的活动都去除了，人生的路更窄，这里可以再次轻易见到他们的懦弱，缺乏自信，自卑情结，与自闭的倾向。

被骄纵者的梦幻世界，他们的展望，意义，与对人生的了解，和真实世界有着巨大的差异。他们适应人类进化的能力或多或少被扼杀了，这使得他们不断地与人生冲突，使得许多其他人受到伤害。在童年期可以在过于活跃与被动的孩子中找到这些人；长大之后，则可以在罪犯，自杀者，神经症患者，吸毒者中找到。他们对大部分的事情都是不满意，非常地嫉妒别人的成功，又不肯为自己努力。总是害怕失败，害怕被人发现自己的一文不值，总是在从人生的任务前撤退，而且也总是会振振有词地为自己的撤退辩护。

也不要忽视一点：他们有许多人在人生中是成功的。这是那些从错误中学到教训的人。

患者要能跟随精神的途径，日益深信自己在生活风格的建造方面失败了，只有这样，治疗与转变才能成功。预防比治疗要容易；家庭，特别是母亲，必须了解爱不应该变成骄纵。也许可以对一群受过心理学训练的老师有更多期盼，他们已经学会认识与改正这些错误。那时，我们会比现在更加清楚地认识到骄纵孩子的事实与后果乃是大恶，没有比这更大的恶了。

个人心理学证明每一个人对人生的想法取决于他的生活风格，也是这一风格的一部分，因此使我们对这一相当令人迷惑的事实，可以有更多了解。哲学家与心理学家在内在世界的解释上有很大不同，很明显，他们都从一个由自己的生命哲学决定的观点来看心（mind）与精神

（psyche）。因此，一个人生想法和骄纵孩子相像的作者必定会宣布说，一切麻烦都因为个人没有办法“拿到”他想要的。所有的失败，神经症，精神症，犯罪，自杀，变态都是因为牵涉在里面的这些人抑制了自己的希望。他会认为这个道理是当然的。这些作者也会发现真实的世界是一个含敌意的世界而且注定要灭亡。社会兴趣在他们看来是一个神秘的教条，是幻觉与恐惧把它强加在人身上的。“像爱你自己一样爱你的邻居”，在他们看来何其荒谬。可是对个人与母亲（溺爱者）的关系被他们认为是最重要的。而对其他意见相左的观点，会机械地不加理睬。

害怕丧失立场或被批评的作者，认为只有那些可以在实验室里得到证实的事实，可以记录以及约简为数字的事实，才是重要的。数学的规则带给他们保护感，如果没有这类符号，他们就会觉得恼火。当然，数学给予人很大的安全感，支撑了许多人。可是在研究心与精神时，我们发现它是进化的产物，而且延伸了几百万年的时间。它像是神迹一样地作用着，我们所能发现的只是它在面对外在问题时的运作方式。还必须记得一点，身体与它所继承的品性只不过是大环境的一部分。

那么个人心理学呢？不是也有自己对人生的特殊看法吗？不是在个人对外在问题的行为上，也有特定的观点吗？不错。但是我们首先已经努力证明了，我们对人生的看法比其他心理学家的更带客观性。其次，**我们知道，**我们的人生哲学会使我们有接受、感染某些东西的倾向，而其他的人**不知道**他们总是找到他们原来就以为知道了。因此，个人心理学更能保持距离与自制。

最后个人心理学有另外一个极为重要的好处。就是了解到人格是一个**统一体**，因此他无法不看到对人生一个方面的错误想法也会在所有其他方面重复，一个犯错的人缺乏社会兴趣，那么在他所有的表现形式里都会看到。

9. 社会感发展障碍

什么样的境况使得孩子有走错路的倾向，在寻找的过程中，我们会一再碰到曾经被我们形容为最重要的那些困难问题。它们妨碍社会感的发展，在很多的案例里也真的证明是障碍。这类问题是溺爱，与生俱来的器官低劣，以及疏忽。它们的效果不仅在范围与程度上不同，而且最重要的是，在孩子身上引起的几乎无法推算的激动与责任感上的不同。孩子对于这三个因素的态度，不仅要看他对实验（尝试与错误）的使用，而更加要看，他的成长能力与创造力。这一创造力是生命过程的一部分，在我们那些也压制也鼓励孩子的文化里，它的发展是一个几乎无法估算的因素，它的强度也只能从结果来判断。

在衡量孩子创造力方面，如果想用猜测办法更向前走一步，就必须看到无数的事实：家庭的特性，光线，空气，季节，吵闹声音，与其他人的接触，气候，土壤的性质，营养，内分泌系统，肌肉结构，器官发展的节拍，胚胎阶段，等等诸多因素，那些照顾孩子者所给予的帮助与养育就是一例。看到这一系列让人困惑的因素，我们可以假定它们有的时候有帮助，有的时候有损害。如果在每一个案例里都能非常小心地考虑到统计学上的或然率，而同时又不否认出现不同结果的可能性，我们就觉得满意了。任何歧义都可能在结果里发生，采取观察结果的方法，出现错误的机会会少得多。孩子的创造力那时就会暴露，会有足够的机会让我们在或多或少的心理与身体的活动里衡量它。

但是不要忘掉，孩子一生下来他的合作倾向就受到挑战。母亲在这方面的重要性可以清楚看到。她站在社会感发展的开端。人的社会感的生物遗产是托她照管的。[1] 她在小事情上帮助无助的孩子，替他洗澡，提供他需要的一切，她这样可以加强接触，或妨碍接触。她和孩子的关系，她的知识，能力三者都是决定性因素。也不要忘掉，在这方面，人进化的最高成就是有适应的能力，孩子可以用叫喊，反抗的办法强迫接触，因而克服了任何可能出现的障碍。母爱是社会感的极为有力的一部分，它活在母亲身上，在那里作用。它可能因为不利的境况，过多的忧虑，失望，疾病，痛苦，造成社会感的显著缺乏而使发展受到阻碍；可是母爱的进化通常在动物和人的身上都是非常强有力的，能轻易克服饥饿与性的冲动。和母亲的接触对社会感的发展是极重要的，这一点很容易接受。**人的社会感中的最大一部分的存在，以及随之而来的人类文化的基本延续，可能都需要感谢母性的接触感。**当然，母爱在今天对社会的需要常常是不够的。在遥远的未来，这一所有物

① 人的社会感的生物遗产指孩子。——译者。

的使用会和社会理想更为一致，远过于今天。今天母子间的关联有时太弱了，而有时，又太强了，这是更常有的现象。在前者的情形下，孩子可能一开始就会有人生不友善的感觉，再加上其他类似经验，他可能把**这一意义**作为他人生的铅锤线。

我常发现，在一些案例里，甚至与父亲（不是祖父母）的较好接触也不足以补偿这一缺陷。作为一个一般原则，可以说，孩子与父亲的较好接触显示母亲这一方面出了问题，而且也标志着孩子人生的一次发展——他，不论正确或错误，对母亲感到失望。女孩子们常常和父亲有比较好的接触，而男孩子们则是和母亲，这不能说成是因为性的缘故。在测试这一事实时，必须考虑到上面有关孩子对母亲失望的说法。在这里必须注意到两点。父亲，像他们习惯于对所有女孩与女人那样，常常会对女儿显示比较温柔的感情；而女孩子与男孩子，在所有游戏里都在为未来人生作准备，在对异性的父或母的态度上，也在做着同样于游戏性质的准备。我发现性的冲动，在非常被溺爱的孩子身上，有时也会发生作用，不过当然不是弗洛伊德所说的那种夸张样式的性冲动；被溺爱的孩子希望把他们的整个发展局限在家庭的圈子里，说得更恰当一点，局限在一个溺爱他的人身上，让自己只热爱这一个人。母亲该尽的责任，从历史发展与社会的角度说，是尽快使孩子成为伙伴，高兴地帮助别人，在力所不及时也高兴地接受别人的帮助。有关“教养好的”孩子可以写的太多了。在这里我们必须指出，孩子应该感到在家里是一个有同等权利的一分子，对父亲、兄弟、姐妹越来越感到兴趣，而且不久对所有其他人也一样了。因此在很早的阶段他就不再是负担，而是一个合伙人。他很快就会感到自在，发展出与环境接触的勇气与信心。任何像尿床，乱拉大便，非病弄成的饮食上的困难，都是因为功能上的错误引起的麻烦，不论有意还是无意，都会成为他自己以及他周围的人能够解决的问题，更何况他的合作倾向如果够强，这些毛病就不会出现了。对吮吸大拇指，咬指甲，挖鼻孔，以及大口吞咽，情形也是一样。所有这些品性只有在孩子拒绝扮演他的角色，不肯接受他的文化训练时才会出现。它们几乎只有在被溺爱的孩子身上才会看到，而用意是要迫使周围的人更加为他忙碌。它们也总是和公开或遮掩的顽抗连在一起，是社会感有瑕疵的明显表象。我提醒大家注意这些事实已经很久了。弗洛伊德主张普遍的性（universal sexuality）。这是他的学说的基本构想。他现在设法纾缓这一观念的作用，这很大程度是受到个人心理学经验的影响。

布勒尔（Charlotte Bühler）比较新近的有关“正常”顽抗阶段的观点，必须以我们的经验加以说明。从刚才叙述的结构中可以推论：童年时的毛病是和顽抗，嫉妒，自恋（self-love），没有社会感，自私的野心，渴望复仇等品性连在一起的，而这些品性有时比较明显，有时则不。这一点也证实了个性是优越目标的指导路线的想法。它反映人的生活风格，是社会态度——不是天生的，而是和孩子形成的运动法则同时完成的。被溺爱的孩子不能放弃任何希望或享乐，会抓住下面这些对他来说可能是很琐碎的享乐：乱拉大便，吮吸大拇指，稚气的玩弄生殖器等，有的在开始时可能是为了要去掉某些发痒的感觉；被溺爱孩子的品性可以在他们的这些执著里看出。

父亲的人格在社会感的发展上形成另外一个危险角落。母亲不应该剥夺他和孩子建立一个尽可能长久关系的机会，父亲可能很容易失败，如果他有溺爱，社会感有瑕疵，或是孩子不喜欢他。但不可以把他看成处罚、威胁的一个，他必须把自己时间与情感的很大一部分给孩子，以确保自己不会被忽视。我可以举出一些其他的父亲特别有害的行为：想用过分亲爱的行为取代母亲；建立严厉的管理体制以改正母亲的溺爱，结果把孩子更驱向母亲；或者设法把他的权威与原则强加在孩子身上。最后一项可能带来屈顺，但永远不会带来合作与社会感。在我们的匆忙的时代，用餐时间提供了一个培养共同生活的特殊机会。餐桌上的愉快气氛是不可少的。要尽量少发表餐桌上不宜讲的话。遵守这条规则结果会比较好。在餐桌上应该避免挑剔，发怒，恼火与喋喋不休的埋怨，也不应该容许看书或者沉思。孩子在学校表现不好，或者有其他不守规矩行为，这也不是批评的时候。此外，应该设法让大家在一起吃；这一条在我看来尤其可以用在早餐上。重要的是，孩子在说话与发问方面应该有完全的自由。笑，嘲弄，把其他孩子当作行为典范提出来会伤害到接触感，可能引发保守，怕羞，或其他的强烈自卑感。不要说让孩子觉得自己太小，知识能力不够的话，应该有训练他们勇气的明确途径。如果对什么事情有兴趣，就让他们有自由发展的空间，不要把一切都从他们手里拿走；总要告诉他们，只是在开始时候困难；在遇到危险时，不要过分焦虑，可以采取适当的预防，提供足够的保护。父母方面的紧张，家里的争吵，教育的不同意见可以很容易伤到社会感的发展。可能的话应该避免太过强制地要求孩子不要和成人在一起。在训练时，可以称许他的成功，责备他的失败，但是不要涉及人格。

疾病也可以成为社会感发展的危险障碍。像其他麻烦一样，如果发生在开始的五年会更加危险。我们已经谈到过与生俱来的器官低劣的重要性，也已经指出在统计数字上已经证明它是导致错误方向，成为社会感障碍的邪恶。这也可以用在像佝偻病这样的早期疾病上，这些疾病没有伤害到人心智的发展，但伤害身体的发展，而且可能导致或多或少的严重畸形。在童年的其他早期疾病里，有些会让孩子周围的人焦虑，担心，让孩子大大感觉到他个人的价值，而其实他未做一点贡献，这类疾病最可能伤害到他的社会感。这一领域内的疾病包括百日咳，猩红热，脑炎，舞蹈症。孩子病好了，常是没有什么严重伤害，可是会发现他很麻烦，因为病虽然好了，他仍会希望病中给他的溺爱继续下去。倘若出现了残障，聪明的办法是不要把孩子行为的任何变坏看成是残障的结果，而是不要去理会，我甚至看过一些案例，心脏疾病与肾脏疾病被诊断错了，可是在诊断改正了，证实完全健康之后，训练孩子的困难却没有消失。自怜以及它的所有后果，特别是社会兴趣的缺乏仍旧会继续。焦急，忧虑，眼泪对于生病的孩子都不会有帮助，反而会诱使他到疾病中去找好处。所以任何有害于孩子改正的事情都应该尽快予以改正，绝不可以有问题会随着孩子成长消失的想法。还有，在预防疾病方面，应该尽可能设法不使孩子变得胆小和不妨碍他与别人交往。

如果给孩子太重的负担，他的身体与心灵感受到太多的要求，那么，他可能很容易就会因为痛苦或精疲力竭而采取反对的态度。艺术与科学的教导应该根据孩子接受的能力。一些教育者疯狂地坚持要对孩子解说性，按照上面的理由，也不可以再继续了。孩子如果问起或者似乎在问有关性方面的问题时，应该给他回答，但是要确定他能够吸收和接受。同时应该把两性平等与孩子自己性角色的知识告诉他。不然，弗洛伊德也承认这一点，今天的孩子会因为我们的落后文化而沾染女人地位低下的观念。可能很容易带领男孩子往傲慢的反社会结果的方向走，带领女孩子往“男性的抗议”（masculine Protest）的方向走。后面的结果和前面的一样不好；对于恰当的性有怀疑，那么对真正性角色的准备也就跟着有瑕疵，而这可能带来各种灾难性的后果。

有些困难是孩子在家中的地位引起的。在童年早期，家里如果有一人有优先地位，不论有没有强调，常常会对另外一个孩子造成不利的反作用。在同一个家里，有一个成功的孩子，常常也就有一个失败的孩子，这样状况出现的频率高得惊人。一个比较活跃就可能使得另外一个比较消极，一个的成功可能带来另外一个的失败。人常常可以看到早期的失败对于一个孩子以后人生的显著效果。同样，偏好一个孩子，这常是很难避免的，就可能造成对另外一个的伤害，因而引起他的强烈自卑感。以及随之而来的所有可能结构的自卑情结。在这类案例里，不要忽视我所发现的有关孩子在家庭中位置的许多事实。

即使家里每一个人都有同样的环境，同样的教养，但是孩子会按照适合于自己创造力目标的方式去使用它们的影响。我们已经看到环境对每一个别孩子的效应是多么的不同。似乎也可以证实的是，同一家庭的孩子既没有同样基因，也没有同样典型的变化（phenotypic variations）。甚至在同卵双生的孩子中，有关他们是否有相同的身体与心理结构这一点，现在也仍有越来越多的怀疑。

长久以来个人心理学是建立在先天的身体结构这一事实上，但是它已经证明“心理结构”只有在孩子生命的最先三、五年才出现。孩子是用形成心理原型的办法做到的。原型已经包括个人的永久运动法则，原型的生活样式则得感谢孩子的创造力，它用遗传，环境的影响作为材料。只这一构想就使得我有可能把一个家庭成员之间的相异看作是所有家庭的典型。我认为我的问题解决了，如果能够指出在每一个孩子的生活样式里，都有他在家庭中地位的印记就行了。这一事实让我们可以更加清楚地了解个性发展的问题。因为，如果某些品性是和孩子在家庭中的位置相谐和的，那么，就不再有什么理由要去为个性的遗传性格申辩，要去说个性来自人的肛门区或者任何其他区域。

此外，我们不难了解，孩子如何因为自己在家里的地位而得到某一明确的个性。独生子的困难已经多少为大家知道。在成人里长大，大多受到过分照顾，父母经常地为他担心，他很快地就学到把自己看成中心人物，而且以这样身份行动。父母的疾病或软弱常会使情况更加困难。更常有的情形是，父母婚姻上的问题与离婚会在家里造成对孩子社会感发展不好影响的气氛。人们常发现，母亲这方面抗议再生孩子，通常起源于神经症。这种抗议大多和对独生子的夸张关注，以及因而产生的完全奴役有关系，在以后的人生里，这样的孩子，会展露外表屈服但内心抗议以及过分渴求一个人支配的两种品性，展露两种品性的各种不同量的混合。这些都是痛处，在和外在问题接触之后，它就会开始流血而且主动地显露出来。在许多案例里，热爱家庭，因而无法与外界接触，被证明是有害的。

如果孩子不止一个，长子境况特殊，他的体验和其他孩子的不同。在一段时间里他是独子，从这样的处境获得一切印象。以后他在不同时期被“篡位”。这个用语，非常准确地表达了境况中的变化，使得后来的作家，如果公正地对待这类案件，不能不用，弗洛伊德就是例子。从出生到“被篡位”这段期间有一定的重要性，因为它有效果，同时孩子对效果也有匠心经营。如果这期间超过三年，那么它在生活风格上的地位就已经建立了，而且也得到与地位相当的反应。一般说，被溺爱的孩子强烈感受到这一转变，和他们在断奶时的感受一样。不过，必须清楚说明的是，即使是一年的间隔也足以在孩子的整个人生里留下篡位的痕迹。在这里也必须考虑到长子已经获得的人生活动空间，以及第二个孩子到来对这一空间所造成的限制。明显的，要对这一情况有更密切的知识，必须考虑到许许多多的因素。我们必须特别提到“无言的”因素；如果间隔不很长，整个期间都是“没有言语的”，是在没有概念表达的情形下过去的，因此没法接受后来经验的修正，唯一能修正它的只有个人心理学所获得的有关当时情况的知识。这些无言的印象在童年的早期是常有的，弗洛伊德和荣格（Jung）碰上时对它的解释方式和我们的不同。他们不把它看作经验，而是根据各自的观点，看作下意识的本能或是下意识隔代遗传的社会继承。无论如何，仇恨的冲动或死亡意愿（death wishes），那是我们有时看到的，是社会感方面的错误训练的人为产物。我们知道这些产物，可是只在被溺爱的孩子身上看到，而且常常是用来对付第二个孩子的。同样的情绪与坏脾气可以在后来的孩子身上找到，特别是那些被骄纵放肆的孩子身上。第一个孩子受到更多溺爱时，因为他的特殊位置会比其他孩子占优势，通常他对篡位会有更加敏锐的感觉。可是类似的现象也可以在后来的孩子身上观察到。这些很容易引起自卑情结，也足以证明第一个孩子出生时受到比平常更为严重的震撼，因此使得他失败的想法应该放到神话的领域里去。这是一个模糊的假定，只有那些缺乏个人心理学知识的人才会去接受。

容易了解的是，第一个孩子对篡位的抗议常常采取这样的形式：承认所有既存权威的趋向，认为它有道理，和它站在一边的趋向。这一趋向有时会使得他带有明显的“保守”性格，不是政治意义的，而是指和日常生活有关的事实方面。我在迪奥多·方太勒（Theodor Fontane）写的传记里找到一个显著例子。罗伯斯庇尔在法国大革命中扮演了领导的角色，可是他的人格里也有屈顺权威的一面，在看到这一点时，人们也许会指控我们在做琐碎而没有意义的分析，其实不必。个人心理学反对不变的规则，因此应该记得决定因素不是家庭中的位置或地位，而是地位所造成的境况。因此第一个孩子的心理造像甚至可能在后来生的孩子身上出现，如果这个孩子把很多注意力放在下面一个孩子身上，如果他回应这一情况。有的时候，第二个孩子可以扮演第一个孩子的角色，例如，第一个孩子意志薄弱，因此没有被当成正常情况的一部分，这一事实也不应该忽视。保罗海斯（Paul Heyse）这一角色是一个好例子，他几乎以父亲的态度对待他的长兄，在学校里是老师最得力的助手。如果要仔细研究第一个孩子的生活样式，在每一个案例里都可以找到一个随时可供使用的研究方法，同时不要忘掉第二个孩子紧跟在他后面。他有的时候可以从这一境况中逃出来，可以以父母的态度对待第二个孩子，不过这只是追求优越的另一形式。

第一个孩子后面如果在不太长的时间里又生了个妹妹，常常会引起特别的问题。他们的社会感常常会受到严重伤害。最重要的理由是，女孩子在生命的最初十七年，不论在身心方面，都比男孩子成长得快，因此对前面的带路人追得更紧。常见的一个理由是，年纪比较大的男孩子不仅以大哥的理由伸张自己，而且也错误地利用他的男性角色占取优势，而女孩子在今天的文化压制下发展出明显的自卑感，会更有力地追求进展。因此也会获得更加完全的训练，而这也常使得她明显地更为精力充沛。这在其他女孩子的案例里也可以见到，是“男性抗议”的前奏。在女孩子的发展上这可以有众多后果，好坏都有，包括所有人的优缺点，爱情的拒绝与同性恋也没有排除在外。弗洛伊德用了个人心理学这一发现，把它压挤到他的性理论架构里去，称它为“阉割情结”，认为这种自卑感，是因为没有男性的生殖器官才有的。无论如何，最近又有迹象显示，他对问题的社会面仍旧有一些兴趣。第一个孩子差不多总是被看作家庭与它的保守传统的代表，这一事实再次证明直觉的能力是建立在经验的基础之上。

第二个孩子是在怎样的印象之下罗列出自己的运动法则呢？他前面总是有一个孩子在发展上比他先进，而且这个孩子多半会利用自己的优势，不肯接受他为平等者；他的印象主要是在那样的情形下形成的。如果两个孩子年龄差距很大就不会有这些印象，差距越小印象也就越强烈。它们可以有很大压迫性，如果第二个孩子觉得没有办法打败第一个孩子，它们就会消失，如果第二个孩子一开始就是胜利者，不论胜利是因为第一个不行，或者比较不受欢迎。无论如何，第二个孩子大力求进，精力比较充沛，脾气比较冲动，几乎是在每一个案例里都可以观察到的。这可以用来促进社会感的发展，也可以带来失败。必须找出：他主要是觉得在参加一次长兄也参加的比赛呢？还是觉得自己没有能够在所有时间都全速前进。如果性别不同，竞争可能更加激烈，在某些案例，甚至对社会感不会有大的伤害。一个孩子长得好看，这点必须考虑到。纵容两个孩子中的一个是一种类似情况，可能被另外一个看作是严重的事，虽然在旁观者看去，父母的关注可能没有明显的区别。如果一个是明显的失败，另一个可能常常让人觉得会成功，虽然有时在开始上学或思春期到达时，又可能证明实际情形并不是如此。如果一个得到明显的重视，另一个很容易就变成失败者。人们常认为同性的双胞胎有相同的性向，因为他们总是做同样的事情，不论好坏；不过在这里不要忽略一个是被另外一个拉着走的事实。在第二个孩子的案例里会碰上那样的场合，让我们对他的直觉能力感到惊异，他这方面的能力胜过他的理智，而且显然是进化的产物。在《圣经》里，吉柯布与埃沙（Jacob and Esau）的故事把闹翻天的次子的事实弄得奇妙地清楚，虽然没法假定当时的人有这方面的知识。吉柯布渴求长子继承权和天使缠斗（我不会让你走，除非你祝福我），梦见一个直达天堂的梯子，这些都清楚显示次子的竞争。甚至那些不愿意和我采取相同看法的人，在看到吉柯布鄙视长子女的证据在他的一生里一再出现时，也不能不感到印象深刻。他一再地向那班（Laban）的第二个女儿求爱，对自己的头胎孩子不抱多大希望，双手交叉，给予约瑟夫的次子更多的祝福，都可看到同样的证据。

一个家里的头两个孩子是女儿。二女儿在姐姐三岁时出生。大女儿在妹妹出生之后变成一个狂野的叛徒。二女儿“猜想”做一个听话的孩子对自己有利。就这样她变得特别受人喜欢。她越受人喜欢，姐姐也就越愤怒，直到保持她的愤怒抗议态度至相当大的年纪。妹妹习惯于在每一方面都高人一等，在学校里别人比她好时，她感到震撼。在学校的经验以及后来在人生三大问题上的经验迫使她撤退，从对她危险的观点做出撤退的决定。同时，因为她继续害怕失败，她被迫用我称之为“迟疑动作”（hesitant movement）的形式建造起她的自卑情结。她因此在某种程度受到保护，不会有任何失败。一再地做着火车站迟到的梦，显示她的生活风格的强度，甚至在梦里也会出现，应该训练她忽视机会，不过没有人可以在自卑感里感到安心。进化规定每一个活着的存在往一个完美的目标奋斗，这一奋斗是没有休息的。或者是往社会感的方向前进，或者是往相反的一千种不同方向前进。第二个女儿走上强迫性洗濯神经症的路；她感受到要往这一方向走，在一些暂时的实验之后她发觉这一病症有用。这种病，特别是在别人走近她时，会强迫她清洗自己，衣服，用品，因而使得她没有办法完成自己该做的工作；这在消磨如此留给她的时间上，也是个方便的办法，要记得时间是神经症患者的主要敌人。她以这样的方式，夸张地操演一项过去让她逗人喜欢的文化功能，她已经超越了所有其他人。只有她是干净的；其他的人，其他的一切都是脏的。这个孩子母亲过分溺爱，孩子外面看上去很好，而她的社会感的缺乏，不需再多说。只有透过社会感的加强，治疗才有可能，这也是不需要再补充的。

关于最小的孩子可以说的也很多。他发现，和其他成员比，自己是在一个根本不同的处境里。他不是独子，而老大至少有一段时间是。他后面没有跟随者，而其他的孩子都有。他也不像老二，前面只有一个，他的前面常是好几个。在大部分案例里，他是受到年长父母的溺爱，他也发现自己有一个不好意思的境况，被看成最小、最弱，通常不被重视。他的命运，整个来说，不是不快乐。他每天都受到驱策，要胜过他前面的那些孩子。在许多方面，他的地位就像家中的第二个孩子一样。家庭中位置不同的其他孩子也可能进入到同样的境况，如果类似的竞争发生的话。他的哥哥姐姐在社会感数量的表现上非常不同，而他想在这方面超越他们，这是他的强处。他避免在谁最好的比赛上做正面的斗争，他设法从另外一个层次，另外一种生活样式，另外一种职业来达到他的目的，这常是他的弱点所在。如果用有经验的心理学家的眼光去看其心理生活的运作，会发现一个结论，这就是最小孩子的命运，让人感到惊奇。如果家里的人都是生意人，他可能变成诗人或者音乐家。如果其他成员是知识分子，他可能走上工商业途径。在这里必须考虑到一点：在我们的偏见很多的文化里，女孩子的机会会受到限制。

在最小孩子的品性上，我有关《圣经》里的约瑟夫（Joseph）的讨论已经引起普遍的注意。大家都知道本吉门（Benjamin）是雅各（Jacob）的幺儿，但是他是在约瑟夫之后十七年出生的，而且大部分时间约瑟夫不知道有这个兄弟。他对约瑟夫的发展没有影响。所有的事实大家都很知道；他怎样来往于他的勤勉工作的兄弟之间，梦想着自己未来的伟大，他梦想做他们的主，世界的主，梦想能像上帝一样，他们对他的梦又是如何的愤恨。此外，父亲对他也确实有偏爱。但是他成了家庭与部落的支柱，而且不止如此，也是文明的救星之一。在他的所有行动与工作里，我们都看到他的社会感的伟大。

民间传说的直觉提供了许多类似的例子。还有许多可以在《圣经》里找到，沙尔，大卫，就是例子。也可以在各个时代与民族的神话里找到。在这些英雄传说里，只要有一个最小的儿子，他一定会是胜利者。也可以在现代社会里去找，在人类的伟大人物里，表现得出类拔萃的常常是最小儿子。他常常也是最显著的失败者。这点可以再一次地用下面的事实说明：他依赖一个溺爱或者忽视他的人。他是在这样的境况里错误地建造了他的社会性自卑感。

“孩子在家庭中的位置”这一领域还有很多地方可以探讨。它非常清楚地显示，孩子如何利用他的境况以及从中得到的印象作为材料，创造性地建造他的生活风格——他的运动法则，以及随之而来的各种品性。这使得品性由遗传而来的说法没有了多少生存空间，学者们也许已经清楚地看到这点。有关家庭中的其他位置，如果情形不只是重复已经讨论过的，我绝没有很多要说的。伦敦的克瑞克顿·米勒（Crichton Miller）告诉我，他发现两个女孩子后面的第三个女孩子显示相当强烈的男性抗议，我有好些可以证实这一发现的案例。我认为原因是这样的：在这一位置的女孩子感到，甚至经验到父母对又生了一个女孩子的不满，她用这样或那样方式表达她对女性角色的不满。如果在这一女孩里看到相当强烈的违抗态度，不应感到惊奇。

布勒尔声言这是一个“抗议的自然阶段”。个人心理学把它看成人为的产物，这比把它看成对实际的或假定的冷落的永久抗议要好，可以让我们得到更好了解。

有关男孩群中的一个女孩，以及女孩群中的一个男孩的研究，我还没有完成。到目前为止，根据我所注意到的，我预期两个孩子都会倾向极端，或者向男性的方向，或者向女性的方向。如果向女性的方向，那他在童年时就觉得这是比较成功的方向；如果向男性方向，那她一定认为这一角色似乎更加值得扮演。在前者，可以见到软弱，极端地需要支持，以及各种琐碎的顽皮；在后者，则是没有遮饰地渴求掌控以及顽抗，但有时也可以见到勇气与光明正大的奋斗。

10. 进入幻想领域

现在进入幻想的领域。这一功能也是进化过程的产物，如果不把它看作统一的心理生活的一部分，整体的心理生活与外在世界的要求的联结体的一部分，那就是大错；如果把它和统一的心理生活，即自我，弄成对立，那就是更大的错误了。相反的，幻想是人的生活风格的一部分，性格来自生活风格。从心理运动的角度看，它也接受个人运动法则的管辖，精神存在的所有其他部分都留有它的印记。它的任务，在某些时候，是要用心理的形象表达自己，在另外一些时候，它躲藏在感觉与情感的领域里，或者嵌在个人对人生的态度里。像所有其他心理活动一样，它指向未来，因为它也和向着完美目标运动的那一个流一起流动。因此，很明显的，在幻想或者它的两个表现——日梦与夜梦里看到希望的实现是太没有意义的事；认为这样的做法对梦幻结构的了解有贡献，太无聊了。因为每一个心理表现形式都是由下向上运动的，由负面向正面的境况运动的，每一个心理的表现运动都可以形容为希望的实现。

猜测在幻想，想象里常被使用，比在常识里用的多，当然，那样说，并不表示幻想，想象中的猜测是“对的”。幻想在运作时，人是暂时——在精神病的案例则是永久——和常识，或者说，人类共同生活的逻辑脱离了关系，和他现有的社会感脱离了关系，它不满于和社会感一起采取社会利益所要求的步骤。如果现有的社会感不是特别的强，这种关系的脱离是比较容易的。但是如果有足够的强度，它可能带领幻想往社会所需要的目标走。无论如何，这个从自己发出的心理运动总是会转化成为思想，感觉，以及对人生表示态度的准备状态。态度只有对人类有益——重要成就中就是如此——才会被看作“对”，“正常”，“有价值”。对这些判断的不同解释在逻辑上是不可能的。不过，这不能阻止常识照其目前的标准，拒绝这类成就。有一天人在什么是普遍地善这一问题的知识上，有了更进一步的发展，情形才可以避免。

人如果设法解决一个问题，就会使得幻想也运作起来，因为在寻求解决办法时，他必须面对未知的将来。在童年时形成人生活风格的创造力仍在继续作用。

生活风格在里面起作用的制约反射（conditioned

reflexes）有千种结构，也只能作为建造生活风格的材料被进一步使用。

制约反射总是被用来创造某种全新的东西；它不会机械地起作用。但是创造力是沿着人自己形成的生活风格定下的路线作用的。因此是生活风格在指导幻想。在幻想的运作里可以看到人的生活风格，不论个人是否了解到这一点。它因此可以被看作一扇开启的门户，从此可以让我们一瞥人心的工场。如果方法正确，总是可以碰到自我，或者人格的整体；如果开始时想法错误，就会发现某种对立的情形，例如意识与下意识的对立。弗洛伊德，这一不正确观点的代表，说到自我的下意识，就是这样用的；他这是用强行军的方式对问题有了更好的了解。这使得自我有了一张十分不同的脸——一张最先由个人心理学发现的脸。

人的精神总是在那里创造新的东西。伟大的观念，伟大的艺术品的起源都得感谢精神的不断运作，也许大部分人对这些新创造的东西都有一些贡献，至少他们接受它，保存它，利用它。“制约反射”的角色很大一部分可能是在这里扮演的。它只是在为创造的艺术家建造材料，他的想象利用这些材料来超越以前的作品。艺术家与天才无疑是人类的领袖，他们因为大胆而付出代价，在自己的童年点起的火焰中燃烧自己。“我受苦，因此我成为诗人。”我们的视力改进了，对颜色，形状，线条有了更好的觉察力，这得感谢画家。我们的听力更准确了，同时，发声的器官在调音上也更加细致了，这是从音乐家那里得到的。诗人教我们如何说话，感觉，思想。艺术家自己在童年一开始就在强烈的自卑感中挣扎，要从它的控制中解脱出来，因为他们大部分都有各种的障碍：贫穷，视力有问题，听力不正常。因此在童年早期就感受到猛烈的刺激，催促他向前求进，一般说，他们也受到某种特殊形式的溺爱。他们极有野心，面对一个有着太多限制的现实，于是拼命奋斗，要为自己以及其他人把它拓广。因为要克服困难，这样的孩子从一般的水平中被提升出来，他们是这一进化的搴旗人。这样的孩子通常会感受到适合于成就高尚事业者的痛苦。

这种具压迫性的，但也有幸福的受苦，是因为身体比较明显地容易感受震撼，对外在事件的影响力有着更大的敏感度的缘故。这些变种的受苦常常证明是人自身感官的低劣，如果不是自身的，我们便没有足够的资源去研究比较它是怎样由祖先继承的。在感官低劣的领域，我们看到了这类结构性低劣，常可以引起疾病的最明显痕迹。它属于负面的，也是人类进步的一股推动力。孩子的创造精神在他一个人玩的游戏里，以及玩游戏的个人方式里显露出来，每一游戏都给人机会追求优越，与其他人一起玩的游戏可以配合融入社会感的冲动里，一起作用。与人一起玩的这些游戏之外，不论成人或孩子单独做的事都不应该受到阻挠。的确，就它可能使得未来的社会更加丰富一点来说，甚至应该鼓励。某些活动，因为本身性质的缘故，只有在和其他人保持距离的情形下，才能从事；但这绝不会降低它的社会性格。在这里，想象力也在作用，而它不小程度是受到美术的滋养。所有不能消化的精神食粮应该不让孩子接触，有一天，他们变得更加成熟，才可以让他们去欣赏、去学习。不合适的文学可能被误解，也可能使成长的社会感窒息。那些引起恐惧的残酷故事就是属于这一范畴。这些东西会有很大的影响力，特别是对孩子，他的排尿系统和性系统都会受到恐惧的刺激。再有，我们在后面的那一范畴里可以找到被溺爱的孩子。他们没有办法承受“享乐原则”的引诱；在他们的幻想里，生活里，他们制造引起恐惧的境况，而目的是为了引起性激动。我在检验性虐待狂，自虐狂患者的过程里，发现了由这样境况构成的，类似的带灾难性的连锁情形，而且总是和社会感的缺乏连在一起。

孩子与成人的大部分日梦与夜梦都是向着优越这个目标的方向做的，而且在一定范围内，不受常识的束缚。不难了解的是：人的想象力，为了补偿，就像是在维持心理平衡似的，正好走了一个克服已知弱点的具体方向，虽然那条路永远都不是成功之路。这一过程，从某种意义讲，是和孩子在创造生活风格时所用的过程相似。就在他感到困难之处，幻想协助他，给他一种幻觉，让他觉得自己的价值增加了，同时又多少激励他前进。当然，也有很多案例完全没有这种激励成分，有的只是补偿。很明显，后一种情况应该被看作是反社会的，虽然没有任何行动，没有进入到外在的世界里去。幻想总是和带领它的生活风格一致。如果它和社会感走相反方向，那表示社会感已经被从生活风格中排除出去，对于检验者那应该是一个指标。排除，可以应用在许多残酷的白日梦上，这类梦有时在关于自己痛苦受难的幻想里找到自己的代理者，或是与这类的幻想交替发生。有关战争的幻想，有关英雄事迹，有关崇高人物的梦通常表示做梦的人在实际生活里感到软弱，在真实生活里取代它们的是胆怯，怕羞。有些人在这里，以及类似的明显对比的表现形式里，看到了两面价值，双重人生及意识的区隔，他们不知道人格的统一性。看来这显然是矛盾的，因为它只是从一个以比较正负面境况，与有关二者间联结的错误想法为基础的分析上推论来的。对精神生活的不停进化有所感知的人会了解，任何用一个字或一个概念去正确形容一个心理过程的尝试都是注定要失败的，因为语言是贫乏的，因为没有办法把经常在流动状态的东西形容为静止的形态。

如果幻想常常围绕做其他父母的孩子这个主题发生，这几乎一定表示孩子对自己的父母感到不满。在精神病里，这一幻想压挤现实，让它为一个永久的痛苦服务。这在其他案例中不那么明显。一个人的野心如果发现无法忍受现实，他一定会逃到幻想的魔术里去。可是也不要忘记，如果想象能正确地配上社会感，我们可以期待真正的伟大成就；因为想象，如果唤醒了期待的感觉，情感，那么效果就和把汽车的节气阀打开一样，活动会跟着增加。

想象活动的价值尤其要看散布在其中的社会感的数量。这点对个人和群体都适用。如果面对的病人是一个确定的失败者，那么可以期待看到与病人同样错误的幻想。撒谎者，骗子，吹牛者是显著例子，傻子是又一例子。幻想是永远不会休息的，即使没有被浓缩成为白日梦。它指向一个优越的目标，像所有预言未来的希望一样，探寻未来。不要忘掉想象是生活风格方向的一个训练，不论是在实际生活，或日梦夜梦里，或艺术品的创造中。想象导致个性的提升，在提升的路上或多或少受到常识的影响。甚至做梦的人常常也知道他是在做梦。睡觉的人，和现实从来也都不是隔得太远，很少看到他从床上掉下来。毫无疑问，一切幻想运用的手法，例如，夸张、明喻、隐喻、象征、财富、力量、英勇事迹、伟大功业、不朽等等，梦里都有。隐喻的煽动力不可以忽视。尽管我的许多对手不了解，隐喻就是现实的富于想象的装扮，二者从来都不是一样东西。隐喻的价值无可否认，它能带给我们更多力量，但是在它因为煽动人的情感而协助强化人的反社会精神时就必须把它看作有害。无论怎样，它都会有这样的作用：唤起，强化当时面对生活风格的问题所需要的情感调子。隐喻在常识无法应付情况需要或常识反对生活风格的解决办法时，会那样做。这一事实对于梦的了解会有所帮助。

要了解梦必先考虑到睡眠。梦发生在睡时，没有睡这一心境梦是不可能发生的。无疑的，睡是进化的产物，是一次独立的调整，自然地和身体状况的变化结合在一起，变化会带来睡眠。目前对这些变化只有泛泛的了解，可以假定变化是和睡眠的冲动连带发生的。睡眠明显有使身体休息与复原的功能，因此也把所有身体与心理的活动带到近于休息的状态。人每天苏醒，睡眠，使得他的生活样式和日夜的交替更加和谐。醒者与睡者的区分标志在于后者和白天的问题有着一段具体的距离。

但是睡眠不是死亡的兄弟。人的生活样式，运动法则都在无间断地继续。睡的人会动，会在床上避免不舒服的姿势；光线与吵闹可以把他弄醒；能照料在旁边一起睡的孩子；也带着白天的快乐与悲伤一起睡。睡时的人关心所有的问题，睡并没有使得人不去寻求问题的解决，婴儿的不安的动作会唤醒母亲；如果真的有心，几乎可以有规律地在早上按时起床。我曾经指出过，睡时身体的姿势是人的精神状态的一幅很好写照，就像白天的情形一样。心理生活的统一性甚至在睡时也会持续，因此必须把梦游，偶尔有的梦中自杀、磨牙、说话、肌肉紧张以及抽搐性的双手紧握与跟着的感觉异常等现象，看作整体的一部分。可以根据它们做出推论，虽然也一定得从其他的表达形式中得到进一步的证实，情感，情绪在睡眠中也都是警醒的，有时不一定有梦的陪伴。

看到的东西我们都认为是没有问题的，这说明梦为什么通常是视觉现象。我总是对学生说："如果什么时候对你研究中的任何地方有怀疑，就把耳朵塞起来，用眼睛看病人的活动。"也许每个人都知道这一确定性，虽然没有用言语表示。梦所寻找的正是这一确定性。和醒时的生活比，梦离日常的事务更隔着一层。它只靠自己，更加完整地保存了由生活风格指导的创造力，也更加不受现实立法者的拘束。因此，梦是不给生活风格更有力的表现。这要看想象的斟酌；而想象是拴在生活风格上的。在其他时候，一个人面对他能力所不能解决的问题时，或者当常识，人的社会感，因为力量不够而不干预时，想象就站在生活风格的一面奋斗。此时，梦也做同样的奋斗吗？

有些人忽视个人心理学，或者做一些反对的暗示，想借以削弱推动它发展的力量，我们不想学这些人。因此，要在这里推崇弗洛伊德，他第一个尝试形成一个有关梦的科学理论。这是一项没有人能贬低的永久成就。也没有人可以轻估他做的属于“下意识”的许多观察。他知道的似乎远比他了解的多。无论如何，他强迫自己把一切心理现象围绕着一个单一的统治原则（性欲力 sexual libido）组织起来，在这样做时，无可避免地，会走错路。他只把注意力放在那些恶作剧的冲动上，当然，把情况弄得更糟。我已经指出过，这些激动来自溺爱孩子的自卑情结。是错误教养的人为产品，孩子的一项错误的自我创造物（self-creation），永远都没办法带我们去了解在真实进化过程中形成的心理架构。“如果人能够下决心，没有区分、偏见，真实地，仔细地，把他所有的梦都写下来，同时利用所有他能够记得的经验，以及所有他读过的东西，加以说明，评注，那么对人类会是一项可贵的礼物。当然，就人类今天的情形来说，没有人会这样做，虽然，即使是用来作为私下鼓励人之用，也会有某种价值。”这是弗洛伊德说的吗？不，是哈伯尔（Hebel）在他的回忆录中说的。如果这就是对梦的概略想法，我要补充一点：这一想法尤其所用的方法是不能接受科学考验的。心理分析法在接受考验的能力上太差了，弗洛伊德自己在梦的解释上有过无数的变动，现在又说他从来没有表示：每一个梦都有性的内涵。

不过，这一表白再次地向正确方向又跨了一步。

弗洛伊德称之为“检查者”（censor）的，其实就是在睡眠中出现的和现实的比较大的距离。那是有意地逃避个人的社会感。因为社会感有瑕疵，使得个人无法以正常的方式解决问题，于是寻求另外一个比较容易的办法；面临失败威胁时，个人感受到震撼，情形就是如此。在这里，在生活风格的魔咒之下的幻想应该不顾常识出来帮助。如果人在这里看到希望的实现，或者，绝望地，死的希望，那么，他是走上了一条老生常谈的路，对于梦的结构的了解一点帮助也没有。因为整个人生过程，不论怎样去看它，都可以说是寻求梦的实现。

在有关梦的研究方面，我有两大理论支柱。第一个是弗洛伊德和他的没法接受的观点提供的，我从他的错误中取利。我从来都没有被心理分析过，也会立刻拒绝任何这类的提议，因为严格接受他的学说会把人的科学公正性给毁掉。可是，我对他的理论相当熟悉，不仅能够看到他的错误，而且能从一个溺爱孩子反射的形象里预言他下面一步会做什么。我因此总是向我的学生建议，要他们把弗洛伊德的学说弄得滚瓜烂熟。弗洛伊德和他的门徒非常喜欢以吹牛的方式把我形容为他的门徒，因为我在一个心理学团体里和他有过许多辩论。可是我从来都没有去听过他讲演，而在这个团体要宣誓支持弗洛伊德派的观点时，我是第一个出走的人。没有人可以否认，在清楚地区分个人心理学与心理分析论方面，我做的远比弗洛伊德多，而我也从来没有把我和他过去的讨论拿来吹牛，个人心理学的兴起，以及它在心理分析的转化上所产生的毫无疑问的影响让分析学派的人感到十分痛楚，我感到抱歉。但是我知道要满足溺爱孩子对宇宙的想法是多么困难。最后，让人并不感到惊奇的是：心理分析，在没有放弃基本原则的情形下，稳定地向着个人心理学的方向走，结果让许多人感觉到它们的相似之处，觉得困惑。那是无法毁灭的常识的明显效果。因此在许多人看来就像是在过去二十五年里，我对心理分析的发展做了不公平的预言。我像是永远不肯让捕快轻松的囚徒。

我的第二个也是比较强的理论支柱是，一个在科学上得到证实，而且也从许多方面得到启发的既成事实：人格的统一性。梦，一定也是同样的属于这一统一体。拿梦和醒时比，它和现实影响的距离确实是比较远的。这一距离是生活风格所要求的，在醒时的幻想里也有。但是即使不谈这点，也不可以把梦里的心理形式拿来，支持梦里和醒时不一样的任何理论。可以有下面的结论：睡眠和梦生活是醒时生活的变种，以及醒时生活是前者的变种。睡眠与醒，两种生活形式有一共同的最高法则：不容许降低自我的价值感。或者用个人心理学的话说，根据终极目标，追求优越，借以去除自卑感的压力。我们知道，走这条路或多或少会偏离社会感的方向；也就是说，它是反社会的，反常识的。自我从梦与幻想中汲取力量以解决一个迫切的问题，因为它缺少问题所要求的社会感。不用说：人对当下问题所感受到的主观困难扮演了社会感测验的角色，这种困难可以非常的具有压迫性，甚至让第一流的人也做起梦来。

因此，一开始就必须表明：每一个梦境（dreamstate）都有一个外在因素。这个不只是弗洛伊德的“白天的剩余”，其意思也不同。它的意义在于它是测验，是寻求解决办法。它包括个人心理学的“向目标的迈进”与“向何处去”，和弗洛伊德的退化，幼稚希望的实现是相反的，它指向进化的向前演进，同时显示每一个人是如何代表他想要走的路。也显示他对自己的性质，自然以及人生意义的想法。

让我们暂时把注意力移开梦境。假定有一个人面临一次考验，他觉得自己不够成熟，没法应付，因为缺乏社会感，他逃避，逃到想象里去。是什么在逃？当然，是依着生活风格行事的自我。目的是要找到适合于生活风格的解决办法。不过，那也是说，找寻的是一个和常识不和的解决办法，因此那一小部分有社会价值的梦不包括在内。这个办法是和社会感相对的，但是却解除了个人的痛苦与怀疑，而且不止如此，也强化了他的生活风格，强化了他加于自我上的价值。睡眠，用得正确的催眠，以及成功的自我暗示是达到这一目的比较容易的办法。必须在这里做出的结论是：梦作为生活风格的有目的的创造物，设法和社会感保持距离，而且代表那一距离。可是，当社会感量比较大，当情况更具威胁性时，便会出现相反的情形：社会感制服偏离的企图。个人心理学认为，心理生活不能简化为规则，程式，这又是一个例证。不过我们主要的论点并没有受到影响，这一论点是：梦所展现的，偏离社会感。

在这里出现了一个反对的声音，长久以来给我很大的困扰，不过我在梦方面的一个比较深邃的洞见得感谢它。是这样的：如果刚才的叙述是正确的，那么，又要如何去解释。没有人了解他的梦，注意他的梦，而且大部分都被忘掉了。如果把那一小撮对梦有所了解的人排除，似乎看到的就是精力的浪费。不过在这里，个人心理学的另一经验可以帮助我们。人知道的比他所了解的要多。在梦里了解的力量是在睡，这时，知道的力量是警觉的吗？如果是这样，那么一定也可以在醒时的生活里看到类似情形的证据。事实上人对他的目的一无了解，可是他仍旧追求它。他对他的生活风格一无了解，可是他不断受它的束缚。如果在他面对一个问题时，他的生活风格指向某一途径，例如去一个酒会或是去做一件有成功希望的事，那么，思想与形象总是会在那时出现，我称这些东西为“保障”，目的是要使这条途径看上去吸引人，虽然它们不一定明显地和目标连在一起。丈夫如果对妻子不满，他常会觉得另一个女人比较好，他自己对这两者的关系并不清楚，至于说他了解里面包含的控诉与复仇就更不用谈了。他知道最接近他的事情，可是除非他能把它们和他的生活风格与他的当下问题连在一起看，他就不能了解它们。此外，我已经说过，幻想象梦一样必须把自己的很多常识去掉。许多作家追问梦的常识，借以结论说梦是没有道理的，这样的做法是不合理的。只有在很罕见的场合，梦会十分接近常识；除此，它永不会和常识合在一起。不过从这里，梦的最重要功能：带领做梦的人离开常识也出来了；而且，同样的话也可以用在想象上，这是已经提过的。因此，梦者在梦里做了一次自我欺骗。根据我们的基本原则，我们可以加上一次，这一次，面临着一个因为社会感不足无法解决的问题，要他去找自己的生活风格，使得他能根据生活风格解决问题；同时因为他解脱了要求社会兴趣的现实的束缚，形象一个接一个地在他身上涌现，提醒他他的生活风格。

那么，梦过之后，什么都没有留下吗？这是一个最重要的问题。我相信我已经有了答案，人如果放纵自己幻想，就会剩下感觉，情感，与一个心态——这总是会留下的。依照个人心理学的基本原则：人格的统一性，所有这些都是依据个人的生活风格运作的。在一九一八年最先对弗洛伊德梦理论的一次批评里，我根据自己的经验表示，梦有一个向前看的目的，它对梦者有很大影响力，要梦者按照自己的特殊方式解决问题。后来，我借着下面事实的建立把我的见解完成了：梦这样做，走的路线不是常识或社会感的路线，而是“寓言地”，隐喻地，以图像比较的，有些像是诗人，在希望唤起感觉与情感时用的方式。但是这又把我们带回到醒时的状态，而且我们可以补充说，完全没有诗才的人在希望制造印象时也使用比较的办法，即使只是使用“驴子，”“老太婆”这类骂人的话。教师在没有办法用简单的字眼解释一样事情时，也会用同样的办法。

在比较时会有两样不同的事情出现，比较无疑要比实事求是的表达方式更能激起人的感情。在诗的艺术里以及高尚的演说里，比喻的使用，坦白地说，是象征艺术的胜利。可是一离开艺术的领域，就可以看到比较带来的危险。

一般人说，“比较让人感到讨厌，”这是正确的，他们的意思是比较的使用有欺骗的危险。因此，如果不忘掉梦中使用图像比较的事实，我们在这里会得到和以前一样的结论。比较扮演了欺骗梦者激起情感的角色；同时也制造了一个和生活风格相符的心态。很可能因为一个需要仔细考查的问题，梦出现前总是有一种可以和怀疑比拟的心态。不过如果那样，和生活风格一致的梦从一千个可能的形象里只选择那些对它目的有利的，而且会因为生活风格而不要常识的形象。

这样已经显示：梦者的幻想，也跟随生活风格所指向的进步与优越的方向走，甚至在它像思想、感觉、行动那样需要记忆形象（Memoryimages）的时候，也不例外。虽然这些形象在骄纵孩子的生命里，因为溺爱的缘故，是在错误中发生的，它们不应该（即使同时表达了对未来的期待），让我们做出下面的错误结论：幼稚的希望用这些办法获得满足，或者这显示又回到一个幼稚的阶段。此外，不要忘记生活风格为自己的目标选择形象，因此可以从它做的选择里了解它。梦的形象被吸收到外在因素里去，这使得我们可以找到梦者，完整地发现他的运动法则和所追随的运动路线，这条路线是他的生活风格对问题所要求的解决方案的反应的结果。他的立场的弱点在于：他接受比较与直喻的帮助。这些东西以造假的方式激起真实意义与价值无法测试的感觉与情感。而它们又会把生活风格所指导的运动加强，加速，有些则像把更多的汽油注入到一个开动的引擎里去。因此梦的不可了解性不是偶然的，而是一种必然。在许多病人的醒时生活里，当他希望用一些牵强的论据为自己的错误辩护时，也可以看到同样的不可了解性。

正如醒时一样，梦者使用另外一个办法去除生活中的理性：或者只处理与当下问题一起发生的一些不重要现象，或者把当下问题的主要一面去除。这一过程，有时我们不免觉得是在被广泛使用，被认为和我在一九三二年《Zeitschrift FürIndividual Psychologic》最后一册中形容为问题的部分与不当的解决办法有着紧密关系，也是自卑情结的一个标志。再次地，我拒绝为梦的解释定下规则，因为那和贝克麦色尔（Beckmesser）的学究式体系不同，需要更多的艺术的灵感。梦所能告诉的，都可以从其他的表现形式中推出。它仅仅能够让观察者看到旧的生活风格仍旧是多么有效，使得他去提醒病人注意这一事实，因而帮助说服病人。在梦的解释上，只能做到：让病人了解他像潘妮洛碧（Penelope）[1]一样，在晚上把她白天织造的拆掉。还有种生活风格，它有点像催眠者那样，强迫幻想本身在医生面前以夸张、明显的服从方式走听话的路，可是没有采取应该随着听话而来的态度，这也是一种在童年就以秘密方式实践过的倔强形式。

在碰到感觉上性质相类似的问题时，一再出现的梦是生活风格所指导的运动法则的表现。短梦显示问题已经被简洁地回答了，迅速地决定了。记不起来的梦，可以推测，

① 奥德赛斯的妻子，在国王流浪的 20 年间，这位贞洁的王后始终等待奥德赛斯归来。

是表示情感色调，和生活理性强烈对照，而生活理性也是一样的强。为了要找到一个比较好的规避理性的办法，必须把知识材料蒸发掉，使得只有情感与态度留下来。常常可以看到的是：焦虑性的梦反映在面临失败而升高的焦虑，愉快的梦反映的是比较有力的“许可”，或者与现实情况的对照，激起所有厌恶感。有关已死者的梦表示做梦的人还没有能最后把死者埋掉，仍旧是在他的影响之下。但是这也必须得到其他表现形式的证实。掉落的梦，没有问题是最常见的，显示梦者对于失去自己的价值（sense of worth）感到焦虑；同时梦的空间用语也显示梦者有“在上”的错觉。有野心的人努力要做一样使他能超越所有其他人的事，他会做飞行的梦，这是他为优越而奋斗的凝聚物。这种梦常常会有掉落的梦陪着，是对有野心的冒险奋斗的一个警告。掉落之后成功着陆，常是透过感觉而非言语表达的，这样的梦在多数情形可能显示安全感，乃至命定感，让梦者确信不会有麻烦出现。赶不上火车或丧失机会大多可以解释既成品性的表现——用迟到或机会失落的办法来逃避让他感到恐怖的失败。衣着不当，然后又感到惊恐，那样的梦大多数是因为自己有瑕疵，但是又怕被发现。幻觉的，视觉的，听觉的倾向常在梦中显现；不过总是和对当前问题的一种明确态度结合在一起。在罕有的场合，这类梦有助问题的解决，这是在个别的例子中可以看到的。如果梦者扮演的是观众的角色，几乎可以确定是在醒时，他会对扮演旁观者的角色感到满足，性方面的梦可以有不同方向的意义，有时显示的是性交方面训练的缺乏，有时则是从性伴侣那撤退，退回到自己。有关同性恋的梦，我强调梦者在厌恶异性方面，已是够强烈的了。这里没有天生倾向的问题。梦者扮演积极角色的残酷事迹的梦显示愤怒与渴望复仇。污染的梦也一样，尿床的孩子常常梦见在不恰当的地方尿尿，因为他感到被人忽视，他发现用这种相当懦弱的方式可以很容易把自己的怨愤，自己的复仇欲望表达出来。我的著作里，有很多经过解释的梦，因此在这里不再举例。下面的一个梦可以把它看作与生活风格的关系的一个说明。

一个男人有两个孩子，他常常和妻子吵。弄成一种争吵的家庭状态。他知道妻子不是因为爱而和他结婚。他一开始就是一个骄纵放肆的孩子，但是后来被另外一个孩子篡位。不过，他在一个对他来说很困难的学校里学会了控制自己的脾气。他甚至会在困难的情况里，花很多的功夫设法和对手和解，虽然做了这些努力，却很少成功。在和妻子的关系里，他的态度常常走极端。有的时候他会耐心地等，希望创造一种亲爱与信任的气氛，有的时候，在他自卑感出现，不知如何应付的时候，又会突然地一阵阵地发怒，妻子却完全不了解情况。他以非常亲爱的态度对待两个男孩，他们也做回应。妻子外表是个冷漠的人，使得她没有办法在获取孩子的感情方面和丈夫竞争，慢慢地就和他们失去了真正的联系，不再了解他们。在丈夫看来，这像是不关心孩子，常常为此责备妻子。他们的婚姻关系在困难的情形下继续下去，不过两个人都决心避免再有孩子。有很长的时间，两个婚姻伴侣的关系十分紧张：丈夫觉得自己在婚姻情感上被骗了，失掉了婚姻上应该享受的权利，妻子由于生活风格的本质使得她成为一个冷漠的人，对先生和孩子缺乏应有的温暖，做了一些无用的尝试，想把婚姻继续下去。一天晚上丈夫梦见流血的女人身体被无感觉地四处抛掷，我和他的谈话让他回想到一个医学院的朋友带他去看解剖室的一幕。但是不难看出——而他也证实了——他曾经两度见证的生产对他有很深的影响。他对梦的解释是："不想再次看到妻子分娩。"

还有这样一个梦："我像是在找第三个孩子，他不是丢掉了，就是被人劫持了。我非常焦急。所有的努力都没有结果。"这个人没有第三个孩子，因此，非常清楚的是他一直在害怕，第三个孩子会有很大的危险，因为他的妻子没有能力照顾孩子。这个梦是在林柏格（Lindbergh）婴儿被劫持之后发生的，显示了与他的生活风格以及用心——和一个没有温暖的人断绝关系，以及因为这个原因，不再要孩子的决心——相呼应的一个外在的震撼问题。这个梦夸张地强调妻子忽视孩子这一点，可是也像第一个梦一样，指向同一方向：对生育孩子的过度害怕。

病人是因为性无能而来找我的。一些其他的迹象让他回想到自己的童年。他知道自己在婚姻中被小看之后曾拒绝那个被认为是无感觉的人。这是他在童年，经过相当长而艰苦的努力之后，学会的补偿自己的办法，同时他也对母亲要再生孩子一点无法忍受。从上面的叙述我们可以看到下面的一系列事实：他的生活风格的主要特性；他对某些形象的选择；他的自欺；他对一些远离生活理性，但给予他的生活风格更多能力的直喻的机械性陶醉；他在人生问题上的撤退以及和他的软弱相应的，对问题的不完全的半解决方式。要补充的是，他的撤退是一次震撼的长期效应的结果，撤退的决定是秘密做出的，不是依据常识的决定。

梦的符号主义（dream-symbolism）是弗洛伊德用的名词。也许应该对这一名词说几句。的确，从远古以来，人就有那样的倾向，把日常生活的事务拿来和性以外的其他活动与物件做滑稽的比较；这是我可以从自己的经验中证实的。在旅店的桌子旁边，以及在说下流的玩笑时，一直都在发生。这些吸引何在呢？很大程度在于人喜欢吹牛，开玩笑，希望把严肃的事情轻松化，以及让语言符号里的情感重音有表现的机会。了解这些在民间故事与街坊歌谣里可以找到的日常符号并不难。更重要的是了解它确实在梦里发生，而且有一个明确的目的，并首先要发现这个目的。

弗洛伊德要我们注意这些符号，这是他的贡献。可是把一切没有了解的解释为性的符号，然后又再发现一切都来自性的欲力，这是不能接受有识见的批判家的考验的。在被催眠者身上发生的所谓的“佐证的经验”（corroborative experiences）也是很弱的证据。先向他们建议，告诉他们应该梦见性的场景，然后在和他们沟通中，发现他们在梦中使用了弗洛伊德的符号。选择熟悉的符号，不选择无遮饰的性表达方式，这顶多只能说是自然的谦卑。此外，今天弗洛伊德的门徒如果要找一个不熟悉弗洛伊德理论的人来接受这样的催眠实验会很困难。不过这和下面说的是两回事：“弗洛伊德的符号主义”已经对通用的词汇有相当贡献，也使人无法坦白地讨论这些题目。接受心理分析治疗的病人会把弗洛伊德的符号主义拿来广泛使用，这是常常可以观察到的。

11. 宇宙，生命的父亲

人生意义这个问题要有价值与意义，一定不可以忘记人与宇宙的关系体系。如果能做到这点，就可以很容易看出在这一关系中的宇宙有塑造的力量。宇宙，可以这么说，是一切有生命的物体的父亲，而一切生命为了满足它的需要莫不在经常地从事斗争。这并不表示宇宙里面有一种冲动，可以完成生命的一切，而是表示有一种内在的东西，它是生命本身的一部分，一种斗争，一种冲动，一种自我发展，一种没有它就无法想象生命的东西。活着的意思也就是发展自己。把一切在流动的约简成为一个形式，不把它看作运动（movement），而把它看作冻结的运动，也就是说把运动变成形式，人的精神已经太习惯于做这样的事。我们个人心理学者有相当时间是走在把我们认做形式的转变为运动的路上。大家都知道成长的个人是从一个单一的细胞发展出来的。但是也应该清楚了解的是，在这个细胞里已经有发展所需要的各种成分。生命如何来到这个地球是一个会引起很多争议的问题；也许永远都找不到最后的回答。

生物先是一个极小的统一体，再由此发展，这只有在宇宙影响的认可下才能发生。司姆士（Smuts）在他的具创意性的《整体与进化》（Wholeness and Evolution）一书里，对这方面有他的看法，我们也可以像他一样思考；可以假定无机物质也有生命，近代物理科学告诉我们电子如何围绕着质子转，使我们有了这样的想法。这个观念最后会不会证明是对的我们不知道。可以确定的是我们对生命的看法不能再被怀疑了，也可以确定的是：生命里有一个向自保、繁殖、与外在世界接触（这个接触一定得胜利，因为生命要继续存在下去）奋斗的运动。从达尔文的学说里，可以了解自然为什么会选择那些能把外在世界的要求变成为自己优点的品类。拉马克（Lamarck）的观点（这和我们自己的看法是比较接近的），给予我们证据，告诉我们在每一生命形式内部都有创造力的存在。所有的生物都在创造地进化，这等于告诉我们，在每一品种的发展途径上都分派有一个目标——完美的目标，积极适应宇宙需要的目标。

必须从发展，从对外在世界的不断的和积极适应的路上开始，如果希望了解生命前进与运动的方向。必须知道在这里我们面对的是一种原始的东西，一种执著于原始生命的东西。它一直是一个需要克服的问题，一个个人与人种的稳定的问题。一直是一个促进个人与外在世界之间的有利关系的问题。这种为适应世界而有的冲动永远都不会结束。早在一九〇二年我就有了那一观念，同时使得人们强烈地注意到：那一“真理”对在上述主动适应上失败的生物是一个经常的威胁，可以造成民族、家庭、个人、动植物品种的灭亡。

有些富于幻想的观念把适应和今天的情况或者一切活着的东西的死连在一起。我说的主动适应不包括那类观念。主动适应可以说是一种永恒观点的适应，因为只有在最远的未来能被看作是正确的身体与精神方面的发展才是“正确的”。此外，主动适应表示：身体与心灵，以及整个有组织的生命，必须努力达到终极适应的地步，也就是说，对宇宙定的一切利弊的完全掌控，只能继续一个有限期间的明显妥协，迟早会在真理的压力之下灭亡。

我们生活在进化的巨流中，可是不会去注意它，就像不会去注意地球的自转一样。在这一宇宙关系里，个人的生命是整体的一部分，为外在世界的胜利吸收奋斗是关系中的一个条件。在生命开始时有这一奋斗，即使对这一点有怀疑，那么已经过去的几十亿年让人清楚看到：求完美的奋斗是每个人都有的天生现实。这一点也可以显示另外一点。我们都不知道什么是应该走的唯一正确途径。人类做过许多尝试，想象人进化的最后的目标。宇宙应该对生命的保存感到兴趣，这一信念比一个虔诚的希望多不了什么。可是，作为这样一个希望，可以把它作为一个强有力的动力用在宗教、伦理、道德上，来促进人类福利，其实，人类也一直在这样用着。在史前时代的部落里人们崇拜神物，崇拜蜥蜴，把阴茎的形象作为神物崇拜，这些在科学上似乎都没有道理。可是也不可以忽视一个事实；这一原始的宇宙观促进了社会生命，人类的社会感，因为在同一宗教狂热掌控之下的每一个人都被看作兄弟，看作不可侵犯的禁忌，而且得到首席部落的保证。

到目前为止在提升人类方面的最好构想是上帝的观念。毫无疑问，这一观念里面真的包括一个目标——向完美的运动，而且作为一个具体目标，它和人的那种模糊的求完美的渴求是最相合的。的确，在我看来，每个人对上帝都有不同的看法。有些认为上帝的构想从一开始就和完美的原则相去甚远；不过对它的最纯的形式，我们可以说：在那里，完美目标的陈述是成功的。在建立调控的宗教目标上非常有效的原始能力不是别的，正是社会感。它要把人更加紧密地结合在一起。必须把它看作进化的遗产，进化冲动向上奋斗的结果。人们做过无数的尝试，要设法代表这一完美目标。我们这些个人心理学者，特别是那些必须处理失败，处理神经症患者，精神病患者，犯罪者，酗酒者等的医生学者，在这些尝试里也看到了优越的目标；可是它带领人往一个与理性非常相反的方向走，使得我们无法把它看作一个恰当的完美目标。举例说，有人希望支配人，用这样的方式把他的完美目标具体化，在我们看来，这一目标不适于用来指导个人或是群体，因为它不能成为每个人的任务。个人会被迫去和进化的冲动作对，去侵犯实际，去因为对真理与真理追随者的极端恐怖而保护自己。许多人把依赖其他人看作完美目标；这在我们看来也是和理性相反的。有些人把问题放在一边，不去解决它，借以逃避失败，否则失败就无法避免，因为失败是和他们的完美目标相违反的。这样的目标在我们看来也是完全不适合的，虽然在许多人看来是可以接受的。

如果把视野放宽，问下面的问题：有的生命形式选择的完美目标是错的，走错了路，没有走上普遍进步的路，因此在主动适应方面失败了，它们的结果如何呢？回答是：品种，人种，部落，家庭，成千上万的个人的灭亡，不留痕迹。它们给我们的教训是：找一个目标，其正确程度起码要能说得过去，对每个人是多么重要。不用说，今天的情形也一样，个人整个人格的发展，他的表达形式，看，思想，情感，宇宙观都是受着完美目标的指导。对每个个人心理学者来说，同样清楚，同样可以理解的是：一条不能与真理完全一致的路线一定会给采取这条路线的人带来伤害，甚至灭亡。如果能对必须走的方向有更多的知识，那将真的是很幸运的发现，因为我们毕竟是沉浸在进化的大流里，而且被迫走它的路。在这里，个人心理学也有很大的成就，就像它在建立普遍追求完美这一事实方面有很大成就一样。由于它的多重经验，它能够某种程度的了解要在什么样的方向去找理想的完美，的确，它建立了社会感这一准则，为我们指出了这一方向。

社会感的最重要意义是：为一个必须看作是永远适用的社会形式奋斗，例如，在人到达完美境界时能被看作是永远适用的形式。它不是任何今天的社会的问题，或政治、宗教形式的问题。相反的，最适合于称为完美目标的必须在整个人类里都被视为理想社会，必须是进化的终极实现。当然，人们会问，我怎么能知道？的确，没有办法从我们的现有经验中知道，也必须承认，那些在个人心理学里看到形而上学成分的人是很对的。这在某些人看来是值得称赞的，另外一些人则谴责。不幸的是，许多人对形而上学有错误的想法；他们希望把所有没有办法直接了解的都从人生里排除。这样做会限制所有新观念的可能发展。当下的经验永远都不会产生任何新的东西；只有把这些连在一起的总括性的观念才能带来新的东西。这一新观念可以称之为玄想的，超越的，但是没有一样科学不是以形而上学为归宿的。我看不出有任何理由要害怕形而上学；它对人的生活与发展有很大影响。我们不拥有绝对真理，没有那样的福分；因此，对未来，对行动的结果等，不得不做出理论来。作为人类最后形式的社会感观念，一种想象的状态，在这里面，人生的所有问题都解决了，人和外在世界的所有关系也正确地调整了，这是一个调控性的理想，一个带给我们方向的目标。这一完美目标内部必须含有理想社会的目标，因为一切我们在生活里看重的，一切能够延续而且继续延续下去的，永远都是这一社会感的产品。

在前面的章节里，我叙述了今天的个人与群体的社会感，为了人类知识与个性科学，我尽了最大的努力把我的经验说出来，同时指出要如何去了解个人与群体的运动规律或法则以及它们的错误。在个人心理学里，一切无可争辩的经验事实都是从这一观点（社会感）去考察，去了解的，而它的科学体系是在这些经验事实的压力之下发展出来的。它所得到的结果彼此没有矛盾，而且也为常识所证实。为了满足一个严格科学学说的要求，个人心理学已经做了一切必须做的。它提出了极多的当下经验，把它们安排在一个和它们相配合，不相矛盾的体系里；也提供了经由训练得到的，依据常识做判断的能力，有了这个能力也就表示有能力从经验与体系的关系里去看经验。每一个案例在心态上都和其他的不同，也总是让人有机会在猜测艺术方面再做努力，这一能力因此也就更加重要了。我把个人心理学拿来解释人生的意义，像是在冒险维护它作为一个宇宙观的权利，不过我必须排除所有分辨善恶的道德与宗教方面的想法。我排除它们，尽管长久以来我确信伦理，宗教，以及政治运动都一直在让人生意义获得完全表现的机会，以及它们是在社会感——这是一个绝对真理——的压力之下发展的。个人心理学在涉及到它们时本身的立场是取决于有关它的科学知识，以及，它把社会感更有效地发展成为知识的更直接的努力。依据这一立场，每一倾向，如果它的方向能够毫无疑问地证明是受着普遍福利的目标指导的，就应该看作是有理由的。任何信条，如果违反这一目标，如果可以被该隐（Cain）的问题“我是我兄弟的守护者吗？”所伤害，就应该看作是错的。

在我们出生时，看到的只是祖先已经完成的，也是他们对进化的贡献，以及所有人类的较高的发展；我们要把这一点在已经建立的事实上说清楚。只凭这一点，就应该知道生命是怎样地在继续进步，知道我们是在怎样地更加接近一种、有可能做更多贡献，更多合作，更加完全地成为整体一部分的境况。从这一境况的角度看，所有社会运动的形式都是暂时的。只是一种准备，而且只有那些能带领我们走向理想社会的形式才能长久继续。走向理想社会的任务带来了无限的人力，各种的人力，任务在许多方面仍旧没有完成。有的时候我们甚至还步入歧途。不过，这只是一个标志，显示人类在进化的路上总是发现抓不到“绝对真理”，虽然总是可以更加接近它。也显示有无数的社会成就，只能在一种情况里延续一个时期，而且时间一过甚至可以证明有害。什么能拯救我们，使我们不会因为一个有害的假设而受苦，不再执著于一个以有害假设为基础的生活方案？普遍福利可以，只有在这一颗引路明星的带引之下，我们才更能够找到要走的路。

人类的一般福利与较高成就是建立在我们祖先的永远不会灭亡的贡献上。他们的精神永远都会活下去。那是不朽的，就像有些人在他们孩子的生命中得到永生一样。人种的延续是建立在这两个因素上面的。人类是不是知道这一点无关紧要。正确途径的问题在我看来已经有了回答，虽然我们常常在黑暗中摸索。我们不想做最后论断；但是这一点是可以说的：个人或者群体的运动，只有在为永恒创造价值，为整个人类的较高发展创造价值的情形下，才能看作有价值。不要引用自己的愚蠢或其他人的愚蠢来驳斥这一论据。很明显的，我们所关心的是追求真理的奋斗，不是拥有真理。

如果我们问：“那些对一般福利完全没有贡献的人，他们的结局如何？”事实就变得更加明显动人了。对问题的回答是：完全不见了，什么也没有留下。身体与精神上都被克服了，地球已经把他们吞食了。许多动物品类消灭了，因为没有办法配合宇宙的事实；他们所碰到的，也就和那些品类所碰到的一样。毫无疑问，这里有一条秘密的诏令，就像是宇宙下了这样一道命令：“走开！你没有掌握到人生的意义。你不能延续下去！”

这确是一条残酷的法律。古代的可怕神祇以及图腾观念要毁掉所有和部落作对的人，只有它们才可以和这条法律比拟。因此，对于在一般福利上有贡献的人，我们的重点是放在贡献的永恒性上。当然我们很小心，不会认为自己拥有开门的咒语，能够在每一个案例里精准地说什么是永远有价值的。也确信会犯错，确信任何问题的解决都只有靠谨慎、客观的研究，而且常常决定必须留给事件的过程去做。我们能够避免任何对社会没有贡献的事，也许在这一点上是向前跨了一大步。

今天的社会感和过去比范围要宽广得多。在不了解自己在做什么的情形下，我们用各种常常是错误的方法，在教育，个人与群体的行为，宗教，科学与政治方面，设法建立配合人类福利的和谐关系，很自然的，具有最多社会感的人，也是最接近于了解这一未来和谐的人。整体来说，这一基本社会原则（社会感）没有毁掉那些对它感到困惑的人，而且为他们的支持开辟了一条路。孩子已经解决未来人生要有多少社会感的问题，如果没有可以改进社会感的进一步干涉，以后就不会有变化。记得这一事实，再看一下今天的文明生活，就会去注意一些对孩子社会感发展可以产生重大伤害的事情。战争，学校教育里对战争的歌颂就是一例。孩子，他的社会感可能还不成熟，还弱小，会不自觉地去适应一个可能强迫他去对抗机关枪与毒气的世界。教育会让他觉得尽量杀人是一件光荣的事，虽然被杀的人对人类未来是一定有价值的。死刑也会产生同样的结果，尽管程度上稍差。人也许会想到死刑不是杀害同类人的问题，而是杀害一个杀人犯的问题，可是这个考虑对于稚气的精神所感受到的伤害并没有多大帮助。对那些没有多少合作意愿的孩子，甚至只是死亡问题上的突然经验就可以迅速结束他们的社会感。有些人不用脑筋，使得女孩子对爱，生殖，出生的事感到恐怖，这对她们，类似上面情形，是危险的。未解决的财务问题证明对社会感的发展是一个太大的负担。自杀，犯罪；虐待老年人，残障者，乞丐；对人，雇工，人种，宗教社区的偏见与不公平交易；虐待弱者，孩童；婚姻里的争吵，任何设法让妇女地位低下的尝试，以及许多其他的财富与身份的炫耀，派系以及它们对社会各阶层的效应，所有这一切，加上骄纵孩子，忽视孩子，会使得孩子成为社会一员的发展过早结束。在我们的时代，除了恢复孩子的合作身份之外，唯一可以帮助防止上述危险的办法是在恰当时候对孩子说明：（1）社会感的发展到今天为止仍旧是比较低水平的。（2）真正的社会成员必须为着社会福利，把合作改进这些错误状态当作自己任务。（3）不可以期待某种进化的神秘趋向或其他人的努力会完成这一改进任务。不能用战争，用死刑，用宗教或种族仇恨的办法，用强化它们之中任何一种办法，来达到较高发展的目标，这类尝试，即使用心良善，也一定会导致下一代社会感的降低，以及伴随的其他邪恶上的重大恶化。还要一提的是，这类仇恨与迫害几乎总是使得人生，同志关系，爱情关系庸俗化，让人清楚看到社会感的贬值。

在前面的章节里，我提供了很多的材料，目的是要让读者了解，在我强调个人只是作为整体的一部分生活奋斗，才能适当地发展时，他所面对的是科学陈述。一些个人主义体系的肤浅反对在和这一观点对照之下没有意义可言。我可以更进一步说明：所有人的功能怎样地是要把个人与社会结合在一起，使得人与人之间的伴侣关系不被毁坏。人因为他对外在世界的兴趣而和其他人连在一起，只有在这个时候，他才能正确地看、听、说。他的理性、常识是他对合作与绝对真理掌控的基础，而且是以永恒的正确为目的的。我们在美方面的感觉与观点，也许是驱使人有大成就的最大力量；只有当它们在进化大流的方向上为人类带来福利；才会有永恒的价值。所有身体与精神的功能，只要有足够的社会感，适于合作，就是得到了正确、正常，与健康的发展。

在说到美德时，我们的意思是指这个人扮演着他的角色；在说到罪恶时，是指他干扰合作。我可以更加指出，失败所以成为失败是因为它妨碍到社会感，不论涉及的人是孩子、神经症患者、罪犯、自杀者。在每一个案例中都可以见到缺乏贡献的现象。孤立的人在整个人类的历史里是找不到的。人类的进化所以可能只因为人类是一个社会；在追求完美的过程中，它是在追求一个理想社会。这一事实在人的每一运动，每一功能里表现出来，不论他在以社会理想为特色的进化之流里是不是找到了正确的方向。理由是社会理想是在不可侵犯地指导、阻碍、处罚、称赞、提带着人，因此，每一个别的人不仅要对每一偏离它的行为负责，而且要为它付出代价。这是一条严厉，乃至残酷的法律。那些已经发展出强烈社会感的人不断地努力要纾缓它的严厉程度，目的是要帮助走错方向的人，因为个人心理学第一个指出的理由，是一个迷路的人。如果这个人了解他怎样因为躲避进化的要求而走偏了方向，那么他就会放弃他现在的途径而加入到人类的广大群体里去。

人的一切问题要求合作的能力以及为它做的准备工作。它是社会感的可见的标志。勇气与快乐也包括在这一能力里，不会在别的地方找到。

在所有个性特色里都可以看到社会感的程度；它们沿着一条路走，这条路，在个人的用意里，是通往优越的目标的。它们是和生活风格交织在一起的指导路线，生活风格铸造了它们，也一再地表现它们。语言有太多的欠缺，没有办法用一个字来表达心理生活的创造物。所以当我们说“个性特色”时，也就忽视了这一用词所隐藏的多重品性。因此，对那些依靠语言的人说，字句里似乎闪烁着矛盾，结果永远也没有办法清楚地看到心理生活的统一性。

所有我们称为错误的都显示社会感的缺乏，也许这一简单事实可以强烈地让许多人信服。所有孩童时期与成年时期的错误，所有家庭，学校，工作，爱情，以及与他人关系中的错误的个性特色全都起源于社会感的缺乏。它们可能是暂时的，也可能是永久的，而且有着一千种表现方式的不同。

如果仔细考虑一下过去与现在的个人与群体的存在，会看到人类追求强烈社会感的奋斗。人类知道这个问题，而且对它有深刻印象，这是容易看到的。今天的负担是缺乏完全社会教育的结果。关闭在我们里面的社会感，激励我们往一个更高的阶段走，同时去除公共生活与自己人格上的错误。这一社会感存在我们里面，同时努力实现它的目标；它看来不够强，抵挡不住所有的反对力量。但在遥远的将来，如果人类有足够的时间，社会感的力量一定会胜利，会打败所有反对它的力量。实现人类那个一直都存在的合理期待。那时，人有社会感会是很自然的，就像人有呼吸一样。

图书在版编目（CIP）数据

阿德勒人格哲学 /（奥）阿德勒著；罗玉林等译.
— 北京：九州出版社，2004.09（2018.4重印）
（哲人咖啡厅）
ISBN 978-7-80195-131-1

Ⅰ.①阿…　Ⅱ.①阿…　②罗…　Ⅲ.①阿德勒—哲学思想
Ⅳ.①B521

中国版本图书馆CIP数据核字(2004)第086162号

阿德勒人格哲学

作　　者	（奥）阿德勒　著　罗玉林等　译
出版发行	九州出版社
地　　址	北京市西城区阜外大街甲 35 号（100037）
发行电话	(010)68992190/3/5/6
网　　址	www.jiuzhoupress.com
电子信箱	jiuzhou@jiuzhoupress.com
印　　刷	三河市九洲财鑫印刷有限公司
开　　本	880 毫米 ×1230 毫米　32 开
印　　张	12.625
字　　数	250 千字
版　　次	2004 年 9 月第 1 版
印　　次	2018 年 4 月第 4 次印刷
书　　号	ISBN 978-7-80195-131-1
定　　价	29.80 元